大学生创业基础与就业指导实务

DAXUESHENG CHUANGYE JICHU YU JIUYE ZHIDAO SHIWU

彭华伟　李苑凌◎主编

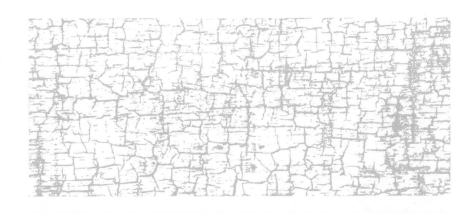

西南财经大学出版社

中国·成都

图书在版编目(CIP)数据

大学生创业基础与就业指导实务 / 彭华伟,李苑凌
主编.--成都:西南财经大学出版社,2025.6
ISBN 978-7-5504-6693-7

Ⅰ.G647.38

中国国家版本馆 CIP 数据核字第 2025JA5953 号

大学生创业基础与就业指导实务

彭华伟　李苑凌　主编

责任编辑:张　岚
责任校对:廖　韧
插　　图:刘博雅
封面设计:墨创文化
责任印制:朱曼丽

出版发行	西南财经大学出版社(四川省成都市光华村街 55 号)
网　　址	http://cbs.swufe.edu.cn
电子邮件	bookcj@swufe.edu.cn
邮政编码	610074
电　　话	028-87353785
照　　排	四川胜翔数码印务设计有限公司
印　　刷	成都金龙印务有限责任公司
成品尺寸	185 mm×260 mm
印　　张	16.875
字　　数	412 千字
版　　次	2025 年 6 月第 1 版
印　　次	2025 年 6 月第 1 次印刷
书　　号	ISBN 978-7-5504-6693-7
定　　价	52.00 元

编委会成员

前　言

　　这部教材断断续续写了七年，终于完成。七年，人生百态，万物变迁，包括我们自己，都经历了许多冷暖风雨。年光逐水流，浪花淘尽英雄。

　　人世间，创业肯定是各种工作中最辛苦的选择之一。创业路上，尤其是创业之初，永远有操不完的心、解决不完的琐碎之事、处理不完的棘手问题。为了能在激烈的市场竞争中存活下来，创业者每天 24 小时都在考虑公司的成本控制、产品创新、营销渠道、市场份额、员工薪酬、流程制度……为什么会是 24 小时都在考虑呢？因为对于初创企业的创业者来说，经常是白天一筹莫展、没能解决的各种问题，往往在疲惫的梦中都会被"圆满"解决掉，正所谓"日有所思，夜有所梦"。创业的酸甜苦辣，只有真正的创业者才能切身体会，当创业者每天扛着巨大的压力与焦虑前行之时，也在一步一步推动着我们的社会飞速发展。数据能说明一切，在 2024 年，民营企业为国家贡献了 50% 以上的税收，60% 以上的国内生产总值，70% 的专利技术，80% 的城镇就业岗位。创业者能吃天下之苦，敢为时代之先，他们改变着自己的人生，也是推动中华民族伟大复兴的重要力量之一。鲁迅先生曾说："我们自古以来，就有埋头苦干的人，有拼命硬干的人，有为民请命的人，有舍身求法的人，这就是中国的脊梁"，而创业者正是我们社会中能埋头苦干的民族脊梁。

　　新生代的创业者多数是工作成就感和人生使命感都很强的人。对创业者而言，除了获取利润之外，更为渴望的是让自己怀揣多年的创意变为现实，让自己的品牌屹立在千家万户的生活中，让这个世界的某些领域因为自己公司的出现，从此有了完全不一样的面貌。正如淘宝对于购物的改变，美团对于餐饮的改变，宇树对于机器人的改变……为了实现这些改变，创业者心中有着自己的诗与远方，通过不断自我鼓励、自我依赖和自我温暖，拼尽全力去穿越创业初期那漫长、孤独且充满着不确定性的隧道，为了在隧道尽头，迎来胜利的曙光。也正因为创业者们千百次地尝试、失败，我们的生活在深刻、全面且无法回避地改变着、丰富着、进步着。

相比艰苦奋斗、白手起家的创业前辈们，今天的青年人拥有了更优越的物质条件，他们更善于进行思维创新，也更了解社会的潮流动向，但仅有这些，还不足以支撑起一次完整且成功的创业。创业永远需要实干、坚韧、睿智和目光长远，而这些，不仅是创业需要，几乎所有的工作都非常需要。每个青年人的人生追求都不一样，事实上，大多数人可能一辈子都不会去创一次业。但学习创业者的品质，借鉴创业者处理问题的方式，对于我们从事的任何工作，包括顺利就业，都是大有裨益的。提供有价值的创业精神与创业行为的范本，正是我们编写这部教材的初衷之一。

较之创业，就业应该是绝大多数人都会经历的人生必修课。随着经济全球化、技术创新以及人口结构的改变，就业市场也正经历着前所未有的变化。新行业的崛起、传统职业的转型以及人工智能等科技的广泛应用，使得就业形势愈发复杂多变。在这样的背景下，许多求职者，尤其是刚刚步入社会的青年人，往往感到迷茫和无助，求职压力很大。时代对青年人的要求，不再仅局限于掌握好专业技能，还有具备应对复杂就业环境的良好身心素质。所以在编写教材的过程中，我们力求让读者能够从多维度去理解当前的就业问题。首先，从就业环境入手，帮助读者分析当前就业市场的特点与趋势，明确自身定位与发展方向。其次，详细讲解求职的各个环节，包括职业规划、简历撰写和面试技巧等，力求为读者提供实操指南。最后，探讨了职业素养与核心能力的培养，以帮助读者尽快适应就业环境。希望这部教材能够帮助求职者在复杂的就业环境中找到方向，也希望它能够成为就业指导工作者的一本参考书，为他们的工作提供一些有益的帮助。就业是一场充满挑战的旅程，也是一次自我发现与成长的旅程。无论你目前处于职业发展的哪个阶段，都要不断学习、探索与总结。愿本书能够帮助你在职业发展的道路上走得更稳、更远、更有意义。

我们希望这部教材能够为青年求职者提供更好的职业发展规划，帮助他们提升就业竞争力。我们更希望青年人能拥有一些创业者身上普遍具备的坚韧与创新精神。如果求职者能像创业者一样敢于直面各种困难，那么就业之路必将通畅、平坦许多。

在编写过程中，我们努力秉承最坦诚、最认真的心态来写作，甚至教材所有的插图，都是委托专业人士绘制的，希望这本教材读起来有趣、有益、有用。

编写教材的过程，是互相学习、沟通交流的过程。感谢彼此真诚的合作，使本教材能最终成稿。我们要感谢西南政法大学的领导与同事们的支持，感谢西南财经大学出版社的陈何真璐和张岚两位老师的全程帮助，感谢创业和就业圈的朋友们所提供的真诚建议，还要感谢我们的研究生团队的参与，感谢家人的理解与支持。这些，最终都汇聚在写作过程中，让思想最终能够凝结成一行行的文字。

创业维艰，向所有的创业者致敬；职场不易，与所有的求职者共勉。

我们的征途是星辰大海。

2025 年 5 月

目录 CONTENTS

◇创业篇◇

◇就业篇◇

创业篇

第一章
创业认知

 【导入案例】"不服气的打工者"：李华兵

我高中时看过一篇文章，其中有个观点：绝大多数大学毕业生缺乏冒险精神和吃苦精神，充其量只能做个高级打工者。当时听到这个观点，我很不爽，心里很不服气，我的想法是"凭什么我就只能做打工仔？普通家庭背景的我，难道就不能闯一闯吗？我想干出一番属于自己的事业。"

2013 年，我考入了浙江大学光电专业，2020 年硕士毕业。大学期间我开始有了想把这种"不服气"转变成创业的想法，而且越来越迫切。我和研究生导师聊起过创业的念头，得到了导师的大力支持，这是让我有勇气创业的主要原因。

毕业后我就开始创业，成立了第一家自己的公司——凌像科技，主要做新型 3D 视觉传感器软硬件研发，利用嵌入式算法的技术优势提升产品小盲区、低功耗、高帧率及低运算资源消耗等特性，应用于低速无人车、自动引导车（AGV）以及智能仓储等场景。目前我们已完成样机的研发工作。

我们的项目成立一年多，但研发速度还是比较快的，这一年多也是我成长最快的一年。作为"95 后"创业者，我们背负着很多压力，从一名学生快速转变成公司管理者，经历了众多创业者都会经历的困境。

创业初期，我胆战心惊，既没有创业经验，又欠缺管理实践，尤其是没有社会资源、人脉资源，最关键的一点是缺乏市场洞察力。当时，我们一直在思考技术能为市场带来什么，实际上，是市场需求来决定技术如何落地。随着时间的推移，我的心态也在逐渐转变，开始思考公司所在的 3D 视觉市场真正想要的是什么技术。

对于创业者来说，路还很长，以后还会有源源不断的创业者加入。创业需要有一颗强大的心，对于失败和窘迫，我们都要学会坦然面对，因为这可能会是以后创业道路上的常态。

资料来源：刘晓悦. 我感兴趣，我不服气，于是我创业（创业青年请就位）. https://36kr.com/p/1210242054951042.

创业是一段激动人心且充满挑战的旅程，它需要创新、勇气和冒险精神。在竞争激烈的商业环境中，创业不仅仅是建立一个新的企业，更是带领团队去实现愿景、解决问题、创造价值并影响社会。

然而，创业之路从来都不是一帆风顺的。创业者面临着诸多挑战，包括但不限于寻找资金、制定有效的商业模式、管理团队、赢得客户信任以及应对竞争压力。创业者必须具备坚韧不拔的意志，不断调整和学习，以适应快速变化的市场环境。

创业所需的要素丰富多彩，涵盖了创新思维、市场洞察力、领导能力、资金融通、团队建设以及行业经验等方面。创业过程是一个持续迭代的过程，从发现机会、萌发想法到产品研发，再到市场推广和持续改进。在这个过程中，创业者必须保持灵活性和适应性，不断调整策略并面对各种风险，同时保持对目标的执着和坚持。

对于那些渴望改变世界、追求独立性并愿意承担一定风险的人来说，创业是一个不错的选择。

第一节　创业及其特殊性

【小案例】网吧创业者：发现商机、整合资源

张大勇性格开朗，待人热情，头脑灵活，善于社交，有一定的管理能力。他既爱电脑又做着电脑生意，兜里也有一些积蓄，又结识了众多的电脑爱好者。由于网络已成为年轻人生活的一部分，张大勇就瞄准了一个挣钱的机会——开一家网吧。但是，自己的积蓄不够。经过仔细分析和市场调研后，在一个交通便利又比较热闹的地段，张大勇和几个志同道合的朋友一起开了一家规模较大的网吧。一年后，张大勇不仅收回了本钱，又自己开了一家分店。

张大勇的成功归功于他对自己有清醒的认识，对市场需求有充分的了解，与朋友合作既解决了资金问题，又壮大了个人实力，将自己的优势有效地与外部条件结合起来，成为一名成功的创业者。

对于每一个创业者而言，永远要面对的困难就是资源的匮乏，但是，成功的创业者总是能够利用自己仅有的资源，巧妙地进行资源整合，不仅要有"勇"，还要有"谋"。

资料来源：火曜军闻. 震惊！创业成功竟如此简单？这些创业者的经验堪称"宝藏"：创业成功案例深度剖析与经验大放送. https://mp.weixin.qq.com/s?__biz=Mzk0MjgzMjc0OQ==&mid=2247522237&idx=5&sn=a206a5dc58573faf4261a79a76721a87&scene=0.

一、 什么是创业

创业是指通过发现和识别到创业机会，不拘泥于当前自身资源条件的限制，将不同的资源进行充分组合，利用并开发所发现的创业机会，通过提供新产品或新服务来满足市场需求，由此创造出社会价值和商业价值的过程。创业用一句话来概括就是"发现机会、创造价值"。

二、 创业活动的特殊性

创业活动是指创业者及其团队为孕育和创建新企业或新事业而采取的一系列商业行为。创业活动是一种普遍存在的社会活动，但是创业活动又具有很强的特殊性，主要体现在以下三个方面。

（一） 创业活动是在高度不确定的环境中展开的

市场迅速发展，外部环境变幻莫测，即使是很有经验的连续创业者也很难直接将过往的创业经历完全复制到新环境中。创业是开拓新事业的过程，许多创业活动都是在挑战现行经营模式、实现突破性创新、开拓新的市场需求等。同时，环境对创业影响巨大，在创业活动的过程中会遇到许多未知情况。比如创立公司后，对手会使用什么颠覆性的竞争策略来排挤你的进入、市场的发展与顾客需求是否能持续、团队内部是否会出现混乱的状况、公司一轮轮融资是否顺利，等等，这些都让人很难做到提前计划和准确预测。一切，都是未知数。

（二） 创业活动经常面临着资源高度约束的情况

创业者不只是资金上缺乏，很多时候还需要一个人去面对很多事情，事无巨细，常常都要自己去做，得不到太多帮助，资源还不够，需要通过自己慢慢去挖掘，想借助别人资源的时候，往往是自己先要付出更多。当然从另一个侧面来说，当一个人真正拥有太多资源的时候，很可能就没有创业的激情与动力了。创业的最大魅力可能就在于资源高度约束的情况下，把大多数人都认为不太可能实现的事，一步一步慢慢做成了。

（三） 创业活动高度依赖创业者及其团队的个人能力

初期的创业活动高度依赖创业者个人的智慧与能力，也可以说创业初期的成败相当程度上取决于创业者的个人禀赋。埃隆·马斯克创立特斯拉、扎克伯格创立 Facebook（美国社交媒体平台）、李彦宏创立百度、马云创立阿里巴巴等都是如此，创业者是创业活动不可忽视的决定性因素之一。

同时，团队能力对初创企业也非常重要。欧洲风险基金的合伙人丹尼·莱莫说："成功的初创企业是由具备高抗压能力的团队创造的。"与个体创业相比，团队创业能够集合更多的资源、提高工作效率、增加组织决策的科学性。从企业发展质量的角度来说，由团队创办的企业在存活率和成长性两方面都显著高于个人创办的企业。

三、 为什么要学习创业

很多人会有疑惑：我没有任何创业的打算，为什么还要学习创业呢？

学习创业，不仅可以创办实业，还可以让学习者保持旺盛的创业精神并将其运用至自己的学习和工作实践中。

对于想要创业的人来说，不学习和了解与创业相关的基本规则，仅凭冲动与热情就一头扎入创业的浪潮之中，很快就可能会因为种种原因失败或者让自己的创业活动陷入僵局，难以为继。失败的过程虽然是对创业的一种学习，但是代价有时会过于高昂。那些成功的创业者在找到适合自己的道路之前，就积累了很多成功的创业经验或数次失败的创业经历，甚至在找到了适合的道路之后，也曾多次让企业再次陷入危机。我们学习创业，是为了能提前有效规避创业行为模式中的一些非常明显的"坑"，让自己少走一些弯路。学习创业不一定能让你从中找到完全适合自己的商业模式，但能让你清楚地知道一些创业的基本常识，再结合自己的实践操作，去找到一条适合自己的道路。这也是国家、社会、高校大力推进创新创业教育的最重要的原因。

对于立志走上创业之路的同学来说，在学习创业实务的过程中，还要更多地学习一些三观端正的企业的经营之道，多去结交一些为人正派的同学或者企业家，走正道是企业成功的捷径。学先进时，先全盘拿来学，甚至是教条式模仿也可以，不要自以为聪明地只学一部分，应该等全部学会了解之后，再认真考虑有哪些地方可以结合自身企业特点来参照与优化或者取舍。

那么，对于现阶段很"坚定地"认为自己这一生都不会去创业的职场求职者们来说，学习创业的意义又在哪里呢？

首先，推进创新创业是实现从大国到强国战略的重要一环。

与全球主要发达国家相比，我国的创新竞争力水平依然有较大差距，创新创业在经济增长中的贡献仍较低，增长模式仍处于"要素驱动"和"投资驱动"并存阶段。从世界范围看，当今时代已进入大数据、云计算、物联网、人工智能的新时代，经济发展模式进入了以颠覆性技术创新为主导的历史阶段。正在出现的全球新一轮科技革命和产业变革，与我国加快转变经济发展方式的"新常态"形成历史性交汇。随着人口红利减少、生产要素成本上升、资源配置效率下降，中国比以往任何时候都需要通过创新创业来促进企业活力与效率，进而提升国家整体竞争力。世界历史已多次证明，一个良好的创新环境，一个崇尚创业的社会氛围，几乎是所有大国向强国转变的必备前提条件之一。

其次，创新思维与创业素质可以增强大学生在职场中的竞争能力。

从创业活动的特点来说，创业的本质是创新。敢于挑战、逆向思考、永不言弃等创业者思维和行为特质在创业过程中都不可或缺。从思维上看，创业意味着面对未来的高度不确定性，执着和灵活并重的平衡思维方式极为重要；从行为上看，创业要去整合资源以应对资源的高度约束，在整合资源的过程中，合作共赢、取舍有度成为创业者的重要行为模式。因此，在学习创业的过程中，逐步培养自己解决复杂问题时必须具备的创新性思维以及务实和高效率执行的行为模式，对从事社会上的任何工作都是十分有效的。

一个优秀的创业者所具备的个人特征足以应对社会上绝大多数职业的工作要求，因为创业活动中所面临的压力、整合资源的迫切性、工作的复杂程度远远超过了绝大多数普通职业。创业一定会经历各种残酷的市场竞争，而竞争永远是最好的压力机制。适度的竞争与压力，非常有助于公司与个人的加速成长。试问一个已经经历过市场的惨烈竞争、经历过各种高强度压力"折磨"的创业者，面对绝大多数普通职场的工作，他还有什么不能克服的呢？对于有些人提到的上班很累，在创业者看来，若与创业相比，绝大多数的"累"都不值一提。所以，学习创业者的精神、职业素养和工作方式，可以最大限度地提高个人在职场的抗压能力、沟通解决问题的能力和待人处世的能力，帮助个人最终成长为一名优秀的职场从业者。根据大学生对创业教育的不同需求，我们形成了高校创新创业教育差异化的培养对象、内容和目标，如图1-1所示。

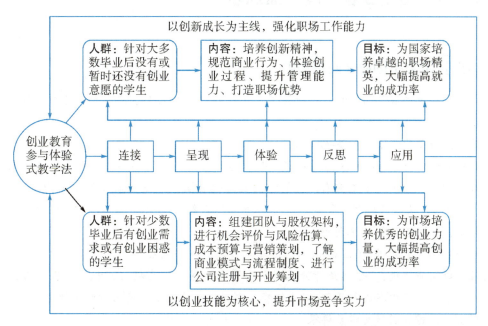

图1-1 创业教育参与体验式教学法

最后，可以通过创业来突破自身职业发展的瓶颈或晋升天花板。

从目前社会中各行各业发展的基本情况和职场晋升的通道看，要改变自身所处行业的职业发展瓶颈和晋升的天花板，都非常不容易。对于那些不甘于平淡，希望能改变自身命运、突破职业发展瓶颈的人来说，创业往往是重要的、最后的可选择路径之一。从很多创业者的案例可知——即便是年轻时断言自己肯定不会去创业的人，随着自身心智成熟、社会阅历的丰富和外部社会经济环境的巨大改变，在几十年的人生旅程中，在各种机缘巧合之下，或许也会遇到那么一次无法拒绝的创业良机，它正在某个人生节点等候着你。为漫长且未知的未来，提前做好一些基本的创业准备，也是我们开设创新创业教育课程的初衷之一。

【创业提示】我想去创业，什么时候、去什么领域创业更好？

大学期间或刚毕业时，尽量不要去创业，可以等到大学毕业工作两到三年后，尤其可以去自己以后想创业的行业中工作一段时间后，积累了必要的管理经验、沟通能力、基本的人脉和客户资源，然后再择机创业！

理论上，创业时，去做你最擅长并感兴趣的事更容易取得成功。但是，就一般人创业而言，个人爱好一定要先服从市场需求，并要确保你的梦想可以通过某种商业模式进入市场。真正在选择创业方向时，要在个人爱好、个人特长以及市场需求之间找到一个平衡点。幸运的人可以平衡兼顾三个方面，大多数人如果追求创业成功要倒着选；如果只是追求存在感与关注度，可以正着选，但那基本上不算是真正意义上的创业。

第二节　给创业者"泼一盆凉水"

【小案例】研究生创业开面馆失败

六味面馆是由成都高校的六位研究生合伙创办的，但从开始时的野心勃勃到最后的草草收场仅用了 4 个月时间。

热情：为创业吃了一千多碗面

开业前两个月，6 个人分头到成都大街小巷的面店去明察暗访。"两个月，我们看了几百家铺子，吃了一千多碗面，我们觉得成都快餐里大家吃得最多的还是面。"主意一定，6 个人分头找亲戚朋友集资。好不容易凑够了 20 多万元，开始了创业的第一步。

雄心：5 年内要开 20 家连锁店

第一家店还未开张，6 位股东已经把目光放到了 5 年之后。一说到今后的打算，他们六位异口同声地说："当然是开分店啦！今年先把第一家店搞好，积累经验，再谈发展。我们准备 5 年内在成都开 20 家连锁店，到时候跟肯德基、麦当劳较量较量。"

现实：面馆要赚钱其实悬得很

在同一小区开了 5 年面馆的同行说："我这个铺子 60 多个平方米，一个月营业额就是两三万元的样子，房租要开销 3 500 元，原材料 1 万多元，煤和其他一些杂务要 5 000 多元，另外税费两三千元，我都觉得压力大，赚不了多少钱。如果这群娃娃要搞啥子绿色食品、无公害蔬菜，原材料就要比普通的价格高一倍。这个样子想要赚钱，我看悬得很！"

结局：草草收场

目前，由于面馆长时间无人管理和经营欠佳，投资人已准备转让。这家当初在成都媒体号称"研究生面馆"的餐馆仅仅经营了 4 个多月，就草草收场，6 名研究生陆续黯然退出。

这个案例也是今天许多大学生"创业三部曲"的体现：第一个月激情澎湃，拍着脑袋借钱开业；第二个月激情消逝，创业辛苦困难重重；第三个月矛盾频出，亏损转让回家。

资料来源：炜玲. 创业案例：研究生创业失败原因剖析（有改动）. http://m.chuangye.yjbys.com/gushi/anli/542459.html.

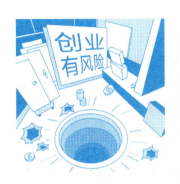

有着"中国创业导师"美誉的李开复曾直言："现在少数大学生毕业后就把创业作为改变命运的唯一方式，有的甚至在校期间就已开始盘算着如何创业，这是一种非常危险的信号。创业失败的风险并不是每个人都能承担得起的，更何况是刚毕业还欠缺社会经验和资源的大学生。在我看来，冲动式创业，成功的概率几乎为零。"

据国内咨询机构观研天下的不完全统计，中国创业企业的失败率平均高达80%，70%的创业企业存活不足三年，而大学生的创业失败率更是高达90%。为什么受过高等教育和专业训练的大学生，创业的成功率还更低呢？

一、 巨大的内外部压力

你想通过创业成为一个什么样的人？你可以接受创业带来的生活方式吗？这是创业启程之前，要认真思考的两个问题。

你也许是想通过创业实现自己的人生价值与梦想，想成为一个不光有梦想，还敢于去实现的人；你也许可以接受这种充满挑战、希望和压力的创业生活，尽管这条路注定充满各种不确定性、压力和艰辛。

（一）外部环境压力重重

国内外经济形势存在许多的不确定性因素，社会环境复杂严峻。从国际形势看，欧美国家大搞逆全球化、供应链封锁、贸易摩擦，局部地缘冲突不断，而且短期内这些问题都难以完全解决，由此导致国内宏观经济复苏或增长仍面临着巨大阻碍。从国内形势看，我国经济发展面临着转型升级、需求收缩、供给冲击、出口转弱等压力。在国际和国内市场双重压力下，企业家明显感觉到未来的不确定性在增加，企业经营压力也在持续加大。

《福布斯》的调研结果显示：经济低迷时的交易很难有亮点，原因在于面对经济的混乱状况，人们很难看清未来的创业机会和商业模式。在过去经济形势大好时的各种不必要消费会被逐渐压缩甚至消失，无论哪个阶层的消费者都会考虑加大储蓄和降低生活成本，这对创业者来说会更加艰难。市场需求虽然永远都在，但随着市场空间的挤压，新进入的创业者显然会比过去艰难许多。

（二）家庭内部压力巨大

不论最后成功与否，任何一个企业家一路走来都面临着常人难以想象的压力。就社会而言，创业是极高风险的活动，创业者过去常常被旁人扣上"不务正业"的帽子，整个社会氛围对创业的评价一直都不太友好。观研天下的调查结果显示：就家庭而言，选择创业的大学生会被默认是因为没法继续读研或者考不上公务员，并且在他们的家庭中，绝大多数人也不支持孩子创业。只要是一份体制内的工作，即便是低薪但只要稳定，这对于绝大多数人的吸引力远远大于有风险的创业活动。由于得不到社会与家人的认可，创业者需要背负着这些来自社会与家庭的巨大压力前行。

二、"三资" 缺乏

（一）没资金

对于刚毕业的大学生来说，资金就是最大的困难。创业者需要通过各种渠道去筹集资金以开启创业旅程。一般来说，创业者可以向银行贷款或者向亲朋好友借款。但是，银行贷款门槛高，利息也不低；从家庭和好友那里筹措资金又需要考虑公司日后的资金稳定性，如果失败，可能会面临无法按时归还的艰难局面。

（二）没资历

虽然目前高校开始注重创新创业课程的教学，但是这种通识性的创业教育很难真正解决创业者在创业实践过程中遇到的种种差异化问题。一方面，一部分大学生只是将其作为一门必修课挣（混）学分，没有认真地去学习这门课程；另一方面，教师可能也没有从事过任何创业活动。理论与实践脱节，再加上大学生自身的原因，可能会导致这门课程从来就没法真正传授给学生一些在创业过程中必需的管理经验、培养其市场营销和资源整合的能力等。没有这些相关经验和能力作为创业的基础，大学生创业自然是难上加难。

（三）没资源

在一个创业需要各种资源的时代，如果在资源方面没有优势，请不要轻言创业。更低的成本价格、更丰富的渠道、更优质的客户甚至父母的大力支持对于创业者来说都很重要。而且大学生创业更需要依赖这些外部资源，如果你并无特别丰富或深厚的社会资源，那么创业更需要谨慎。

三、 对创始人要求更趋严格

社会飞速发展，优秀人才越来越多，社会对创业者的要求自然也越来越高。除了良好的身体素质、强大的心理素质、广博的知识素质、成熟的社交素质等基本素质外，具备战略眼光、吃苦精神以及不轻言放弃等都是创业者所必备的品质。

创业者需要战略眼光。一个企业要想在开放的市场上求生存、谋发展，其创始人必须有长远的战略眼光，能根据外部环境的变化或者说未来的发展趋势作出及时的战略调整。战略眼光影响着企业发展中带有全局性、长远性和根本性的问题。创业活动本身就是有计划的创新、冒险，只有敢闯敢干、不怕失败的人，才有可能走出一条属于自己的新路来。对于没有战略眼光的人来说，尽管创业前期可能取得暂时的成功，但在后来面对市场急剧变化的时候，可能无法解决一些根本性的问题。

创业者必须具有坚韧不拔的吃苦精神。改革开放以来，中国整体经济开始了长达几十年的高速增长，民众的生活迅速从物质短缺的温饱型状态进入能够追求生活品质的物质丰富状态。经济高速增长的同时也伴随着长达几十年的计划生育政策的严格执行。由于许多家庭只有一到两个孩子，它们几乎把所有的优质资源都给予了这一两个孩子。在这种非常优越的"蜜罐式环境"中成长起来的青年，虽有着身体健康、眼界开阔、创新思维较强等优势，但相较于吃苦耐劳、白手起家、坚韧顽强的创业前辈们，他们中的一小部分更多体现出来的是好逸恶劳、眼高手低和专注力较差等特点。而创业活动相较于职场打工更需要高度专注、执行力强并乐于奉献等优秀品质，要能吃常人所不能吃之艰苦，要能忍常人所不能受之孤独。个别青年人工作无责任心、事业无上进心，稍遇工作压力和挫折立刻辞职，还美其名曰"有个性""整顿职场"等。而其中更有一小部分人辞职后转向各种形式的"长期啃老""全职儿女"状态。由于这样的一些个人特质与创业素质要求严重不匹配，一小部分大学生创业者可能无法承受巨大的创业压力、不能勇敢承担责任，大学生创业失败率高，就不足为奇了。

创业者不能拥有太多退路。大学生相较于社会普通民众多了一重资本——大学毕业证书。拥有这一证书，未来可选择的就业范围会非常广泛：考公、考研、出国留学、进入企业工作等。就创业而言，有退路往往意味着一个人的潜力在面对困难时无法被最大化激发出来。当创业稍遇困难时，人性本能就容易选择放弃与退缩，转而去寻求上述的道路。

创业对于任何人来说都是一件大事、难事，所以不能轻言创业。为什么有的大学生会特别憧憬创业呢？除了就业难以外，很重要的一点是他们把创业看得太容易了。大多数大学生在成长过程中从来没有经历过创业这么复杂辛苦的事情，认为自身的专业水平足以满足创业所需，故而忽略了专业知识并不完全等同于创业能力的事实，进而导致创业失败。所以选择创业，需要慎重。

四、直面创业失败

前车之鉴，后事之师。应该通过学习前人的失败来规避部分风险，而不是去学成功的"鸡汤"。成功的原因有许多，但失败的原因总是那几条，无非是团队有了矛盾、员工能力不够、资金链断了、技术优势丧失以及伪市场需求等。大多数创业者能取得最后的成功，往往都是因为有过太多惨痛的教训。产品可以模仿，商业模式也能被抄袭，但公司成长的苦难史和创业者的探索史却是竞争对手无法复制的。此外，百折不挠、不断向前的企业家精神，往往也无法被复制。所以失败的经历也是公司成长过程中的核心竞争力之一。

面对可能的失败，要学会适当报告一些不好的信息，让投资人、员工有心理准备。不能永远只说好听的，如果突然给投资人和员工说公司无法存活下去，他们可能难以接受。创始人要学会示弱，不要总是用强者的姿态去展示自己或与外界博弈，要学会真诚地寻求员工、投资人和合伙人的帮助。

乔布斯说："生命短暂，不要浪费时间活在别人的阴影里。尤其是在黑暗时期，要保持清醒。"任何困难与失败都必须由创业者自己去面对，要检视自己的行为模式：到底哪里出现了问题？贵人就是你自己，你只能自己救自己。创业就是要面对无穷无尽的失败与困难，然后才可能凤凰涅槃、浴火重生。

【创业提示】关于辞职创业与创业失败

对于从大公司或机关里辞职出来创业的你，放弃的不只是安稳的职业轨迹。你习惯的生活方式也将就此改变，更重要的是，从此你要放低姿态去与你的合作伙伴和客户进行交流沟通。只有心态归零后，才可能重新挑战自我。创业是带着一群未知底细的人去一个未知的远方干一件未知结果的事儿，九死一生，如果没有破釜沉舟的决心，你最好就不要启程。就业永远比创业简单许多。

在创业状态中，最可怕的是挣扎，即处于一个半死不活的境地。这时候要果断作出判断，是坚持还是放弃。创业路上，日新月异自然好，关门大吉也不坏，最坏的情况是陷入死胡同却不断投入资源苦苦维持，最终拖死自己。如果发现事情的确不可为，一定要敢于收手转型。如果你不知道如何改进目前的状况，再向前看一年，若还是没法看到根本改观的可能性，那就是在维持，需要创业者再果断作出选择。

留足基本生活费。任何一次创业都要事先给自己留足基本的生活费，并将这笔钱交由父母或你最信任的人保管。必须保证创业失败后基本的生活来源与尊严。任何一次创业都不能是赌徒式的"All in"，押上全部筹码、自以为是的人，大多会输得很惨。

第三节　创业要素和过程

【小案例】玻璃大王曹德旺

20 世纪 80 年代初期，在国内的汽车维修市场，从日本进口一块汽车玻璃就要一两千元。40 岁的曹德旺看到其中的商机，开始转战汽车玻璃。此后不久，在汽车维修市场上曹德旺用自己生产出来的汽车玻璃替代了日本的进口汽车玻璃。

1987 年，他用第一桶金建立了耀华汽车玻璃公司，即福耀玻璃的前身。

1993 年，福耀集团正式在上海证券交易所挂牌，成为中国同行业首家上市公司。经过几十年的发展，福耀玻璃在主导国内汽车玻璃配套、配件市场的同时，还成功挺进国际汽车玻璃配套、配件市场，并在俄罗斯、美国建立了汽车玻璃生产基地，成为世界第一大汽车玻璃制造商，同时公司还积极发展上下游产业链，避免原材料价格波动对生产造成的影响。

在福耀玻璃半年报中，记者发现，福耀玻璃连续六年的毛利率都在 40% 左右。曹德旺告诉记者，这么高的利润率水平，一方面是由于公司打通了上下游产业链，提升了产品附加值，另一方面更得益于企业内部精细化的管理体系。

如今年逾古稀的曹德旺，依旧保持着每天早上 4 点起床的习惯。他说，早一点起来阅读，看资料，这样一天的时间就会被拉长，相当于延长了生命，才有更多时间做更多有意义的事情。

资料来源：茉莉. 华商韬略：中国人曹德旺. https://www.doubao.com/chat/4312289217780482.

一、 创业的关键要素

百森商学院的杰弗里·蒂蒙斯是创业教育的先驱,有"创业教育之父"的美称。他在长期的创业教育工作中提炼出了创业的关键要素模型。该模型被称为蒂蒙斯创业过程模型。蒂蒙斯创业过程模型在创业领域的影响巨大,如图1-2所示。

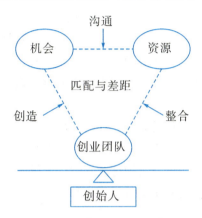

图 1-2 蒂蒙斯创业过程模型

创业过程是机会、创业团队和资源整合三个要素动态匹配和平衡的结果。三个关键要素与创始人之间组成了一个天平,创始人之上是一个极不平衡的倒立三角。处于模型底部的创始人要善于整合三大关键要素,借此推动创业过程。创业的核心过程是对机会的理性分析和把握,对风险的认识和规避,对资源最合理的利用和整合,以及对工作团队适应性的分析和理解。创业过程是一个连续不断地寻求平衡的行为过程。企业要保持发展,必须在创始人的带领下,找到创业团队、机会与资源三者的动态平衡。创业者要考虑的问题是:团队是否能领导公司未来的成长、资源是否够用、下一阶段机会是否会面临瓜分或改变。这些问题在不同的阶段以不同的形式出现,都牵涉企业的未来发展。

总之,创业者在创业过程中就像一个杂技表演者,要随时保持上述三个关键要素的动态平衡:一边要在钢丝绳上保持身体平衡,一边还要在动荡的内外部环境中进行各式各样的花式表演。

二、 创业过程

创业过程中包含的活动和行为很多,创业过程可细分为六个步骤,如图1-3所示。

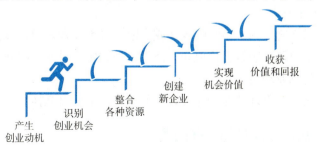

图 1-3 创业过程

（一） 产生创业动机

成为一名创业者，这是所有创业活动得以开展的前提条件。选择创业的动机多种多样，根据全球创业者联盟 GEM 的调研数据，对中国的中青年创业者而言，基本的创业动机主要包含以下三个：首先，是自我实现的需要。许多人选择自己做老板去开展创业活动，有可能是因为一直拥有创建企业的梦想，也可能是因为自己的创意在现有平台上（现有公司内部）无法实现。这些创业者的创业动机不尽相同，但他们却有一个共性——实现自我价值。其次，财务回报是创业的又一重要动机。创业成功后带来的财富可能是没有上限的，相比职场打拼，能更快实现财务自由。最后，中青年人要想突破职场发展的天花板，创业是为数不多能够实现自我向上突破的重要途径。

（二） 识别创业机会

创业机会一般分为两种：一种是意外发现的，另一种是经过深思熟虑开发的。国家产业政策的调整、新技术的出现、人口和家庭结构的变化以及思维观念的转变等都可能形成商业机会。作为创业者，应该具有敏感的嗅觉，能够及时准确地识别并捕捉到创业机会。识别出机会之后，还需要对机会进行评价和提炼。

（三） 整合各种资源

整合各种资源是创业过程最为关键的阶段之一，如果不能成功地走过这个阶段，无论多么有吸引力的机会都等于零。创业者需要整合的资源主要包括基本信息（有关市场容量、竞争现状与未来趋势）、人力资源（合作者、最初的雇员）和财务资源（可募集的资金上限）等。

（四） 创建新企业

企业的创建需要进行大量的准备工作，其中创业的初步计划制订、创业融资和注册登记尤为关键。创意能否变成行动，关键看能否形成一个周密的创业计划。资金往往成为新创企业的"瓶颈"，创业融资在企业的创建过程中至关重要。当创业者完成创业计划并获得融资之后，就可以按照法定程序进行注册登记，包括确定企业的组织形式、设计企业名称系统、向市场监督管理机关提出企业登记注册申请、领取企业法人营业执照等。

（五） 实现机会价值

新创企业要在市场上取得成功，需要在企业营销策略、组织架构、财务管理等经营管理方面更上一层楼，这是企业管理的重要内容。企业走向成熟的标志之一是能够建设并管理好自己的品牌，在品牌、知识和企业文化等方面形成卓越的竞争优势。

（六） 收获价值和回报

创业结果指在预期阶段内可感知的成功或失败。对创业者来说，回报可能是多种多样的，但重要的是要争取实现社会价值和经济收益最大化。对回报的满意程度在很大程度上取决于创业者的创业动机。

上述的第一和第二两个环节在创业实践中的顺序常常可以互换。

三、 创业之初需要注意的一些问题

初创公司要抓开源而非节流。能否把产品规模化地卖出去才是关键。如果不能解决开源这个问题，再会节流也无济于事。初创公司要抓业务突破而非管理规范化，因为在此阶段公司一切都没有定型，刚开始可以人性化一些、随便一些，出不了大的问题。公司小，多改良、少革命。

创业的关只能一关一关过。创业者需要冷静思考、快速行动、小步快跑。企业创立、研发产品、试用产品、进入市场、复制市场、股票上市，每一个阶段都是一关，每一关都只能扎扎实实地突破，不要奢望有捷径可走，不要贪图所谓跨越式发展，尊重过程，要踏踏实实一步一个脚印，不搞"大跃进"。经营企业，其实就是做对的事情，把每件对的事情都做对，企业就成长了。

选择行业需要慎重。尽量不要去毛利率过低、竞争惨烈、没有技术壁垒的传统行业创业。毛利率=毛利/营业收入×100%=（营业收入-营业成本）/营业收入×100%。毛利率是还没有缴纳企业所得税之前的利润率。餐饮业毛利率在35%~60%，尽量不要去毛利率低于20%的行业创业。此外，小规模创业（如投资在30万元以内的个体工商户）应在半年内达到盈亏平衡，规模较大的传统行业最长必须在一年以内达到盈亏平衡。互联网行业除外。

【创业提示】听建议与选行业

慎听别人的创业建议。别人的建议与劝告你必须听，但要慎听。一方面，自己的问题自己最清楚，外人无法真正感同身受，所给出的建议往往也不能切中要害。尤其是那种纸上谈兵式的管理经验对创业者来说大多数时候帮助都不大。另一方面，许多建议最后都会落脚到"还是赶紧好好找个工作上班，别瞎折腾"之类的劝告上，这或许会浇灭你最后一点创业信心与斗志。

大学生尽量不要选择纯粹的传统行业去创业，比如餐厅、超市、网吧等。除非你有确实可行的标准化连锁规划，且后续融资也能落实。在这些传统行业中，一是竞争激烈，全是红海；二是在这些行业中，大学生和普通民众去拼吃苦、拼韧劲、拼经验，基本上没有任何优势。大学生要充分发挥理论知识丰富、创新性思维更多、学习模仿能力更强、感知社会发展方向更敏锐的优势，多去做符合社会未来发展需要、技术更新需要、新一代青年人迫切需要的新蓝海、新市场。

【实践案例】赚钱的快餐店之死

老贾来自山东，没有显赫的家庭背景，独自在北京这个城市打拼创业。经历过失败，也经历过喜悦，如今他已经重回销售行业，做着一份自己喜欢的工作，他说他要一边工作一边反思自己的创业经历，他说希望他的经历能让更多人少走一些弯路。在老贾的讲述之中，没有失落、伤感、挫折，有的只是一个坦然、自信，不断反思并走上新生的自己。以下为创业者老贾的自述。

初创业：开餐厅赔光本金

我是2009年5月17日来到北京创业的。来之前在山东济南一家4S店做汽车销售，那是我的第一份工作，做得很不错，当时拿到了2008年的全年销售冠军，我也因此被提升为销售经理。作为一个初出茅庐的大学生，我带着几个哥们一起卖车。那是我第一次带团队，那一段在 4S 店的销售经历让我形成了自己的工作价值观和做事方式，不得不说第一份工作对人生太重要了。而我后来之所以放弃这份工作去北漂，完全是因为一次偶然的经历。

来北京的念头始于 2007 年的一次旅游。当时我站在长安街上看到西单、天安门、王府井人山人海，于是就想，北京这么多人，要是开一家餐馆那得多火啊，那个时候就萌发了想要来北京创业的念头。我回去后就把这个想法搁置了，一直老老实实地卖车，但是我是一个不安分的人，心里面总觉得缺点什么。我知道其实这是内心的那股冲动，就是农村孩子进城后想留在城市、想出人头地的那种感受。我不愿意在济南这样的城市卖一辈子的车。我认真地给自己做了 SWOT（态势分析法）分析，最后觉得我还是有实力去北京这样的城市闯一闯的，于是就来到了北京。

来北京以后，看见大都市的繁华，满地的豪车高楼，我的雄心壮志一下子就被点燃了。我暗暗下决心，我要留在这里，并且要出人头地。就这样，在不熟悉北京的情况下，我带着一份北京地图和一份《手递手专刊》，开始满北京跑，找地方开饭馆。我当时只有卖车时挣来的微薄资金，所以一路找得很辛苦，也有很多挫折。但我是一个执行力非常强的人，不达目的一定不会罢休。很快我就找到一个店，把它盘了下来，然后开始一个人办执照、装修、买餐具、找厨师和服务员。在我来北京两个多月后，属于我自己的店终于开张了，同时我所有的积蓄还有我哥支援我的钱，都被我投进去了。当拿到营业执照的那一刻，我百感交集：我终于在北京开始自己的事业了。

开张没有多久，我没有市场经验的弱点开始显现，当时我做的东西是我们老家临沂的光棍鸡，我自己非常喜欢吃，老家在京的朋友也喜欢吃，所以没有经过市场调查，也没有验证市场到底有多大，就开始做了。但我忽视了一个问题，这个产品我们喜欢吃，但却不代表北京人民也喜欢吃。结果发现开店之后生意冷清，我想要调整但不好调整，厨师、服务员都是在老家找的，对北京的餐饮市场也不熟悉，他们也给不了什么意见，最后大家只能眼睁睁地看着仅剩的那点流动资金都花完后宣告失败，我打工挣的钱基本被赔光了。我的第一次所谓的创业没有哪怕一点的辉煌，就这样在悄无声息中结束了。那次创业失败之后，我才深深感到自己创业经验的欠缺。

再创业：反思之后做赚钱的生意

后来我又搬到清华西院，每天都去清华蹭课听，一边反思自己为什么会连一个小餐馆也开不起来，一边也在寻找机会东山再起。之后我就偶遇了一个同样创业失败也在清华游荡找不着北的朋友，我们一起做建材生意。我们的商业模式很简单，还是我的老本行——销售，我自己先在什么都没有的情况下找客户拿单，然后再找厂家生产，赚取中间的差价。这个业务最大的好处就是启动资金非常少，正好做销售也是我的老本行，没两个月我们就开始赚钱了，而且还赚得不少。但是这个生意对我而言并不是长久之计。最致命的是回款太慢，好多钱都要不回来，我觉得这是个做不大的事，所以我又想起我的餐厅生意了。

接下来我把建材销售作为现金流业务给我挣钱，又去开了一家餐厅。这回开店吸取了上次的教训，我知道市场调查的重要性了。我很认真地做了市场调查，综合分析了餐饮市场，觉得做价位便宜、简单快速的标准化快餐应该没有问题。所以这个餐厅的商业模式是快餐堂食加外卖，定位于做附近生意的小店。我本着一级商圈二级马路的原则来选址，也就是在一个大的核心商圈里面，选那种位置较差的地方，房租不超过每月15000元，生产的快餐以外送为主、堂食为辅。经过对商业模式和细节详细的思考之后就是取名、核名、注册公司、注册商标、选址、招聘、培训等一切开店的准备。当时也是吸取了第一次的经验教训，我连销售额不好怎么扭转都非常详细地做了预案，我认为这一次一定是万无一失了。而一切也真的和我预想的一样。由于商业模式和定位很准，我的店开业第一个月就盈利了，我分析这次做得不错的原因在于之前准备得比较充分，各种预案都做好了，宣传也很到位。另外在选址上很成功，我们选在了大红门附近，这边房租便宜，又在批发市场边上。商家们做生意忙，我们恰好可以提供送餐服务，周边也没有很多其他餐饮巨头，我们正好填补了市场空白。

餐饮生意逐渐走上了正轨，于是我开始离开建材行业，全心做快餐店。我的内心突然有了不一样的想法，我决定要把这个生意火爆的餐饮店做成一个连锁，做成一个知名度很高的品牌，而悲剧也就在这里埋下了伏笔。

乌托邦式的再失败

由于我想做大的连锁，做知名度比较高的品牌，于是开始学着大品牌做产品的标准化，对每个客户比较喜欢的菜品，我们都精确到主辅料的配比、调料的配比、出品的时间，并制定了操作标准贴在墙上。员工只要按照这个操作标准做，之前没有做过餐饮行业的新手也能在一个小时内上手操作。后厨前厅我们也做了流程，规定了各种服务规范以及达标标准。我们还做了各种表格，把进销、盘点、客户信息等做到标准化、可复制，准备夯实基础做个大事。在第一个店开了七个月的时候我认为时机成熟了，可以复制了。接下来我开了第二家店，做得也不错。

接连到来的小成就，使我自信心极度膨胀，这个时候我好大喜功的毛病又开始犯了。我觉得照这个模式复制下去一定可以做大，而要想让别人认可我，至少得有个旗舰店，于是想做个大店当样板，然后等商标注册下来让别人加盟，到时候就可以很简单地将自己的快餐店开遍全国了。当我没有审视自身实力的时候，悲剧就开始重演了。我筹措资金开始开大店、做样板，然后把其他几个店的几乎所有资金都抽出来，做了最大的一个店，这个店在面积和定位上完全脱离了之前我设想的目标以及我的市场定位，所有的方面我都尽力去做到最大，就是希望商标一下来，立刻开始加盟，把我的快餐店做到全中国。但是悲剧发生了，我的这个大店入不敷出，根本没法收回成本。

我开始持续亏损，哪怕我想尽所有的办法、拿出所有的资金去拯救这家店，在苦苦支撑了七个月之后，这家乌托邦式的旗舰店还是在我的无力感中失败了。其他的小店因为受到牵连，无力经营而转给了别人，我的这次创业又失败了。

反思：现金流、团队、心态

这一次的失败并没有让我太痛苦，反而让我认清了自己。

在复盘的时候，我认为问题首先出在自己的心态上。再次创业失败还是因为自己内心的好大喜功、浮躁，这些让我迷失了方向。当取得了一点点成绩的就沾沾自喜，不明白一个企业永远可能在24小时内死去。其次，我根本没有准确地给自己的能力做好评估，认为小店做成了，大店也一定能成，高估了自己的能力，却不知道品牌、运营、团队都是很深的学问，挣到了一些钱就开始错误地评估自身的能力。另外，也是太急于求成了，刚做成功了两个小店，就想做招商加盟，殊不知管理两个小店和管理一个品牌输出公司的运作、模式、用人，都不一样。然后，没有自己的目标与方向感，不断地变换方向。再次，没有一个很好的团队。一路创业这么久，都没有自己核心的搭档与伙伴，所有的创业都是单打独斗。最后，对于财务和资金链的把控，没有清晰的认识与理解，所以最终被现金流拖垮和摧毁。

后记

因为不可能失败了就回老家去啃老，我现在暂时又去上班了。

其实我在开始的时候就意识到我的梦想、我想要的结果，很有可能都不会实现，可我还是决定去追逐，失败没有什么可怕的，可怕的是从来没有努力过还怡然自得地欺骗自己。我觉得最丢人的事是一大把年纪了，还厚着脸皮啃老。如果我一辈子都没有经历过一次恣意闯荡，这才是最遗憾的，老死后，估计连追悼词都凑不满三行。

很多人都问我创业失败去上班心态是如何转变的，能接受吗。我觉得我的心态还是非常好的，创业和上班是一样的，只是表现的形式不同而已，问题在于你是否喜欢。我喜欢我之前创业做的事，我可以为之努力而毫无怨言，我也喜欢我现在做的事，因为我一直在为未来积蓄新的力量。就像我大学时驰骋绿茵场，踢了臭球，犯了规被罚下场，我只能为场上踢球者递毛巾送水。只要做的事还与球有关，都是我喜欢的，我就会每天都充满激情去做。

点评

扩张的基础是核心的强大，对于创业公司尤其如此。老贾的两次失败就在于对创业项目的核心理解有巨大的偏差。

第一次餐饮创业完全偏离了用户和需求。他错把自己和老家人的需求当成了客户的需求，仓促行动，当发现问题时已经无力回天。第二次餐饮创业极其注重用户和真实需求。对此，老贾做了大量的前期工作，这保证了第一家店的顺利运转并解决了第二家店的资金压力，得以"以战养战"。在这一点上，老贾的做法是值得称道的。问题出现在第二次创业的扩张部分，加盟管理与餐饮创业确实有很大的不同，尽管形式上看起来只是在原来餐饮创业的基础上标准化和输出品牌。

餐饮创业的直营模式想做大，标准化是需要的，品牌扩大也是需要的。它的客户是终端消费者，一定要在口味上做到标准化，在品牌扩大上做到大众皆知。作为一个创业公司，想到并做到这些很不容易。在加盟管理上，它的客户是加盟商，而不再是原来的终端消费者。需要做的就是千方百计地吸引加盟商，核心收费模式是加盟费用和加盟的周边费用。这套玩法需要强化样板店，拿出漂亮的投入产出比的样板指标，制定足够有吸引力的加盟支持政策，具备强大的吸引当地最终消费者的手段和体系。做到这些确实需要一段时间的积累，前期要有较大的资金投入。

第二次创业的问题就出在了加盟管理上。是否对加盟商心态有足够的了解，是否非要先上一个大的样板店，样板店是以店面本身的漂亮制胜还是以投入产出比制胜，加盟支持政策是否有吸引力，是否有体系化的吸引客流和提高销售额的培训，这些都是在做加盟管理前应该考虑的基础性问题。

餐饮创业已经有一套很成熟的做法，创始人却选择了另外一套看似很类似但完全不一样的新市场去扩张，这种对两个市场认识上的偏差是他失败的核心原因。

但必须向老贾的努力与勇气致敬。大多数人一辈子都不会具备这样的努力与勇气。

而这，几乎是所有创业者百折不挠的共同特质。

资料来源：餐饮老板内参. 一位草根北漂创业者自述：赚钱的快餐店之死（有改动）. https：//www. toutiao. com/article/1011515972/？ upstream＿biz = doubao&source = m＿redirect&wid = 1746533268340.

【思考与成长】

1. 你认为创业的意义究竟是什么？

2. 如果像老贾一样为了梦想经历所有一切后面对失败，你会如何？

3. 创业、考研、考公、出国留学、进公司上班、待在家中做"全职儿女"……面对众多的毕业选择，你的认知、评价和选择是什么？为什么会这样去选择？

第二章
创业者和团队

 【导入案例】郑伟：摆地摊起家的双环纯棉董事长

1996 年从工厂下岗后，生活压力曾一度让郑伟感到非常迷茫。一次偶然的机会，郑伟接触到了内衣行业，从此开启了他与这个行业的不解之缘。

摆地摊、卖纯棉内衣成为郑伟创业的起点。早上四五点他就要起床，一个人扛着一大堆货去赶班车，每天奔波于各大乡镇之间，很辛苦也很充实。在摆地摊的两年风风雨雨的时光里，郑伟积累了丰富的经验和资源，这成为他未来创业的基础。

2001 年初，郑伟带着赚的 3 000 元钱告别地摊生涯，在自贡市租下了一间紧邻东方锅炉厂的铺子。郑伟意识到这里的人们对纯棉内衣的需求量会很大。为了获得优质的货源，郑伟与供货老板进行了无数次深入的沟通，并最终达成合作协议。随着合作的展开，郑伟的产品开始受到了消费者的欢迎。

2013 年，双环纯棉的门店数已达到 50 多家，成为一家在川内有着较大影响力的内衣品牌连锁企业。但过快的扩张步伐、互联网电商的冲击、管理费用的大幅增加，最终导致扩张失败，2016 年公司被迫解散。面对失败与人心涣散的局面，作为创始人，郑伟耗尽所有资金收购了总公司和自贡地区门店的全部股份。这相当于重新创业！

郑伟采取了重建管理层、强化员工培训、学习互联网营销和实行门店合伙人制等措施来优化管理。同时采取以社区包围主城区的战略布局，来大幅降低门店运营成本。目前，"双环纯棉"已经深入人心，以其独特的运营模式得到了社会认可，先后荣获中国内衣行业全国百强优秀终端、中国针织行业优秀连锁品牌等荣誉称号。历经二十多年的艰辛创业，早已财务自由的郑伟，说得最多的一句话是："作为创始人，我将用自己的生命守护'双环'，去直面新的挑战，再创辉煌！"

资料来源：摘改自郑伟"双环纯棉"创业历程口述。

在创业征程中，创业者需要具备的特征和素质是多方面且复杂的。这些特征和素质不仅构成了创业者成功的基石，也是他们面对巨大创业压力时的有效保障。当今的时代早已不是一个人单打独斗就能成就霸业的时代，大多数的创业都需要团队的支持。创业团队与普通工作群体有着本质的区别，创业团队内部是更深层次的能力互补、合作共进、责任共担的关系。成功的团队是创业道路上的关键因素，因此如何选择创业合伙人、确立团队领袖并建立高效团队成为创业者面临的重要问题。有了团队，还需要创始人有相应的领导才能，领导力三要素——建班子、定战略、带队伍，就成为领导团队创业成功的关键能力。有人的地方就常有矛盾，有矛盾就会有冲突。创业团队的冲突管理是确保企业健康发展不可或缺的一环。认知性冲突与情感性冲突在团队中普遍存在，正确处理冲突对团队合作至关重要。就创业而言，选择合适的人、建立议事规则、塑造团队意识并及时沟通协调，是有效化解冲突的关键策略。此外，我们还将了解到合伙人制度作为一种利润共享、风险共担的组织形式，对创业企业具有的独特优势。要建立有效的合伙人制度，就需要建立起科学的层级制和股权激励。

第一节　创业者

【小案例】埃隆·马斯克：无惧创业的电动汽车和太空探索巨匠

埃隆·马斯克是一个备受瞩目的创业者和企业家。他出生于南非，后来移居美国，是特斯拉汽车公司和 SpaceX 航天公司的创始人。

在初创阶段，特斯拉面临着资金短缺和技术难题。然而，马斯克坚信电动汽车的未来，投入了大量的时间和资源来推动这个愿景。他通过改革汽车生产的方式提高电动汽车的性能和可靠性，使得特斯拉成为全球领先的电动汽车制造商之一。另外，马斯克还凭着他对太空技术的热情创立了 SpaceX 航天公司。初期，SpaceX 面临着太空探索领域的巨大竞争和技术挑战。然而，马斯克的远见和决心使得公司成功降低了太空发射的成本，并开创了可重复回收使用的火箭技术。

资料来源：王苑. 马斯克，五年内第四次登顶世界首富（有改动）. https://m.thepaper.cn/newsDetail_forward_30523456.

一、创业者的定义

创业者是将其发现的某种信息、资源、机会或掌握的某种技术，利用或借用相应的平台或载体，以一定的方式，转化并创造出更多的经济价值或社会价值，同时实现其目标的个人。

创业者具备改变世界的能力，是创新以及社会发展的重要力量。

二、 创业者的特征

优秀的创业者（或从业者）大多具备过人的判断力和执行力。判断力是对战略方向的前瞻与选择（善于复盘总结），执行力是创业者及其团队推进工作的效率（提倡马上行动）。创业者作为一个相对独特的社会角色，有其自身的管理经验和处世哲学。相较于普通的职场从业者，创业者往往有一些过人之处。创业者区别于一般人的特征主要表现在五个方面。

（一）创新精神

创新精神是创业的基石，创业者们大多具有一定创新精神，讨厌墨守成规，乐于发明新方法来迎接不同的挑战。一成不变的生活，不是他们的追求。

（二）成就导向

创业者们几乎都是目标导向型人士。他们很自然地设定个人奋斗目标并且通过企业这个平台的成长来完成这些目标。

（三）独立自律

创业者们大多高度自我依赖，他们中的许多人都不会畏惧独立完成任务，常常表现出超越常人的自律、不盲从。

（四）掌握命运

创业者很少把自己看作环境的受害者，总认为自己能掌握命运。他们工作效率极高，做事不拖沓，不喜欢与经常抱怨的人共事。

（五）控制风险

创业者对风险和不确定性有更多包容，但并不是赌徒，创业者会承认并正视风险的存在，又善于设计理性且实用的方案来规避或减少风险。

创业者要时刻坚守上述优秀的个人特征可能会存在一定困难。他们常常表现出兼容、低调而又务实的姿态，因为创业者一边要顶着市场激烈竞争的压力，坚守初心，锐意进取；一边又要为了公司的生存发展，某些时候不得不向某些世俗力量作出一些非原则性的让步与低头。阿里巴巴创始人曾说："很多时候打败你的不是什么技术，而是一份文件。"所以，在处理具体问题时，受创新、独立自律和成就导向等特质影响，在战略上，创业者做事情常常表现出百折不挠的进取精神；而受控制风险并掌控命运的理性思维影响，在战术上创业者又常常表现得相当明智与灵活。

从实践来看，创始人的能力与韧性在很大程度上决定了一个公司的兴衰。如果上述的特征你具备三个及以上，在时机成熟之时，可以考虑去做一次创业尝试，也算是没有浪费国家宝贵的商界栋梁之材。但需要注意的是，是否具备以上创业者的特征需要客观、全面的评估，而非个人觉得自己可能具备就行。

三、 创业者必备的优秀素质

强而有力的创业者是团队的灵魂。根据实践中一些优秀创业者的成长经历和共性表现，我们总结了成功创业者常备的四种素质。

(一) 良好的身体素质

身体素质良好指身体健康、体力充沛、精力旺盛、思路敏捷。创业之路艰辛而复杂，创业者工作繁忙、时间长、压力大，如果身体不好，长期下来必然力不从心，难以承担创业重任。

(二) 强大的心理素质

心理素质指创业者的心理条件，包括自我意识、性格、气质、情感等心理构成要素。创业者需具备的自我意识特征表现为自信和自主，性格刚强、果断和开朗，更富有理性色彩。心智成熟的创业者大多不会为蝇头小利而沾沾自喜，也不会为暂时的失败一蹶不振。

(三) 广博的知识素质

当今世界，科技进步日新月异、社会变化丰富多彩。创业者的知识素质对创业起着举足轻重的作用。创业者要开展创造性思维、作出正确决策，必须掌握广博的知识，具有一专多能的知识结构。具体来说，创业者应该具有以下几方面的知识：一是法律常识，依法行事，用法律维护自己的合法权益；二是行业认知，掌握与行业相关的知识，依靠科技进步增强行业竞争能力，创业者不能只管人不管事，不参与业务的创业者必然被淘汰；三是经济管理常识，具备管理企业方面的知识，如财务会计、市场营销、国际贸易、资本市场等。如果创业者本身并不具备如此全面的知识体系，那他的团队必须有相关的人才为其服务。

(四) 成熟的社交素质

优秀的创业者大多有着成熟出众的社交能力，一方面他们能迅速洞察他人的需要、想法和感受，另一方面他们善于细心观察不同的情境和人物，能迅速分辨其中的不同之处并加以理解、归纳和分析，对千变万化的社交环境有较强的掌控能力。高超的社交能力对创业有着非常大的影响，有智慧的创业者往往将"互利共赢"摆在商业社交的重要位置，以广受欢迎的亲和力、较强的沟通协调能力，牢牢占据着商业社交的主动权。

当然，除上述四种素质之外，创业者在创业过程中还要成为遵守道德伦理并承担社会责任的典范，这也是创业长久成功的重要保证。企业在创造利润、对股东利益负责的同时，还要承担起对企业利益相关者的责任，尽可能保护其权益，以获得在经济、社会、环境等多个领域可持续发展的支持。承担社会责任不是什么可做可不做的事情，这是任何一家公司必须担起的责任。

四、 创业者的压力

创业过程总是伴随着巨大的压力，这些压力的表现形式多种多样，有些压力会随着时间的流逝，随着创业的进展，慢慢消散；但有些压力却会越来越大，对创业者的身心健康带来很大的困扰。

（一）极强的控制欲，导致内心孤独

有些创业者对人和事物都有着很强的控制欲，由于过往失败经历的心理影响，凡事喜欢亲力亲为，对员工缺乏基本的信任，人际关系很紧张，常常是身处热闹人群，内心却异常孤独。

解决的办法是：在工作之外，要建立属于自己积极健康的人际关系网络，有两三个可以倾诉的朋友。在工作中，要习惯与员工双向沟通，坦诚交流，将一些事务性工作逐步授权给员工。在生活中，要加强身体锻炼，给自己固定的放松时间。

（二）过度的成功欲，造成负荷过大

创业者大多是一些成就导向非常强的人，甚至多少有点"自命不凡"。这样的人才会去创业，而不是选择按部就班的打工生活。许多创业者之所以愿意放弃高薪职位去创业，是希望掌握自己的命运，打造一个能实现自己梦想和创意的平台。但是当创业遭遇到瓶颈或困境，事业遇到重大难关，发现即便自己倾其所有也无法突破和解决问题时，强烈的挫败、失落与焦虑就会袭来。

解决的办法是创业者在每天努力工作为事业四处辛苦奔波之外，应该建立一些其他领域的爱好以获得满足感。许多事情，知其不可为而为之，已经证明了创业者有超越大多数人的勇气与胆略；如果确定目前的困难暂时无法突破，可能拿不到想要的结果，就应及时知进退，休息一下，退一步海阔天空，暂时的舍弃或休息很多时候是为了谋求更长远的发展与下一次的进攻。毕竟为了梦想曾全力以赴地实践过，是无悔的。相比永远躲在岸边观望、犹豫、指手画脚了一辈子的人来说，已强过上百倍。

【创业提示】创业者应该做些什么

★**全力以赴**。每一个成功的创业者都是拼出来的，坚持到最后，"剩"者为王。很多时候，当你感觉实在无法坚持的时候，对手可能也想要放弃了。要努力到无能为力为止。其实很多时候，机会越多，自身的家庭条件越好（这种家庭的人大多不会也不愿去创业，能守好家业，不家道中落，已属万幸），越不容易突破自我，获得成功。当然，如果有一段时间，你觉得自己的公司发展很顺利，也要保持必要的冷静和谨慎。

★**寻找资源**。创业者必须去找企业的正确方向、找人、找钱。这三件事，都要靠创业者自己。其中找到正确方向尤为重要，你要顶天立地。顶天，就是眼光要长远，不能总盯着眼前的一些蝇头小利。立地，是你自己要从一件一件的小事做起。如果凡事都以授权为由推卸责任，这就是对公司最大的不负责任，你不会做的事，不要指望下属能创造惊喜，也不能指望投资人或者朋友能拯救你。公司的主营业务你至少要能懂50%，并

随时留存一部分资金，准备好自救。

★**广结善缘**。创业后，要多加入各种行业协会、商会，和更高境界的人接触。得到的资讯越多，眼界就会越高，启发也会越多，胸怀也才会越宽广。

第二节　创业团队

【小案例】马云谈唐僧团队

马云非常欣赏唐僧团队，认为一个理想的团队就应该有这四种角色：德者、能者、智者、劳者。德者领导团队，能者攻克难关，智者出谋划策，劳者执行有力。

德者居上。唐僧是一个目标坚定、品德高尚的人，他奉唐太宗之命，去西天求取真经，以普度众生、广结善缘。同时，他手握紧箍，以权制人。如果唐僧没有紧箍咒，估计早被孙悟空一棒打死了，或者根本无法领导他。

能者居前。孙悟空可称得上是老板最喜欢的职业经理人。之所以说是老板最喜欢，不是因为孙悟空没缺点，而是因为他虽有（可控的）小缺点，但能力很强。

智者在侧。猪八戒是个什么样的员工？从好的方面看，他虽然总是开小差，吃得多做得少，还时时惦记着美女，但是在大是大非上，立场还是比较坚定的，从不对妖精退让妥协，打起妖怪来也不心慈手软。另外，猪八戒有一个很大的优点，就是对唐僧非常尊敬，孙悟空有不对的地方，他都直言不讳，从某种程度上帮助唐僧完成了团队协调和管理的工作。

劳者居其下。沙和尚是个很好的管家，任劳任怨，心细如丝。他经常站在孙悟空的一边去说服唐僧。他是唐僧最信任的人，是老板的心腹，属于有忠诚度但能力欠缺的人才。

在现代企业中，一个优秀的团队需要包括下面几类人：具备超高领导艺术、具有很强的组织能力和决策能力的人；创造能力强、具有开拓市场能力的人；具有创新精神、研发能力强的人；善于交际，对各种利害关系有清晰认识的人。

资料来源：摘改自电视节目《老友记》第二季中马云和周星驰的访谈。

一、什么是创业团队

创业团队是指由两个或两个以上具有一定利益关系，彼此通过分享认知和合作行动共同承担创建新企业的责任，处在初创企业高层主管位置的人共同组建形成的有效工作群体。

创业团队与普通工作群体是有巨大区别的，团队较之群体在能力互补、合作共进、绩效考评等方面更进一步。创业团队不等同于群体，团队中成员所做的贡献是互补的，而群体中成员之间的工作在很大程度上是相对独立的；团队成员

为完成团队目标一起承担责任并同时承担个人责任，而群体成员则只承担个人责任；团队的绩效评估以团队整体表现为依据，而群体的绩效评估则以个人表现为依据。

创业是一项复杂的工程，由团队创立的企业要比由个人创业的企业多很多。创业所要求的能力涵盖产品技术、运营管理、市场营销、人力资源、财务管理等各个方面，单打独斗的局面已经很难适应时代的要求，新的市场和变革正在不断印证着一句话："没有成功的个人，只有成功的团队。"

团队组建以后，会有两方面的优势：一是专业能力与所获资源来源多样性的优势。当公司资源更丰富时，由于团队成员的受教育程度、工作经验、社会网络关系有差异或互补，公司的决策质量可能会更高。二是心理优势。团队成员要有必要的心理安全感，感觉自己不是一个人在战斗。一个人的力量终究是有限的，再有能力的人也离不开团队的支撑。

二、 如何创建团队

风险投资历来非常重视创业团队。美国一家著名风险投资公司的合伙人曾经说："当今世界拥有先进的技术、大量的创业者和充足的风险资本，而真正缺乏的是出色的团队。"一流的团队能把二流的项目经营得风生水起，但二流的团队却极有可能搞砸一个本来充满希望的一流项目。如何创建一个优秀的团队，将是每一位创业者面临的巨大挑战。

（一） 选择创业合伙人

选择创业合伙人需要考虑两个问题。

首先要思考建立合伙人制度的目的：究竟是想激励极少数的企业高管和技术精英，还是要将合伙人制度作为解决人才管理问题的整体方案？如果只是激励少数人，极有可能会带来一系列后续问题，特别是当被激励的少数人可能并不是企业未来发展真正所要倚重的人才时，问题势必更加严峻。

其次要考虑合伙人之间各种特质是否契合。一般而言，在公司的中层、技术层及基层领导干部层面，个人特质以互补为佳，如在性别、教育背景、专业知识、技能经验方面，成员之间需要取长补短。这里面可能相当一部分人暂时不是公司的合伙人，对其中的优秀者，要让其尽早进入公司的合伙人序列。而对于创业团队的核心决策层，要多关注个人特征和动机方面的相似性。在高管层，越是深层次的个人特质越应该趋于一致，如价值观、成就动机、个人愿景等。但需要注意以下五种人不可轻易让其成为合伙人。

（1）执行力差的人。只会纸上谈兵的理论派大多是不愿意俯下身子去实践干活之徒。这类人也常是"拖延症患者"，凡事都喜欢拖到最后一天，喜欢做事情踩着时间截止点，然后就是狼狈不堪、慌不择路地去应付、去赶工。

（2）过于追求安逸稳定的人。一心只想找份稳定工作、讨个生活糊个口，这种人大概率不愿承担风险，是无法在创业路上与团队风雨同舟的。

（3）无团队精神、无责任心、无忠诚感的人。这类人对团队的破坏性极强，具体表现为很自私，做任何事情永远只考虑自己的利益，凡事斤斤计较，喜欢走"捷径"，做事常心存侥幸。

（4）不认同公司价值观和发展方向的人。价值观是人类行为最深层次的动力系统。对价值观不同的人，公司若确需其才，付费让其服务即可。道不同不相为谋，不要让其参与合伙人的股权分配。

（5）喜欢耍"小聪明"的人。团队成员之间本应该互相支持，分清工作主次并积极配合，主动去理解领导意图，那些总是执拗于自己思路和做法的人，基本上都是团队未来执行上的阻力。所谓的"聪明人"，总是喜欢用自己的"精明"来揣测老板的思路，总认为老板的思路有误，这些人在工作中执行任务经常会打折扣，如果公司经营失败了，他会说，你看吧，我就说是老板的思路有问题吧。其实失败很大的原因就是在这些人的执行力上，是执行不力才导致了最终的失败。所以，好的合伙人是只要战略目标定下来，理解要执行，不理解更要执行，边执行、边理解。

（二）确立团队领袖

确定一个优秀的团队领袖是企业发展的关键。领袖是创业团队的灵魂，是整个团队力量的协调者。为什么创业团队需要领袖，是因为领袖能够找准团队的发展方向，并为成员导航。虽然在创业之初，由于缺乏背景了解和实践检验，通常由发起人或大股东暂行创业团队主管职责；但当企业成长到一定阶段，团队领袖应该是在长期实践过程中能带领团队不断取得成功、团队成员发自内心认可和拥戴的领导者。团队领袖应拥有极强的领导力和个人魅力，能够增强团队凝聚力。

（三）建立高效团队

团队成员需要协同作战、互相配合。当团队已经确立领袖和行动目标时，成员要服从领袖指挥，积极执行任务，善于在合作中变通自己的思维，相互配合与交流，经常自我复盘，使团队工作效率越来越高。

团队成员虽然各有分工，各司其职，但每个成员都必须参与整体工作。最开始，最核心的团队一定是大家能彼此喜欢的一群人。如果不是，要慢慢去培养。在企业成长的过程中，只有彼此欣赏的团队才会积极提出自己建设性的意见，在交流互动中才能迸发出思想的火花。当个人利益和整体利益发生冲突时，个体方向需要服从整体方向，只有个体成长和企业兴衰紧紧联系在一起的创业团队才更容易成功。

尽量在内部培养提拔自己的干部。小公司刚创业时，不要花高价钱去请职业经理人，大多数职业经理人都不愿意以创业的心态加入公司，不愿意从点点滴滴开始做起，而且如果给职业经理人太高的薪酬，又会打乱公司现有的薪酬体系。外来的和尚未必会认真去念小公司那本难念的经。这里需要强调如何对待从大公司挖过来的员工。从大公司挖来的人，有着大公司的流程思维和行为规范。但如何调整这些人的心态，将其转换成创业小公司所需的实用型人才，是一个难点。引入新人的目的是补充战斗力，新人必须融入队伍。很多在大公司表现优秀的人才，其实是有赖于大公司整个系统的有力支持，并非靠一己之力就成绩斐然；而在刚创业的小公司，由于资金少，许多事情都需要创始人亲力亲为，困难与问题也是前所未有地多。所以必须在将新人招聘进来之前，就要让其有"放下架子、务实创业"的心理准备。

三、 团队价值观与企业文化

价值观是公司凝聚力的根源。要用正能量的价值观去影响团队成员和普通员工。必须保证公司核心层价值观相同，价值观不一致，是不可能长久共事的。团队在人员构成、专业、性格上可以很多元化，但价值观一定要相同。要把"我相信"变成"我们相信"，团队最真诚相信的东西，往往就是最有战斗力的。

企业文化是品牌的组成部分，要为公司愿景服务，要与时俱进。没有好的企业文化就没有好的企业，创始人必须亲力亲为地建立自己公司的企业文化，身体力行，并时时宣传。

公司越大，越要靠文化来治理，制度设置也是为了强化文化。越是成长型的小企业，越要警惕那种功利性的想法。刚创立的小企业，还要防止那种称兄道弟式的江湖义气的影响，江湖义气看似在短期内能够凝聚人心，长期来看不但不可能形成团队的战斗力，还会毁坏团队的文化。

四、 公司的总经理

股东不一定是总经理，但总经理必须是股东。只有成为股东才会有主人翁意识，和其他股东立场一致，心往一处想，劲往一处使。总经理必须把企业当成自己的命根子，才可以做好企业。此外，公司内部的技术专家大多不太适合做总经理，因为科学家和企业家关注的焦点常常是两回事。

总经理的能力与公司要求不能匹配的公司肯定搞不好，敢于让比自己更适合的人当总经理的创业者，其成功的机会更大。在适合创业的人中，能当好总经理的并不多。

总经理的职责有：熟悉所处行业，打造企业文化，设计管理工具（制度、流程、管理信息系统），建班子、定战略、带队伍，为每个部门找到最合适的人。

五、 处理团队冲突

冲突的发生是企业内外部某些关系不协调的结果，表现为冲突行为主体之间的矛盾激化和行为对抗，可分为认知性冲突和情感性冲突两种。

认知性冲突是指个体与其他个体在相互作用的过程中由于观点或要求不同而产生的一种对立状态。认知性冲突对事不对人，本身是由于对企业经营管理有不同意见。认知性冲突可能是一种机遇，可以促使组织变革。认知性冲突还有助于组织成员之间相互了解，也有助于决策质量的提高。

团队
冲突

情感性冲突集中在团队成员的人际关系上，表现为一种情绪上的对立或敌意。情感性冲突对人不对事，来源于性格或习惯上的不一致，这种破坏性的冲突容易形成冷嘲热讽和互相回避的氛围，并且会降低团队绩效。

在一定范围内，冲突有助于激发团队成员分享不同的观点，进而形成更好的决策，但是如果冲突超出了可控的范围，就有可能导致创业团队的决策失效，甚至引发团队分裂。因此，管理团队冲突是核心领导者必须具备的才能之一。团队冲突处置的思路为适当鼓励认知性冲突，因此应尽可能减少情感性冲突。其主要包括以下四个方面：

（一）选择合适的人

内部和谐是初创公司成功的关键之一。作为创始人，其首要工作就是打好基础，不能选错合伙人，不能挑错关键员工，这些错误一犯，就意味着当你要纠正这些错误时，可能会让公司深受其害，甚至会把公司搞分裂、搞破产。组建团队时就应尽量选择有团队精神、有共同价值观的人。在个人情绪和工作态度中，应该选将工作态度放在首位、以大局为重的人。对那种情绪管理有严重问题的人，一开始就不要让其进入高管团队。当冲突发生时，团队成员应该善于沟通和换位思考，共同维护良好的合作氛围。

（二）建立议事规则

企业在创立之初需要建立议事规则，当冲突出现、难以调和时，需要按照建立的规则进行决策。这个规则可以是公司制定的工作准则，也可以是股东动用投票权来共同决定的。

（三）塑造整体意识

团队精神是大局意识、协作精神和服务精神的集中体现，核心是协同合作，反映的是个体利益和整体利益的统一，它可以保证组织的高效率运转。团队整体能力是企业能力的核心，管理者要创造学习型组织，将团队目标和个人目标联系在一起，将团队塑造成利益共同体。可以轮流选派老员工代表去参加新员工的面试过程。以无记名投票来表决新员工是否加盟，以利于未来新老员工的和谐共处。

（四）及时沟通协调

打造团队精神需要建立有效的沟通机制，当出现冲突时，管理者必须保持冷静，站在公平的立场对待团队成员，倾听各方意见，及时协调、积极引导，促进冲突双方沟通交流，把握好解决冲突的时机与地点，争取冲突双方互相理解、求同存异。

第三节　领导力三要素

【小案例】联想的领导之道

20 世纪 90 年代初，联想面临着濒临破产的危机，公司陷入了困境。柳传志毫不犹豫地采取了一系列艰难而必要的措施，包括裁员、削减不必要的成本和重新定位业务。他在这个关键时刻展现出的果断和坚定，为公司的未来发展奠定了基础。柳传志注重团队建设，鼓励员工发挥创造力，提倡团队协作。此外，他强调诚信、责任和创新的价值观，这成为联想的文化基石。

资料来源：张涛. 柳问：柳传志的管理三要素［M］. 杭州：浙江人民出版社，2015.（有改动）

拉卡拉公司的孙陶然先生根据自己几十年的工作与创业经历，给创始人归纳了领导力三要素。今天许多的创业企业都在学习参照这三个要素以磨砺并提高公司高管的领导能力。作为公司的创始人或领导层，工作重心要落在这三方面。

一、 建班子

要用相互认同的核心价值观来建班子。成为班子成员应具备的基本能力与素质是：把公司当命根子、身经百战、价值观相同、彼此团结。进入班子的人必须德才兼备、以德为主。这个先行标准把控好了，才能把不称职的人赶出去。与一把手一起工作的人才能进入班子。一把手决策后，班子成员要分工执行。班子成员分工时要合并同类项，同类事务由一个人分管，一个人尽量不要过多兼管其他项。每个人直接管理的幅度不超过8人。公司一把手不要管完一条垂直线，以免一把手亲自管的部门过分骄傲自大，引致其他部门反感。

建班子也是在培养接班人，创始人在自身成长的过程中要把经验和能力传递给班子的核心成员。核心成员回到自己分管的业务班子中，再层层传递经验和能力，以培养出更多有能力的中层管理干部。

建班子的目的是定核心（一开始就要确定一个领导者负责最终决策）、选对人（班子成员要志存高远、胸怀宽广、具有较强的战略能力与学习能力）、塑文化（必须有自己的企业文化，时时宣传贯彻公司文化是帮助80%的人在80%的情况下做到80分的唯一方法）、建机制（高管层应该怎样进行沟通与决策）。

怎么来建机制呢？一是要集体参与决策，尽量避免一言堂。让每个班子成员都参与决策，让他们成为决策参与者而非只是执行者。班子成员对于重大问题有不同意见是常见的，一把手要善于与班子成员沟通，有矛盾多两两进行沟通，以企业文化作为沟通的基础。有重大分歧，按核心价值观来裁定，这是最高的决策标准。一把手与班子成员单独沟通完，然后再放到会上去说。绝对不可以背后去说班子成员的不足，绝对不能搞宗派主义和团团伙伙。公司做大了会有执行委员会，执行委员会要根据公司的战略意图，自己出题自己答题直至得出决策预案。这是很重要的领导技巧，这样的决策会得到成员的积极拥护和坚决执行。二是要授权。建立班子后要授权，权要授对人、授对事。授权不是转移困难，授权以后要经常去现场走动管理，不要完全相信下属呈送上来的报告。一定要注意，当公司规模较小时，战术层面可以授权，战略层面必须集权。企业初创之时，盲目搞班子民主决策、搞分权，有时反而会使决策效率降低，错失机会，等公司发展稳定下来了，再谈分权的事。

二、 定战略

要用行业认知来确定战略。如果战略方向错误，即便让员工每天加班以掩盖战略方向的错误，企业也就很难获得成功。定战略的目的是保证企业处在正确的航线上。不能一开始就把战略做成一个很宏大的系统，把事情设计得非常复杂。战略的价值是把一个真正有需求的创业设想变成当下好理解、易执行的任务。高管层要深入领会战略并将其分解为基层都能理解且可操作的简单计划，中层要少谈战略，多谈战术，集中精力，带领队伍，开拓市场。

制定战略有六个步骤：一是设定愿景。每次制定中长期战略，都要先审视企业的愿景，战略目标必须与愿景相符。二是设定战略目标。目标要合理，不是去摸月亮，也不能只捡地上的烂苹果。三是制定战略路线。确定是用怎样的战术来实现战略目标。在大的战术下面又要根据不同阶段分成几种小的战术。四是确定领军人物。找合适的领导人物是企业的大事。如果找不到合适的操盘手，就要重新考虑项目是否该做。五是调整组织结构及预算。这里是指结构要追随战略。组织结构和预算安排是为实现战略服务的。六是资源整合和考核激励要紧紧跟上，并及时复盘。

三、 带队伍

一个优秀的领导者能表现出真实的自己，能通过影响他人来实现对资源的战略性调配与管理。优秀的领导者，常常拥有非凡的个人魅力，做事情能归功于外、归责于己，下属愿意追随，并愿意为企业未来发展贡献出所有才智。就创业而言，能成为一家初创企业的领导者，在与其能力和特质最匹配的领域去领导别人，并能持续数十年带领公司一直走下去的人，大多具有与事业相匹配的管理能力与执行力。

对优秀的领导者而言，在带队伍的过程中，常能体现出以下共性：

（1）能凝聚员工战斗力（树立团队内部一损俱损、一荣俱荣的意识）。

（2）善于鼓励员工一起合作（冲锋在前、指挥协同）。

（3）越困难时越不忘长远目标（不惧眼前困难，目光投向更远的未来）。

（4）用积极的价值观影响员工（正能量）。

（5）做事公正（不搞派系和任人唯亲）。

（6）共同分享收获（把20%或更多利润分给关键员工）。

要用企业文化来带队伍，高管必须有事业心、中层必须有上进心、基层必须有责任心。管理公司分为亲力亲为（创始人既是领导也是战士）、身先士卒（关键时刻，冲在前面）、保驾护航（确保公司走在正确的战略方向上）三个阶段。有了共同的愿景、使命和价值观、方法论，建立起了高效的组织结构和汇报体系，做到了令行禁止，队伍才好带。创始人可以采取每月或每季一邮件的方式告知下属，高管层正在做什么，已经做了什么，怎么做的，未来还要做什么。

第四节　合伙人制度

【小案例】杰夫·贝索斯：亚马逊的合伙人制度引领创新潮流

在亚马逊的初创阶段，亚马逊公司的创始人之一杰夫·贝索斯对合伙人制度的巧妙运用为公司的发展奠定了基础。贝索斯注重团队建设，将亚马逊的员工视为合伙人而非简单的雇员。他通过股票期权激励计划让员工分享公司的成功。这一制度使得员工对公司的发展充满了激情和责任感，形成了紧密团结的企业文化。亚马逊的合伙人制度不仅提出了经济上的分享，更注重对员工的信任和赋权。贝索斯倡导创新和勇于冒险的精神，鼓励员工提出新的想法和方案。这种开放式的管理方式使得亚马逊能够不断创新，在电商、云计算等领域取得领先地位。

资料来源：编者根据网络资料综合整理。

合伙人制度是指由两个或两个以上合伙人拥有公司并分享公司利润，合伙人即为公司主人或股东的一种组织形式。它与公司制最大的区别是：合伙人共享企业经营所得，并对经营亏损共同承担无限责任。公司可以由所有合伙人共同参与经营，也可以由部分合伙人经营，其他合伙人仅出资并自负盈亏。合伙制因具有独特的较为完善的激励约束机制，曾被认为是轻资产企业最理想的人才和管理机制，如会计师事务所、律师事务所和咨询公司等，是最常见的

实行合伙人制度的企业。实施合伙人制度之前，应首先判断企业类型是否适用于该制度。

一、　适用合伙人制度的企业类型◆①

（一）处于初创期或转型期的企业

初创期或战略转型期的企业，需要面对信任、授权、创新、协同等多种管理问题，企业需要建立与此相适应的激励体系，以匹配企业发展或转型时需要的管理行为的快速响应。合伙人制度的运用，能获得员工的坚定承诺、股东的强力支持，从而获得市场信心与关注。

（二）知识型企业

知识型企业需要不断创新，员工的责任心、投入程度、创造性、工作协作性、学习能力等要素是影响企业成败的重要因素。合伙人制度是协调资本与知识关系的一种有效手段，核心员工通过合伙企业对企业间接持股，使资本持有者和知识持有者之间突破了

---

① 各章节中带有"◆"标识的内容，是各类创业大赛考察的重点内容，应认真研习和揣摩。

传统雇佣与被雇佣的关系，使资本和知识共同参与企业创造的价值再分配，从而产生协调效应，共同促进企业持续发展。

（三）控制权稳定的企业

原有股东与合伙人拥有一致性利益是合伙人制度有效性的根本保证。如果原有股权结构过于分散，难以达成一致行动，会带来企业执行力的缺陷，即便引入新的合伙人也不能解决问题，甚至可能引起更多纷争。

（四）轻资产企业

轻资产企业是一种以价值为驱动的资本战略型企业，其通过建立良好的管理系统平台，集中力量进行设计开发和市场推广，以促进自身发展。目前的大多数互联网企业、咨询公司等都是典型的轻资产型企业，其特点是自然资源、厂房和机器设备或者其他有形资产较少。这样的企业推行合伙人制度更易成功。较之重资产企业，轻资产企业的入股价格较低，收益可能反而更高，便于推行合伙人制度。

不太适用合伙人制度的企业有三种：

第一种是无利润增量的企业，因为合伙人分红的基础是公司有超额利润；第二种是国有企业，国有企业的社会关注与敏感度都很高，搞合伙制容易有"国有资产流失"的嫌疑；第三种是大股东大多是兼职人员的企业。以上这些企业都不太适用合伙制。

二、合伙人的管理◆

合伙，意味着风险共担、收益共享，在公司运作中表现为获得股份或分红权。合伙人是指通过贡献价值来发展事业的人。选择合伙人非常重要，如果选择失误，必然会对合伙事业带来某种程度的隐患。选错一个人对组织的破坏性远远大于选对一个人对组织的建设性。在创业之前，合伙人之间应有较深厚的个人友谊，但也需要规章制度帮助所有人保持长期团结。找合伙人，要找你相信的人，因为涉及战略与共谋；找员工要找相信你的人，因为需要忠诚与执行。

（一）合伙人的层级管理

随着企业发展和规模扩张，对合伙人进行分层分级管理势在必行。如果没有对合伙人的层级进行必要的划分，在未来的合伙人管理中将会变得被动。比如当一位合伙人表现不佳时，企业要么容忍他在合伙人序列中存在，要么解除他合伙人的身份；某位员工表现较优秀时，企业要么让他成为合伙人，要么让他继续做员工。而分层分级的管理能够为优秀人才的上下留足空间，为合伙人的发展留足职业通道，也给创业者以足够的空间来管理、考察和激励人才。

一方面，分层管理合伙人可以给那些暂时没有成为合伙人的员工以希望。设置不同阶梯层级，可以激励那些普通员工向最低层级的合伙人努力；另一方面，层级管理有利于在合伙人序列内部形成良性竞争关系，也便于在未来有效地动态管理合伙人。当合伙人在特定工作周期内表现较好，可让其晋升一个级别并相应享受到更多利益。而当出现业绩较差或贡献不达标的情况时，可以让其身份降低一个层级，而不必直接将其排除合伙人序列。解决团队更迭最好的方法是：新人不断加入，老人帮助新人融合，老人在公司也有自己合适的位置，继续发挥自己的能力。

一般而言，可以将合伙人划为四个层级：预备合伙人、正式合伙人、核心合伙人和终身合伙人。各个层级还可以根据工作性质和激励需要进一步细分。各个层级需要达到的任职资格条件不同，包括工作业绩、职称、学历、工作年限及经验等。严格意义上讲，预备合伙人并非真正的合伙人，但可作为后备合伙人予以身份认定和考察。对于正式合伙人，条件可相对宽松，以激励和吸引更多人才。核心合伙人是指在合伙企业中占据主导地位，如出资额较大，管理决策权更高，对企业的经营、管理与决策具有重大影响力的合伙人。成为核心合伙人的条件更加严格，因为核心合伙人中的相当一部分能成为企业的终身合伙人。而对于终身合伙人，则要慎重考察，所谓终身制便意味着只上不下，因此选对人非常重要。实践已经反复验证，科学有效的分层分级方法有利于达成企业实行合伙人制度的目的。

（二）合伙人股权激励的制度设计

这是合伙人制度体系的核心内容。没有股权激励的合伙人制度一定有极大的欺骗性。但是，股权激励绝对不是合伙人制度的充要条件。

对合伙人实行股权激励涉及两个方面的内容：第一，究竟应采取什么样的股权激励政策来调动特定人才的工作积极性、创造性并提升他们对组织的忠诚度；第二，究竟应如何设置与股权激励相配套的规则，来确保股权激励不给组织的未来发展和人才管理造成隐患。前者是股权激励的基本内容，后者是与股权激励构成补充关系的规则约定。股权激励方案一定要明确清晰地回答以下问题：

（1）采取实股激励（在市场监督管理部门注册显示的股权，既有分红权，又有投票权）、虚股激励（只有分红权，没有投票权，不能转让与出售，离职自动失效，也无须工商登记，用于奖励核心员工，常常不需员工投钱就可直接享受）还是虚实结合？如果是实股激励，用于激励的股份比例是多少，不同层级的合伙人股权分别占比的上限是多少？

（2）特定的人才是采取受限期权的方式持股，还是可以立即获取股份？是有条件地赠送/奖励股份，还是让人才出资购买公司股份？如果让人才出资购买股份，股份怎样定价？购买者怎样出资？

（3）要不要设置股份代持平台（股份代持平台是实际出资人与他人约定，以他人名义代替实际出资人履行股东权利义务的一种股份处置方式），如果要设持股平台，具体操作规则和协议要怎样约定？

（4）持有不同股份的人才分别享有哪些权利，并应承担哪些责任与风险？

上述所有问题是每一位合伙人高度关切的问题，这与其切身利益息息相关。只有明确、清晰、合法、合理地针对每一项问题以书面形式予以定义或解答，才算是有了可执行的股权激励计划，才能确保企业实行股权激励计划以后，不至于因为纷争、猜疑或不信任而削弱股权激励的效果。尽管股权激励并不等同于合伙人制度，但借鉴其他企业在员工股权激励方面的经验，并不妨碍自己的企业采取严格意义上的合伙人制度。

上述合伙人制度可以与下面要讨论的动态股权分配设计相结合来推进对股东的激励与管理。

【创业提示】不要轻易与好朋友、在校大学生一起创业开公司

不要轻易让好朋友进入公司工作。办企业一定要处理好企业的股东圈、员工圈、朋友圈的关系。三个圈子的人不能错位，否则后果很严重。朋友圈的人，在你公司之外，他的资源、位置、身份或许可能帮到你。一旦他进入公司成了你的员工或者股东，就变成了你的下属。对下属，你就要管理他、考评他，他会很不自在，而当他是你朋友的时候，你只需要尊重他、照顾他。

不要轻易就与在校大学生谈合伙创业。在校园读书的大学生，除少数人很早就有创业意识与创业规划外，他们中的相当一部分对自己的未来发展还没有真正清晰、明确、务实的人生规划，大多数时候还处于做事情盲从、跟风和头脑容易"发热"的阶段。他们一会想去考研，一会又打算照着父母的安排去考公，一会又觉得找个好公司上班也挺不错，选择的随意性很大。创业本身就是一件压力大、很辛苦、风险又高的事，你与一位自身发展目标摇摆不定、心智还很不成熟的年轻人去共商什么企业的发展、运营流程的优化、商业模式的创新等，能有什么好的结果与收益？但是你可以雇佣其在你公司兼职或实习，公平付费即可。

【实践案例】阿里巴巴的合伙人制度

2013 年以来，人们在谈及合伙人制度时，几乎一定会提到阿里巴巴。这不仅是因为阿里巴巴是过去十几年间崛起的具有世界级声誉和影响力的公司，更是因为其合伙人制度的独特性：作为公司小股东的合伙人，却拥有绝对的公司发展控制权。

谈到阿里巴巴的合伙人制度，人们首先会想到两件事情。一是阿里巴巴在成立之初，马云带领"十八罗汉"在一间 80 平方米左右的住房里创业的故事。尽管那时的日子过得非常艰难，但怀抱梦想的创业者们每天都充满了希望和激情。二是阿里巴巴为了同软银和雅虎这两大股东"作斗争"，通过同股不同权（双层股权）制度设计，使公司的控制权牢牢地掌握在公司创始人及管理层手中。阿里巴巴所采取的同股不同权的双层股权制度，使得它本想在港交所上市的希望落空，不得不退而求其次地选择在纽交所上市。

其实，阿里巴巴的合伙人制度，并不只是限于"十八罗汉"和强势实行同股不同权的股权模式。阿里巴巴的合伙人制度的主体是其全员持股模式以及与之配套的相关规则设计。同股不同权的股权制度只是它的公司治理结构"皇冠"上一颗耀眼的"明珠"而已。

1. 阿里巴巴合伙人制度的三大核心内容

（1）全员持股计划

阿里巴巴在公司成立之初便推行了全员持股计划。这里所说的"全员持股"，并不是指进入公司的所有员工都持有公司的股份，而是指针对公司全体员工的持股计划，具体是指那些满足一定条件的阿里巴巴员工均有资格持有一定数量或比例的阿里巴巴股份，不具备相应条件的员工虽然暂时不能持有公司的股份，但未来有希望持有。

阿里巴巴成立之初，参与创业的"十八罗汉"人人都持有公司股份，后来随着公

司的员工越来越多，便推行了在公司工作满三年才可持有公司股份的"受限期权"计划。所谓"受限期权"，是指达到一定的条件才能持有一定比例或数量的公司股份。从这个意义上说，阿里巴巴的员工人人都有获得公司股份的权利，但是否能够持有或持有多少公司股份，则取决于其条件是否满足公司的特定标准。

有资料显示，截至 2014 年 9 月 19 日阿里巴巴在纽约证券交易所上市之前，其股权结构为：日本软银持有 34.4%，美国雅虎持有 22.6%，马云和蔡崇信共持有 12.5%，其余股份为关联公司和阿里巴巴的员工持有。其中，阿里巴巴员工的持有比例为 3% 左右，但市值高达 20 多亿美元。

（2）与全员持股配套的管理政策

员工持股只是阿里巴巴合伙人制度容易让人看见的侧面，人们往往忽略了与员工持股计划相配套的那些十分关键的内容，包括公司的事业梦想与业务逻辑、公司选拔和任用人才的标准、公司考核和奖罚人才的标准、公司的文化准则与人才培养体系等。正是这些相关内容的存在与不断完善，才使得阿里巴巴的员工股权激励计划得以顺利落地和实施。

（3）阿里巴巴合伙人制度的制定背景

制度安排的目的是保证公司控制权掌握在核心创始人及管理层的手中，以传承他们所代表的企业文化，并使公司按照他们的经营管理意志向前发展。

这里有一个背景，就是阿里巴巴在发展过程中需要不断地对外融资。不断融资的过程，就是不断稀释公司创始人团队所持股份的过程。在这种背景下，如果按照一般的"同股同权"法则进行操作，当外来投资人成为阿里巴巴的大股东以后，公司创始人所拥有的权利就会随着他们所持的股份被稀释，有可能出现控制权旁落，甚至面临被大股东赶出董事会的风险。现实中，这类例子并不鲜见。正是在这种背景下，马云精心创立了阿里巴巴合伙人制度，并获得了公司大股东软银和雅虎的支持。

2. 阿里巴巴合伙人制度的核心内容

（1）合伙人的资格要求

①合伙人必须在阿里巴巴服务满 5 年；

②合伙人必须持有公司股份，且有限售要求；

③由在任合伙人向合伙人委员会提名推荐，并由合伙人委员会审核同意其参加选举；

④在一人一票的基础上，超过 75% 的合伙人投票同意其加入，合伙人的选举和罢免无须经过股东大会审议或通过。

此外，成为合伙人还要符合两个弹性标准：对公司发展有积极贡献；高度认同公司文化，愿意为公司使命、愿景和价值观竭尽全力。

（2）合伙人的提名权和任命权

①合伙人拥有提名董事的权利；

②合伙人提名的董事占董事会人数一半以上，因任何原因董事会成员中由合伙人提名或任命的董事不足半数时，合伙人有权任命额外的董事以确保其半数以上的董事控制权；

③如果股东不同意选举合伙人提名的董事，合伙人可以任命新的临时董事，直至下一年度股东大会；

④如果董事因任何原因离职，合伙人有权任命临时董事以填补空缺，直至下一年度股东大会。

阿里巴巴合伙人的提名权和任命权，可视作阿里巴巴创始人及管理层与大股东协商的结果。通过这一机制的设定，阿里巴巴合伙人拥有了超越其他股东的董事提名权和任免权，控制了董事人选，进而就决定了公司的经营运作与大方向，这是阿里巴巴合伙人制度的核心。

（3）合伙人的奖金分配权

阿里巴巴每年会向包括公司合伙人在内的公司管理层发放奖金。

它在招股书中强调，该奖金属于税前列支事项。这意味着合伙人奖金分配权将区别于股东分红权，股东分红是从税后利润中分配，而合伙人奖金将作为管理费用来处理。

（4）合伙人委员会的构成和职权

合伙人委员会共5名委员负责：

①审核新合伙人的提名并安排其选举事宜；

②推荐并提名董事人选；

③将薪酬委员会分配给合伙人的年度现金红利分配给非执行职务的合伙人。

委员会委员实施差额选举，任期3年，可连选连任。合伙人委员会是阿里巴巴合伙人架构中最为核心的部门，把握着合伙人的审核及选举事宜。

（5）阿里巴巴合伙人制度的长期性和稳定性

①从规则上增加了合伙人制度变更的难度

阿里巴巴合伙人制度变更，需通过董事批准和股东表决两重批准。从董事层面看，任何对于阿里巴巴合伙协议中关于合伙人关系的宗旨及阿里巴巴合伙人董事提名权的修订，必须经过多数董事的批准，且该董事应为纽约证券交易所公司管理规则303A中规定的独立董事，对于合伙协议中有关提名董事程序的修改，则须取得独立董事的一致同意；从股东层面看，根据上市后修订的公司章程，修改阿里巴巴合伙人的提名权和公司章程中的相关条款，必须获得出席股东大会的股东所持表决票数95%以上同意方可通过。

②与大股东的协议巩固了合伙人控制权

阿里巴巴合伙人与软银、雅虎达成了一整套表决权约束协议，以进一步巩固合伙人对公司的控制权。根据阿里巴巴的招股书，上市公司董事会共9名成员，合伙人有权提名简单多数（即5人），如软银有权提名1名董事，其余的3名董事由董事会提名委员会提名，前述提名董事将在股东大会上由简单多数选举产生。根据前述表决权约束协议，阿里巴巴合伙人、软银和雅虎将在股东大会上以投票互相支持的方式确保阿里巴巴合伙人不仅能够控制董事会，而且能够基本控制股东大会的投票结果。

附：阿里巴巴与软银和雅虎的约定

A. 软银承诺在股东大会上投票支持阿里巴巴合伙人提名的董事当选，未经马云及蔡崇信同意，软银不会投票反对阿里巴巴合伙人的董事提名。

B. 软银将其持有的不低于阿里巴巴30%的普通股投票权置于投票信托管理之下，并受马云和蔡崇信支配。鉴于软银有一名董事的提名权，因此马云和蔡崇信将在股东大会上用其所拥有和支配的投票权支持软银提名的董事当选。

C. 雅虎将动用其投票权支持阿里巴巴合伙人和软银提名的董事当选。

3. 阿里巴巴的经验启示

阿里巴巴的合伙人经验涵盖了全员持股、与全员持股相配套的人力资源管理制度、阿里巴巴合伙人制度三大内容。因而可以认为，阿里巴巴的合伙人制度的经验对其他企业的启示也应包括三个方面。

第一，全员持股是阿里巴巴合伙人制度的前提。

阿里巴巴有今天的辉煌成就，与其一直坚持推行的全员持股计划有绝对的关系。阿里巴巴合伙人制度下的合伙人，也是基于员工持股计划来定义的，即只有持有阿里巴巴一定数量的股份，再加上其他条件，才能被推举为公司的合伙人。

基于这一点，我们认为，其他企业学习阿里巴巴的合伙人制度经验时，需要慎重考虑：本企业在实行合伙人制度时，究竟是只让极少数的人才持有公司的股份，还是要让更多的人员有机会持有公司的股份？哪一种方式对公司的长期发展更为有利？

第二，阿里巴巴有一整套人力资源管理制度来保证其合伙人制度的有效落地。

阿里巴巴的员工持股计划惠及数万名员工，如果缺少一套制度体系来保证持股计划的有效落地，那将是十分可怕的。即便阿里巴巴践行的仅仅是极少数人参与的合伙人制度，对那仅有的三十位合伙人也是需要一套体系性的制度来加以管控的。比如：究竟哪些人有资格成为合伙人？怎样考核与管理合伙人？拿什么来约束与管控合伙人的行为？等等。

尽管人们在谈及阿里巴巴的合伙人制度时，基本上忽略了它用以保证其合伙人制成功落地的管理体系，但实际上，它是有一整套清晰而有效的管理体系的。比如：阿里巴巴一直在用梦想来吸引人才的加盟，对员工的价值观要求占50%的权重，并一直践行业绩导向的狼性管理文化，这都是公开的秘密；阿里巴巴一直都在或自力更生或求助外援来不断优化它的员工绩效管理体系，并基于绩效考核来决定员工的进出以及持有股份期权的员工是否有资格行权，这同样都是公开的秘密。

其他企业在学习阿里巴巴的合伙人制度建设经验时，一定不能忽视与股权激励相配套的基本人力资源管理制度的建设。特别是对那些尚处于创业期或发展期、人力资源管理体系尚不健全的公司来说，学习阿里巴巴的合伙人制度经验，更不能忽视这一点。

第三，阿里巴巴合伙人制度的核心内容是"双层股权结构"。

这是阿里巴巴合伙人制度对其他企业最直接的启示：只要设计好合伙人制度及其执行细则，即便在企业发展过程中创始人及管理层只拥有较少的股份，也可以始终掌握企业经营与发展的实际控制权。

有许多企业老板在推行合伙人制度及股权融资的过程中，往往担心将来有一天企业发展的控制权会因为股权结构不合理而旁落，因而不敢轻易实行合伙人制度或进行大胆的股权融资。相当多的法律顾问和管理专家也经常在以各种方式警告企业老板们，在股权结构设计上一定要谨慎小心，不能轻率从事。阿里巴巴的经验告诉我们，只要制度与规则设计得当，这将不是什么大问题。

合伙人制度的核心内容之一是赋予合伙人以董事会过半数董事的提名权，适用于私人公司或有限公司，与《中华人民共和国公司法》也不冲突，可以为有关公司在设计控制权的架构时借鉴。也就是说，如果一家公司是有限责任公司，且设立董事会，则可以通过分配董事提名权来实现创始股东对公司的控制。

具体来说，如果希望公司为全部创始股东所控制，可以通过设立类似合伙企业的机构，并赋予其过半数、三分之二甚至全部董事的提名权，从而实现创始股东对公司的永久控制；如果公司需要由一位创始股东所控制，也可以赋予其过半数、三分之二甚至全部董事的提名权，从而实现其对公司的永久控制。

另外，《中华人民共和国公司法》规定，股东人数较少或者规模较小的有限责任公司，可以设一名执行董事，不设董事会。执行董事可以兼任公司经理。执行董事的提名权可以赋予创始股东，从而实现创始股东对公司的控制。

相似的道理，公司控制权的架构也可以借鉴双重股权结构，赋予创始股东一股多票表决权，使其控制股东会的表决，从而实现对公司的控制。

资料来源：未来会更好. 阿里巴巴的合伙人制度. http://www.360doc.com/content/19/1120/18/187391_874391798.shtml.

【思考与成长】

1. 你觉得自己适合创业吗？如果不适合创业，你希望自己在一个什么样的组织工作？你如何定义自己的人生价值，是渴望尽早过上休闲的生活，还是觉得无论如何一定要不负此生，多少有一番作为？

2. 创业的成功不仅仅依赖创业者个人，还需要一个高效协同的团队。如何构建团队文化和核心价值观来保持团队凝聚力？

3. 在创业中如何建立合适的合伙人制度和科学的股权激励机制，以确保团队成员的创业激情和共同利益？

第三章
动态股权分配设计

 【导入案例】西少爷与京东，不同的股权设计带来不同的命运

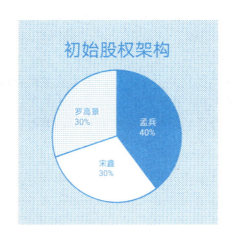

　　西少爷的初始股权架构设计和股权分配为之后的内部纷争埋下了伏笔。

　　西少爷转做肉夹馍火了以后，涉及融资和投票权，创始人之一的孟兵说要融资就要搭一个 AB 股结构，自己的投票权要放大三倍。但其他人觉得凭什么你的投票权要放大到三倍。我们的投票权只能按 1：1 进行表决。于是形成了僵局，很多决策都做不了，新一轮融资也遇到了困难，其根本原因就是没有一个人能说了算。假使其中某个人持股超过 50%，那后面的发展可能都会被改写。

　　与西少爷不同，京东就是一个将 AB 股运用得恰到好处的典范。2020 年 6 月 18 日上午，京东集团（JD. 美国，09618. 香港）在港交所正式鸣锣，回归港股上市。因新冠疫情原因，京东在北京总部举行了敲锣仪式，据说还专门请民间艺人打造了一面

200.168 千克的铜锣。但令人惊奇的是此次敲钟人是京东零售 CEO 徐雷，创始人刘强东并未露面。以"刘强东不再是 C 位""徐雷时代"等为标题的新闻纷纷发布。但事实果真如此吗？根据 2020 年 6 月 8 日京东公布的资料，刘强东依然掌握京东 78.4% 的投票权，仍然是京东的实际控制人。

事实上，早在 2014 年京东登陆美股时也是同样的情形。当年 5 月 18 日的《华尔街日报》刊登了题为"京东上市在即：潜在投资者话语权寥寥"（*As JD.com Goes Public, Potential Investors Get Little Say*）的文章，称由于京东的 AB 股权结构，虽然公司即将在美国上市，却不会赋予投资者太大的话语权。

根据京东的公司章程，普通股分为 A 类和 B 类两类，刘强东持 B 类股，每 1 股拥有 20 票投票权；其他投资人持 A 类股，每 1 股拥有 1 票投票权。虽然从持股比例看，刘强东只是京东的第二大股东，但是他却拥有超过 78.4% 的投票权，这也正是刘强东能牢牢掌舵京东的原因。

资料来源：创业说."西少爷"肉夹馍合伙人纠纷案，股权案例解析（有改动）. https://www.shangyexinzhi.com/article/4654941.html.

动态股权分配设计是指根据企业发展的不同阶段和需要，对股权结构进行合理分配和优化的过程。通过动态股权分配设计，企业家可以根据发展的需要，不断优化股权结构，将股权真正作为激励的工具，在引入战略投资者、吸引并留住优秀人才、及时调整股东权益等方面，提高合伙人工作积极性，为企业人才的长期发展提供物质保障，从而增强团队的战斗力与凝聚力；通过动态股权分配设计，可以帮助企业家在企业发展过程中实现按劳分配、奖优罚劣，提升合伙人之间的团结协作与目标的一致性；动态股权分配设计还可以为企业融资提供便利，拓宽融资渠道，降低融资成本，为企业发展提供资金支持。

第一节　动态股权分配概述

【小案例】"罗辑思维"的教训

早些年红遍大江南北的"罗辑思维"在最初的股权设计上就很有问题。罗振宇和申音注册成立独立新媒（北京）信息科技有限公司，申音占股 82.35%、罗振宇占股 17.65%。申音负责平台搭建，视频制作、策划和推广，罗振宇负责在前台以"有趣有料"的形式对内容（产品）进行传播，使其俘获了一大批忠实的粉丝。

"罗辑思维"播放量很快破亿，视频在优酷上的总播放量达 7 050 多万，微信公众号订阅数达 110 多万，最吸引眼球的是其两次会员招募，共有 3 万会员贡献了近千万元会费收入，并有人给予"罗辑思维"1 亿美元的估值。

但不久，两人分道扬镳。原因在于罗振宇认为自己在公司的贡献远远超过自己的持股比例所享受的收益，付出和回报不成比例。可以说，最初简单、静态的股权结构为二人分手埋下了隐患。

资料来源：股权律师卢庆华. 股权设计九种坑：200亿元的上市公司也踩坑了. https://baijiahao.baidu.com/s？id=1796494448435731339&wfr=spider&for=pc.

对于初创企业，股东三至五人最佳。两个股东太少，一旦有矛盾，缺乏缓冲的余地。第一大股东持股以超过50%为佳，第二股东不应超过30%，股东还应同意未来至少各拿出10%股权对高管和接班人进行期权激励。这也只是大致的股权分配的框架设计，一套成熟、有效、安全的股权设计方案，要考虑的问题还有许多。

先要选对股东。选对股东你就成功了一半。要做成事，必须天时地利人和，你能左右的主要是人和。公司垮掉，一半都是因为股东之间的内耗与折腾。与谁合伙做事永远是最重要的问题！选择股东有三个标准：志同道合、必须出资、认同规则。首先，作为创始人，股东之间必须志同道合，大家对公司发展方向和核心价值观的认识必须一致，毕竟想做百年老店的人与小富即安的人是没法长期合作的。其次，加入的股东或多或少都要投钱进来，对于所谓以技术入股或专利入股的，一般要慎重，因为没有真正投资的人，就不会有经营压力，更不会与你风雨同舟，所以不要轻易用股份来激励普通员工、短期来帮忙的人和自己的亲朋好友。如果公司做起来了，这类小股东行使股东权利，会后患无穷，因此直接用现金激励他们会更好一些。股权和期权的覆盖范围主要是针对公司高管和核心骨干员工；而普通员工更在意的是眼前的工资与福利。最后，成为股东之前必须签股东协议（在股东义务、退出机制、决策机制、公司方向上必须提前进行约定，如果做不到怎么办、怎么罚），认同规则才能成为股东，任何合作，先把丑话说在前面。

一、 实施动态股权分配设计的必要性

动态股权分配设计是相对于静态股权分配设计而言的。静态股权分配是规定在开始创业的时候就进行股权分配，并一次性分配完所有股权，约定每个创业成员在公司总体股权中所占的比例。股权结构往往表现为核心创始人具有绝对控股权，其他合伙人只占少数股权。核心创始人与其他合伙人在本质上是一种"雇主与雇员"的雇佣关系，而不是创业伙伴关系。对于静态股权分配而言，因为团队成员的股权比例是固定不变的，当公司情况以及内外环境发生变化时，往往会出现团队成员之间利益分配上的矛盾，影响团队和谐，甚至导致严重矛盾、公司破产，合伙人最终分道扬镳。

初创企业的团队成员往往存在经济资源匮乏的窘境。对初创企业而言，团队成员之间是复杂的创业伙伴关系，有太多的因素会使团队成员的股权比例发生变化，所以一成不变的、固定的、静态的股权分配设计根本不适合初创企业。对于处于不断变化环境中的初创企业来说，动态股权分配设计显得更加科学合理。比如，公司正处于成长的关键

期，但老股东的进取心已明显消退。其他还在努力拼搏的股东该如何处理这类老股东？这类老股东退出时，漫天要价怎么办？他们将股权私自转让给外界第三人怎么办？这类股权合伙创业的问题如何解决，是动态股权分配讨论的核心内容。

动态股权分配设计是指在创业初期，股权不一次性全分完，创业团队共同约定当创业活动抵达不同的里程碑时，应根据每个合伙人的不同贡献值动态分配股权，从而不断调整每个合伙人的股权比例。其实质就是把股权分配这一环节向后推迟，推迟到公司有实质可见的、有价值的进步时，再根据贡献值来进行股权分配。通俗地理解，就是合伙人要先把事情做成了再来论功行赏进行股权分配。动态股权分配设计思想是用公司未来的股权激励现在的创业团队合伙人，将每一个合伙人未来得到的利益与现在的付出紧密联系起来，促使每一个合伙人为公司带来更多的贡献和利润，与传统静态股权设计相比，它具有根本性的创新和改变。

静态股权分配是在做股权奖励，而动态股权分配是在做股权激励。

创业开公司，不能把股权激励做成了股权奖励。导入股权激励机制不是来分目前的钱，不是因为赚钱了才进行股权激励，是因为激励才可能赚钱，股权激励是分未来新创的利润，一定要体现每个阶段所有参与者的价值成果。这种思想实际上就是期权的思想，就是要通过未来的股权分配实现远期激励效应。期权是面向未来的，是用来激励整个高管团队的。

二、 动态股权分配设计的特点

动态股权分配，与前述的合伙人制度搭配起来使用，可以为公司搭建完善的团队成长与利益分配机制。其特点有：

（一）公平公正

对于初创企业，在股权分配上是"不患寡而患不均"，因此，公平公正的股权分配设计就是要公平地对待团队中的每一个成员。不管是最早的发起合伙人还是后来加入的新合伙人，不管是领导还是下属，在股权和利益分配上，都必须是公平的。否则，股权分配设计必将失败，公司也不可能走得太远。

（二）可进可退

动态股权分配设计，必须考虑环境因素的复杂多变，根据公司发展需要，团队成员需要进行不断的调整和更新，可进可退，让有能力的人和需要的人及时补充进来，把不适合的人及时清退。"人走股留待下任，人走股走业难成"，这样才能够让团队成员保持创新与活力。

比如，一方面，所有新的合伙人进来后，对其投入的资金或其他资产，均要在下一个里程碑实现之时再计算其应占有的股权。原则上，新进入的股东不能侵占原始股东最初最艰苦的奋斗应获得的利益。现阶段新股东投入的 30 万元，与最初老股东所投入的30 万元相比，在意义上是不一样的。另一方面，对于老股东退出必须制定非常详尽的股权退出细则。后面我们会专门论述股权回购。

（三）简单易行

股权分配设计应该简单易行，具有可操作性。否则，即使再好的股权分配设计方案，如果过于复杂，实施成本高，缺乏可操作性，都是无法实施的。

三、 动态股权分配设计的原则 ◆

（一）动态调整

股权分配设计需要根据公司内外环境因素的不断变化进行动态调整、修改和完善，使股权分配更加合理。例如，合伙人在不同时期的资金投入的贡献值权重应该是不一样的，要进行动态调整。在创业初期和公司资金紧张的时候，在计算资金投入的贡献值时，经合伙人共同商定，可以提高特殊时期资金投入时的贡献值的计算权重；在公司产品销售困难的时期，对销售有突出贡献的合伙人，也可适当增加其贡献值的计算权重。

（二）公正透明

公正透明是动态股权分配设计的根本原则，动态分配设计的所有规则和结果都必须在阳光下，不能够"暗箱"操作。例如，所有合伙人都有权查看每个合伙人的贡献值及其形成依据，都有权知道每个合伙人不同时期的股权比例状况，都有权知道公司股权的调整及其最新动态。公司股权的执行状态应该及时更新和公布，以起到激励、提醒和监督的作用。只有公正透明的股权分配，才会让每个合伙人都觉得公平公正，才可能最大限度地调动每个合伙人的工作热情和积极性。

（三）契约精神

动态股权分配设计的首要关键是契约。在股权分配设计中，对里程碑的设立、贡献点的确定、贡献值的计算标准、每次股权分配比例、股权回购办法及其标准等，都需要通过明确的契约规定下来，形成正式契约文件，让团队的每一个成员都能够感受到实实在在的激励，契约不只是些美好愿景和空口承诺。

（四）全员共识

动态股权分配设计关系到每个合伙人的核心利益和公司的发展，因此，在股权设计过程中要让每个合伙人都参与进来，就股权分配中的重要问题达成共识，并形成协议。如对每个合伙人工资水平的确定、贡献点的确定、贡献值的计算标准、将贡献值转换为股权的办法、回购机制的设立等，都应该全员参与并达成共识，最终通过合同的方式进行明确规范。

第二节　动态股权分配流程

【小案例】真功夫的股权之争

合伙创业，一开始双方各占50%的股权分配设计方式，在中国是很常见的。但随着企业的发展，股权需要作动态调整，这个过程非常考验人性，合伙人之间为了一些利益钩心斗角，最终导致企业失败的案例屡见不鲜。以蒸品为特色的中式快餐"真功夫"就经历了一番股权争夺。

真功夫创始人叫潘宇海。1990年6月18日，17岁的潘宇海开始创业，在东莞市长安镇开办168甜品屋，后来又将它改为蒸品店。1994年，潘宇海的姐姐潘敏峰与姐夫蔡达标经营的五金店倒闭后加入，为帮助处于困境中的姐姐和姐夫，潘宇海拿出168甜品屋50%的股份给蔡达标、潘敏峰夫妇。潘宇海负责全面管理、蔡达标负责前厅待客、潘敏峰负责财务和采购。这种五五平分的股权分配在中国很常见，因为国人都很在意面子，不愿公开讨论彼此的贡献大小，所以最简单直接的方式就是平分。后来真功夫通过机器改造实现了餐饮规模化问题，并真正实现了公司的连锁标准化。但随着真功夫的快速成长，问题接踵而来。2006年潘敏峰与丈夫蔡达标分手，但蔡达标以公司正在引进风险投资和即将上市为由，要求进行谈判，通过各种手段要求潘敏峰将25%的股权交其管理。2008—2009年，蔡达标以"去家族化"为名，逐步排挤潘宇海。虽然潘宇海选择了隐忍和退让，但最终还是被步步紧逼到连公司大门、公司网站都进不去的地步，潘宇海与蔡达标的矛盾由此公开激化。

最后，蔡达标想要另起炉灶，把公司现有资产悄悄转移并成立一家新公司。此时，潘宇海要求主张股东权利，对公司财务进行了审计，一下子审出了很多问题。2013年，蔡达标因涉嫌挪用资金、职务侵占等被判处有期徒刑14年，并处没收财产人民币100万元。祸端之始，就是最初简单的平分股权结构，无法形成对蔡达标的有效制约。

真功夫历经三年浩劫，风雨飘摇，陷入绝境。潘宇海再次回到真功夫，通过斩断利益输送链条、调整经营策略、提升经营理念等方法，带领公司排除一切干扰，潜心经营，相当于又经历一次艰苦创业，用了若干年，才让真功夫缓过劲来，逐渐走出困境。

资料来源：财新网. 真功夫股权纠纷案落槌 潘宇海要还7 520万（有改动）. https://companies.caixin.com/2016-12-29/101031856.html.

一、 动态股权分配设计的关键点

（一）贡献点和贡献值

贡献点是能够给公司带来重要贡献的资源。

贡献点需要团队共同来确定企业发展需要哪些重要资源，哪些环节是关键的。团队成员投入的资金，团队成员利用自己的人脉给公司带来的利益，团队成员牺牲了休闲时间但未领取的工资报酬，团队成员把自己的房产无偿提供给公司作为办公场地，团队成员投入的设备，团队成员投入的专利、技术等都是贡献点。

贡献点量化后就表现为贡献值，贡献值是根据约定的计算标准对贡献点进行的量化。它是动态股权分配设计最核心、最重要的内容。贡献值的识别和量化，会直接影响到股权分配的比例和结果，也会最大限度地影响团队的激励效果。它能够激励团队成员为公司带来更多的资源，而越是稀缺的资源越应该给予更高的贡献值。

（二）体现阶段性成果

公司到达一个里程碑后，可能会面临不一样的风险水平，合伙人前期所冒的风险和提供的贡献都应该得到相应的回报，此时应该切出部分股权兑现给合伙人。所有新的合伙人进来，其投入的资金或其他资产均要在下一轮里程碑实现时再计算应占有的股权。原则上，不能侵占原始股东最初最艰苦的奋斗成果。现阶段投入的30万元相比最初投入的 30 万元，在意义上是完全不一样的。

（三）设计好回购机制

股权回购是动态股权分配设计的重点内容之一。

创业是一条漫长的路，在创业过程中，难免会有人退出。同时，公司不能够有太多的缺位持股人——持有公司股权但不能参与公司运营管理、不能为公司带来实际贡献的人，或者有中途辞职、被辞退等情况的股东。因此，公司应有股东退出机制，股权分配设计应能放能收，对退出的合伙人、缺位持股人的股权应该设立股权回购机制，将回购的股权用于鼓励其他在职的合伙人。

动态股权分配设计必须有回购机制，回购退出股东手中的股权或者贡献值，以防止过多的外部股东（缺位持股人）对公司发展带来的不利影响。回购权是赋予公司的权利而非义务，被辞退或主动离开的合伙人没有权利要求公司必须回购股权，所以，应针对不同合伙人的退出原因设计不同的回购机制。

想让已不愿意再出力的老股东退出，如果老股东不漫天要价，考虑到其早期的投入与付出，就可以分两种情况让其逐步退出：第一种情况，如果公司还没有实现连续四个季度盈利，则公司有权暂不回购其股权，让老股东先退出，待盈利后再按其投入时的资金分五年回购，以免对公司现金流造成巨大压力；第二种情况，如果公司已连续四个季度盈利，则可溢价 10% 回购其股权，但需分五年等额支付，同时对其他股东的股比进行工商登记变更。

在回购股权期间，该股东不再享受公司的分红及其他福利；在回购股权期间，如果公司暂时亏损，则暂停支付，直至连续四个季度盈利后继续回购。在回购股权期间，如遇公司破产，则按破产补偿顺序支付，该股东在股东中最后获赔；在回购股权期间，如遇公司股权整体转让，则优先补偿在岗股东的累计投入资本，补偿之后仍有剩余的，再按股权比例来分配剩余的股权转让收益。

同时，在最初签订的股权协议上要约定，未经其他股东许可，股东的股权不得私自转让出售给公司以外的第三者；若同意其出售，需注明其他股东享有同等的"随售权"，即除出售人之外的所有其他股东所持有的股份均可以溢价出售给股权收购者。比如外人若要收购 A 合伙人的股权，也必须无条件收购其他合伙人 B、C、D 的全部或部分股权，除非其他股东放弃出售。因为，大多数情况下，外人之所以愿意溢价收购 A 的股权，是因为看好公司未来的发展。而公司要有好的发展，尚需留下的合伙人 B、C、D 继续艰苦奋斗，而 A 的中途退出，多少会动摇军心，无疑增加了公司经营的不确定性，加大了公司风险，A 是导致这次合作不成功的原因之一，必须承担相应的风险及成本。

当然，合伙人如果是正常离职，许多公司在实际操作中是按退出者退出之日公司最新的净资产值来给退出者以持股比例兑付。不过在公司现金流不充裕的情况下，还是建议要分期支付给退出者。另外，一定需要注意的是回购是公司的一种权利，公司有权决定是否回购、何时回购、回购多少等。这一点，务必在公司章程中予以明确表达。

回购的股权放回公司股权池中，增大股权池中的股权，用于新的里程碑实现后按照团队成员的贡献值进行再分配，实现对在职股东的激励。上述具体的股东退出条款，必须在合作之初的退出协议中写明。

二、 动态股权分配设计的主要环节

动态股权的分配流程如图 3-1 所示。

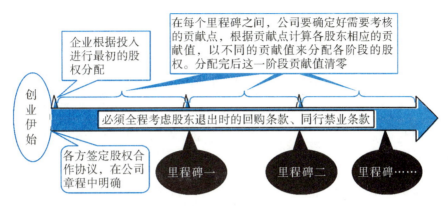

图 3-1 动态股权分配流程

（一）签署动态股权合作协议

创始人团队要制定企业的股权管理制度、签订可落地的动态股权合作协议。根据股权的变动，股东大会需要出具决议，对公司章程中股东们所占股权比例作出相应修订，并及时到行政管理部门做名义股权的变更登记。

（二）确定初始股权分配比例

建议创始人团队最开始只分配公司 30% 的股权（在工商登记中，认缴资本仍是 100% 的名义股权），剩下 70% 的股权将在未来一个个里程碑实现之时再逐次分配。每一次的股比变更后，股东大会必须出具决议对公司章程中股东最新股权比例进行修订，并及时完成名义股权的工商变更登记。每一次股权分配完结后，这之前的贡献值要立即清零，团队开始为下一个里程碑努力。

（三）设立分配股权里程碑，确定股权分配时点

里程碑是指对公司发展有重大影响的事件或者目标节点。常见的里程碑包括产品研发成功、产品获得销售许可证或者经营许可证、公司销售收入达到 x 万元、公司毛利率达到 x%、公司收支平衡、公司实现正的经营现金流、公司获得风险机构投资、公司客户达到 x、公司的市场占有率达到 x%、公司净利润达到 x、公司连续三年销售收入增长率 x%、公司在行业中排名达到前 x 等。一般一次性规划 2~3 年即可。根据公司经营发展的变化来设立不同的里程碑，在达到每一个里程碑时，确定公司股权分配比例。例如，在公司产品研发成功时，分配 10% 的股权；在公司销售收入达到 500 万元时，分配 10% 的股权；在公司实现盈亏平衡时，分配 20% 的股权；在公司利润达到 100 万元时，分配 20% 的股权等。

（四）确定关键贡献点，根据贡献点来计算贡献值

在动态股权分配设计中，不是所有的贡献都可以设定为贡献点。一般而言，合伙人参与的贡献，要设为贡献点，如合伙人投入的资金、房屋和设备等；股东提供了公司发展急需的资源，这是关键的贡献点；某一岗位职责之外的贡献，要设为贡献点，如某合

伙人利用业余时间制作公众号来宣传公司；容易量化的，要设为贡献点，如全年没有一次迟到、早退、病假，全年工作没有一次因个人差错造成公司损失等。至于贡献点要考核的侧重点及具体内容，要做到每半年一小改、每年一大改。

贡献值是团队成员进行股权分配的依据。每个月末或每个项目结束后应立即计算贡献值，待下一个里程碑实现时用以分配股权。常见的贡献点和贡献值的计算标准如表3-1所示。

表 3-1　贡献点和贡献值的计算标准举例

贡献点		计算贡献值
合伙人投入现金		投入的现金金额（创业初期与其他时期投入现金的权重不一样）
非执行合伙人投入现金		
全职合伙人未领取的工资		本人工资-实际领取工资
有形资源	合伙人投入的物资和设备	市场价格
	创业前合伙人的知识产权	按商标或专利的评估价值
	办公场所	市场价格
	以个人资产为公司担保取得贷款	市场价格
人脉资源		给公司创造的实际价值

以上所有贡献值的计算都应该遵循统一的标准和原则：与现金互换。这些贡献值都可以用一定的金额来衡量。只有这样，不同的贡献值之间才具有可比性，才真正公平。

（五）计算贡献值

确定了贡献点计价标准之后，就可以根据事先确定好的换算公式来计算贡献值了。如股东的现金投入，可以按10元=1个贡献值计算；团队成员帮助实现了销售，就可以按销售总额乘以0.5%来计算贡献值等。具体可参见下表3-2所示。

表 3-2　依据贡献点来计算相应的贡献值示例

日期	原始记录凭证	内容详情	贡献点	激励对象	贡献点描述	贡献值计算标准及结果	离职时的股权回购价格或兑现
2023年12月18日	20231221公司账户收入凭证	合伙人投入现金100万元	现金收入	公司总经理甲	为公司注入启动资金	现金入资按10元=1个贡献值计算，共计100 000个贡献值	溢价10%回购，细则见股权合作协议
2024年1月19日	20240108公司账户收入凭证	完成销售700 000元	促成销售	合伙人丁	利用人脉或努力促进销售	按销售额的0.5%来计算，共计3 500个贡献值	销售款到账一周后可以提现，如果提现，就不再计算贡献值

另外，还需要特别提醒以下几点：一是对不同的贡献值，根据其重要性可以赋予不同的权重；二是贡献点的增加和删除、贡献值计量的调整，应该是动态的；三是对于贡献值的变现性，一些贡献点计算的贡献值可以根据作出贡献的合伙人在特定情况下自己选择变现或者作为贡献值进行积累。当贡献值要在当前变现时，要约定变现条件、变现比例、变现时间等。已变现的贡献值应及时从贡献值记录中予以删除，不再累积到股权中；四是贡献值要有专人持续记录并及时公布。

（六）将贡献值转化为股权，体现阶段性成果

该环节是为了分析在达到一个里程碑后如何将贡献值转化为股权。常用的方法有两种，一是固定股权切割法，二是剩余股权切割法。

1. 固定股权切割法

固定股权切割法是指为每一个里程碑切割出一定比例的股权，对团队成员按照各自的贡献值进行股权分配的方法。例如，某公司各个里程碑切割的股权如表3-3所示。

表3-3　各里程碑固定切割股权比例

里程碑	固定切割股权比例
M_1：产品研发成功	10%
M_2：销售收入达到500万元	20%
M_3：盈亏平衡	20%
M_4：盈利100万元	20%
……	……

当达到里程碑 M_1 时，将公司10%的股权切割出来进行分配，按照贡献值不同定向分配给之前的团队成员。后来加入的团队成员不能享受这10%的股权分配，只能参与后面90%的股权分配。

假定达到每一个里程碑后，团队各成员的贡献值如表3-4所示。

表3-4　每一个里程碑团队各成员的贡献值

	分配股权比例	A	B	C	D	E	F	G	合计
M_1 时的贡献值	10%	4 000	2 000	3 000	1 000				10 000
M_2 时的贡献值	20%	4 800	3 000	2 400	1 200	600			12 000
M_3 时的贡献值	20%	5 000	3 000	4 000	5 000	3 000	5 000		25 000
M_4 时的贡献值	20%	6 000	6 000	6 000	4 500	3 000	1 500	3 000	30 000
……	……	……	……	……	……	……	……	……	……
合计	100%								

那么，最终团队成员的股权分配如表 3-5 所示。

表 3-5　合伙人的股权分配比例

	分配的股权	A	B	C	D	E	F	G	合计
第一次分配股权时的贡献值		4 000	2 000	3 000	1 000				10 000
第一次分配股权的贡献值比例		40%	20%	30%	10%				100%
第一次分配的股权 M_1	10%	4%	2%	3%	1%				10%
进行工商登记的股东名义上的持股比例		40%	20%	30%	10%				100%
第二次分配股权时的贡献值		4 800	3 000	2 400	1 200	600			12 000
第二次分配股权的贡献值比例		40%	25%	20%	10%	5%			100%
第二次分配的股权 M_2	20%	8%	5%	4%	2%	1%			20%
累计取得的股权比例		12%	7%	7%	3%	1%			30%
进行工商登记的股东名义上的持股比例		40%	23.33%	23.33%	10%	3.33%			100%
第三次分配股权时的贡献值		5 000	3 000	4 000	5 000	3 000	5 000		25 000
第三次分配股权的贡献值比例		20%	12%	16%	20%	12%	20%		100%
第三次分配的股权 M_3	20%	4%	2.4%	3.2%	4%	2.4%	4%		20%
累计取得的股权比例		16%	9.4%	10.2%	7%	3.4%	4%		50%
进行工商登记的股东名义上的持股比例		32%	18.8%	20.4%	14%	6.8%	8%		100%
第四次分配股权时的贡献值		6 000	6 000	6 000	4 500	3 000	1 500	3 000	30 000
第四次分配股权的贡献值比例		20%	20%	20%	15%	10%	5%	10%	100%
第四次分配的股权 M_4	20%	4%	4%	4%	3%	2%	1%	2%	20%

表3-5（续）

分配的股权		A	B	C	D	E	F	G	合计
累计取得的股权比例		20%	13.4%	14.2%	10%	5.4%	5%	2%	70%
进行工商登记股东名义上的持股比例		28.57%	19.14%	20.29%	14.29%	7.71%	7.14%	2.86%	100%
…	…	…	…	…	…	…	…	…	…
合计	100%								

注：表中合计数据经四舍五入处理。

表3-5的具体计算过程如下：

根据每一次达到里程碑之后每个人的贡献值比例分配分割出来的股权。第一次进行股权分配时，A、B、C、D四人的贡献值比例分别为40%、20%、30%和10%，切割出来的股权是10%，所以他们分得的股权分别为4%、2%、3%和1%，但进行相应的工商登记时，四人的名义股权分别是40%、20%、30%和10%。需要强调的是，工商登记的是名义股权，实际上公司未分配的股权池里还有90%的股权可以分配。

分配完第一次股权后，A、B、C、D四个人的贡献值全部清零，重新开始累积贡献值。在实现第二个里程碑的过程中加入了E，在实现第二个里程碑后，切割出20%的股权进行第二次分配，根据A、B、C、D、E五个人的贡献值比例，他们分别分配得到8%、5%、4%、2%和1%的股权，再加上第一次分配得到的股权，他们五个人的累积股权分别是12%、7%、7%、3%和1%，共计分完30%的股权，剩余70%为未分配股权。A、B、C、D、E的持股比例被登记为：A为40%（即12%÷30%＝40%）、B为23.33%（即7%÷30%＝23.33%）、C为23.33%（即7%÷30%＝23.33%）、D为10%（即3%÷30%＝10%）和E为3.33%（即1%÷30%＝3.33%）。

第三次、第四次股权分配以此类推，不再赘述。（注：计算结果取小数点后两位数，四舍五入，可能有细微误差）

同时，从表3-6中我们可以看出，由于团队成员的贡献不一，累积的贡献值比例是不一样的，所以团队成员的每一轮累积所取得的股权比例自然不同（如表3-4所示），其实这才体现了公平原则。

表3-6 贡献值累积比例与股权累积比例

	分配股权比例	A	B	C	D	E	F	G	合计
M_1时的贡献值	10%	4 000	2 000	3 000	1 000				10 000
M_2时的贡献值	20%	4 800	3 000	2 400	1 200	600			12 000
M_3时的贡献值	20%	5 000	3 000	4 000	5 000	3 000	5 000		25 000
M_4时的贡献值	20%	6 000	6 000	6 000	4 500	3 000	1 500	3 000	30 000

表3-6（续）

	分配股权比例	A	B	C	D	E	F	G	合计
累积贡献值		19 800	14 000	15 400	11 700	6 600	6 500	3 000	77 000
贡献值累积比例		25.71%	18.18%	20%	15.19%	8.57%	8.44%	3.9%	100%
累积股权比例		28.57%	19.14%	20.29%	14.29%	7.71%	7.14%	2.86%	100%

注：表中数据经四舍五入处理。

2. 剩余比例切割法

剩余比例切割法是指每次达到里程碑后分割未分配股权的一定比例，再根据每个团队成员的贡献值比例分配股权。

例如，第一次分配股权时，剩余比例是100%，假定切割出剩余比例的20%进行股权分配，那么分配的股权就是总股权的20%；第二次分配股权时，剩余比例是80%，假定又要切割出剩余比例的30%进行股权分配，那么第二次分配的股权就是总股权的24%（即80%×30%＝24%）；第三次分配股权时，剩余比例是56%（即100%－20%－24%＝56%），假定第三次要切割出剩余比例的30%进行股权分配，那么第三次分配的股权就是总股权的16.8%（即56%×30%＝16.8%），以此类推。

在每一个里程碑的分配股权切割出来后，再根据团队成员的贡献值比例分配相应股权，计算办法与固定股权切割法完全相同。

这种股权分配办法的最大好处是公司股权池中始终都有剩余股权用于激励后面加入的团队成员。虽然股权池的剩余比例越来越小，但随着一个个里程碑的实现，公司股权的价值提升了，未分配股权的价值不一定就小。

（七）股权调整可与合伙人的身份升降挂钩

在每次分配股权后，根据最新持股比例修正合伙人的身份层级，持股比例高的合伙人身份层级上升；反之，合伙人身份层级下降。

（八）风险投资进入的股权分配方法

风险投资在进入时往往会对管理层提出许多条件苛刻的对赌协议，如业绩目标、控制权、董事人数等，甚至有的风险投资会要求占公司一部分固定股权，这意味着会稀释其他股东的股权，这是融资和成长必须付出的代价。但公司的控制权是不能轻易放弃的，所以不要完全让投资人来替你决策。事关股东会、董事会投票权等条款，绝对不能掉以轻心。不要认为自己没有经验就想当然地听从投资人的意见来决策，实际上真正了解公司的只有你自己，所以大多数决策还是必须你自己去判断，不要完全听命于投资人。很多投资人要求在公司董事会对重大事项拥有一票否决权，而如何最大限度地让多数制约少数，如何尽可能地给创始人留下必要决策空间，都需要花心思去设计。为了保持公司控制权，越来越多的公司约定投票权不等于收益权，即选择AB股权架构（如图3-2所示），也就是常说的"同股不同权"。这一制度深受互联网企业、科技型企业的青睐，如京东、百度、小米、拼多多等。

李彦宏　　　　　　雷军　　　　　　　黄峥　　　　　　刘强东
15.9%股权　　　　31.41%股权　　　　44.6%股权　　　　15.1%股权
53.5%投票权　　　57.9%投票权　　　　89%投票权　　　　78.4%投票权

图 3-2　互联网公司普遍采用的 AB 股架构

这些企业的发展经历十分相似：由一个小的创业团队开始，在一轮又一轮的融资中飞速成长。在企业的整个发展过程中，创始人始终都扮演着领路人的角色，但在企业初创时期自身资本微薄，而企业的壮大又离不开外部投资，外部投资在带来扩张的同时也会使创始人的股权面临被稀释的问题。

在这种背景下，AB 股权架构的积极作用相当明显，在为企业引进资金的同时保证控制权不转移。首先，减少公司控制权的变动有利于满足不同类型股东的需求，促使创始人专注于公司长期的经营，避免创业者过度追求短期收益而采取激进措施。其次，确保创始人的控制权有利于激励创始团队加大前期投入，为公司利益最大化服务。另外，资本市场的定价功能使得管理层的经营状况常常反映在股价上，当公司经营不太理想时，其股价低迷，容易成为被收购的对象。AB 股权结构有利于防止恶意收购，为企业发展提供安全保障。

当然，从强化公司治理的角度来说，AB 股架构容易导致内部人控制越来越严重，过于依赖创始人的个人能力，容易引发决策失误；中小股东监督权形同虚设，破坏了正常的公司治理外部监督机制。这些缺陷，也需要引起创业者的注意。

【创业提示】 创业实践中涉及的股权架构常识

1. 常见的外部增资扩股计算法

新的股东进入，应该去做加法（增加股份总数量），而非简单确定现有股东的股权比例，如：股东甲、乙已有估值 1 000 万元的公司，甲的股权比例为 60%，乙是 40%。这时，丙新进入，新投入 100 万元，则丙持有 100/1 100 = 9.09% 的股权，而不是 100/1 000 = 10%。相应的甲的股权比例为 600/1 100 = 54.55%，乙为 400/1 100 = 36.37%。

2. 资金股、人力股和技术股的区分

先在公司章程中约定好股权分为以下几种性质与比例：资金股占 60%，人力股占 20%，技术股占 20%。

如：创始人出资 600 万元，其他高管出资 600 万元。但其他高管什么都不管，全是创始人亲力亲为、具体负责运营。

则创始人的股权比例应为：（600 万元/总资产 1 200 万元）×60%+具体负责的 20% 人力股+20% 的技术股=70% 的股权。从而使创始人掌握公司的绝对控制权，避免了过多的缺位股东、甩手掌柜的存在。

3. 虚拟股权的逐年分配

针对一些以技术、人脉、专利入股的股东，可分期三年，逐年依据约定的盈利目标，分三年来兑现承诺的股权分配目标。

【实践案例】草根牛博分家记

2011年5月，《创业家》杂志报道过草根牛博操控者。文章让微博福建帮等浮出水面，描绘了伊光旭、杜子建、酒红冰蓝三大草根微博操控者的发家过程以及各自的势力图谱。没多久，排名微博草根榜第一的伊光旭集团发生分裂，其最早的创业伙伴之一樊少携带若干大号自立门户。

其中究竟发生了什么？以下为知名草根博主樊少口述。

上篇：决裂

2011年4月8日，中国首届微博营销大会在厦门召开，草根微博三大势力伊光旭、杜子建和酒红冰蓝悉数到齐。我也去了，此时距我与伊光旭决裂只剩4天。

我在微博名叫"樊少"，微博圈子里人称"饭勺"。新浪微博刚开始公测时我就注册了账号，从那时起就写段子，转发常常过百。2009年10月，我认识了伊光旭，当时他的微博粉丝不算多，但转发率却特别高。那时新浪微博刚开始有推送和转发排行榜，他都名列前茅。很多时候我拼命写，拼命抄，转发率也才和他持平。后来我主动给他发了私信，一来二去大家就成了朋友。当时还有两个同学与他一同创业，他们后来一个人做了"创意工坊"，另一个人做了"冷笑话精选"。

那时，伊光旭刚从南京的解放军理工大学毕业。微博相识之后，他邀请我到南京转转，大家一见如故，很快便决定一起玩微博。当时伊光旭在南京缺乏人脉，而我在凤凰新媒体待过，也因此积累下了一些人脉，于是主要负责微博的公关推广和外联工作，当然也包括抢账号，伊光旭和他的同学主要负责内容运营。早期我曾希望伊光旭搬来北京，大家一块做，但他以不适应北京生活为由推掉了。我们这种"两地分居"的状态维持了很久。在很长一段时间里我们都靠电话沟通，常常半夜讲两三个小时电话，每月只拿两三千块的工资。但反倒是那段时间大家合作得最愉快，对我们和草根微博的未来无比笃定。

创业早期似乎都从这样一种松散的团队开始，但回头再看，可能正是这样一种松散的状态里下了不确定因素。后来伊光旭打算注册公司，需要30万元启动资金，希望我来做天使投资人。伊光旭希望先把微博运营起来，之后才好跟投资人要价。我同意出钱，条件是要51%的股份。伊光旭没同意，觉得我占股太高，他的意思是我占30%就行了，后来我退让到49%他还是没同意，最终我做天使投资人这事只能搁浅。现在我确实有点后悔，因为后来当蔡文胜的投资进来后，事情就朝另外的方向发展了。

2010年5月的一天，我和伊光旭在北京建外SOHO的公司办公室里见到了蔡文胜。那一年微博还是新兴事物，智能手机也没普及，敢投微博的人不多。但蔡文胜看好微博的潜力，谈了没多久便决定投资我们。得到投资人的认可对我们是个莫大的鼓励。那天大家相谈甚欢，从办公室出来，外面阳光明媚，我和伊光旭又感觉到了那种久违的激动。我们都觉得这一次创业应该靠谱。很快，蔡文胜100万元的投资在2010年7月到账。9月，伊光旭和其他两名同学在厦门成立了公司。我那时还算是伊光旭团队的人。

这期间大家的合作都还算愉快。2011年春节前后我两次去了厦门。当时心想过年了，大家要聚一聚。见面之后，真如预想那样，每个人都很激动，仿佛是战友和同志一样。那几天我们把酒言欢，唱歌，游鼓浪屿，大伙一心想着要做件大事，至今我手机里还保存着那次在厦门吃饭时的照片和录音。那段时间，我们常常下班后留在办公室里弹吉他，还有人会应景地跳迈克尔·杰克逊的太空步。在离开厦门回京前，团队里的姑娘还为我们每人画了漫画留作纪念，分别时大家依依不舍。现在回想起来，这是多好的一帮兄弟啊。为了这次创业，我甚至还说服了一位老朋友加入，但后来发生的事情让每个人都始料不及。伊光旭成立公司的时候，我们犯了一个很大的错误，每个人都没跟他谈股份的事。当蔡文胜的投资到位后，伊光旭也只给他分了股份。伊光旭一直耗了一年，到2011年的6月才答应给我们分股。起初我们坚持要拿5%以上甚至更高，但伊光旭最多只给3%。虽然伊光旭和他的同学主要负责内容运营，但从某种程度上来说，我是为他们"开疆扩土"的，那段时间我们每个人的付出，显然都不只值3%的股份。我觉得这个南方人太不够意思了，大家一起做成了这个东西，最后他只和蔡文胜谈好了，却不给我们股份。我们甚至还闹过两次出走，但伊光旭一直不松口，到后来又承诺北京如果成立公司会分给我们股份。我当然不干，和他一同创业的朋友也无法接受。

这段僵持期一直持续到2011年4月12日，那天我和伊光旭大吵一架，说他过河拆桥、忘恩负义。最终每个人的耐心都耗尽了。实在没办法，只能自己出去做。我和另外两名团队成员修改了自己的几个微博账号密码，决定离开厦门。这显然是下下策，但是我们也没有更好的办法。就这样，其中一位兄弟带走"创意工坊"，我则带走包括"当时我就震惊了"前身在内的几个账号，没要伊光旭的任何股份。2011年6月，我再次回到北京。

这段经历让我认识到创业一定要先小人后君子。

下篇：出路

我带着自己运营的大号回到北京，想方设法让粉丝增加了600万。2011年年底，我的微博开始接受广告，这和伊光旭接触广告几乎处于同一时点。

离开厦门之后，我们便开始分别运营各自的微博账号。"当时我就震惊了"的前身是"这个微博很给力"。2009年12月，我才把它改为现在的名字。

改名之前这个账号的粉丝数不足100万，现在它有710万粉丝。如今草根微博一个比较大的瓶颈是原创内容越来越少，基本只能靠接广告维持，一方面渠道比较强势，另一方面在新浪投放页面广告成本非常高。草根微博必须自寻出路。

曾经有天使投资人找过我们，希望"当时我就震惊了"团队能跟他另外的技术团队合并到一起，但我没有接受。2011年前后，大家都觉得草根微博是一个牛气而神秘的群体，但今天开始集体唱衰它，认为做草根微博就是投机取巧。

这些观点我不赞同，但如果草根微博仅仅关注眼前利益而迟迟不转型，长远来看必死无疑。据我了解，很多草根微博处境的确堪忧。2010年草根微博还没有所谓的广告收入，实际上直到2011年年底，草根微博们才开始选择性地接触广告。2012年年初是广告覆盖最凶猛的阶段。前期大家都不屑于接广告，怕破坏用户体验，但到2013年微博的活跃度确实下降了，草根微博的粉丝增长很难再迎来引爆点。如果不靠广告，恐怕很多草根大号的收入将大打折扣。

我们也接广告，眼下这还是主要收入来源之一，但转型计划已经在酝酿之中。我手中的微博账号按吃穿住用行划分，在2013年7月5日到8月5日，收入从平均每天2万元增长至3万元，3个月内我们会产生App垂直媒体平台。未来我们也许不是赚钱最多的草根大号，但我们的资源更丰富。

以前人们总担心新浪会封杀草根账号，可现在看来，这似乎并不成立。新浪微博即便人气下降，在未来两三年，甚至更长的时间里都不会产生比这更好的媒体形式。对草根微博来说，只要做好内容，增强黏性，一定会有良性的发展。从2013年起新浪加大了对内容抄袭和不实消息的管理，这说明只要你不破坏微博用户体验，不触犯新浪的底线，每个人在这个平台上都有平等的权利。尽管如此，慢慢你会发现，只靠广告收入的打法已经过时了，最后还是真正的自媒体玩得转。什么是真正的自媒体？打个比方，我一直在用做媒体的思路来运营微博，"当时我就震惊了"在我的设定中就是一家报纸杂志或是电视台。想做好媒体就要保证内容的质量，"当时我就震惊了"的微博一直保证很高的原创性，比如每天早上要发积极并充满正能量的微博，9点到10点发资讯类消息，中间要夹杂内容点评，午休是娱乐视频，下午是学习和旅行，快到下班时间就弄点笑话给大家娱乐下，晚上谈谈情感，多发美图。而有些草根微博会用时光机定时，采用工业化运作模式，人家的号辛辛苦苦地运营内容，你一抄，再定个时间，就下班大吉了。媒体不能这么做。我在"当时我就震惊了"团队采用编辑部形式，很多微博编辑都来自传媒大学。他们是早晚轮班制，就算有事外出也要随时用手机监测微博动态。确认定位之后，我想的是如何塑造"当时我就震惊了"的品牌。起初我曾动用周边所有微博资源帮忙转发，且每一条转发微博都要加上一句评论——"当时我就震惊了"。

早期我们没有接过一条广告，连内容也是我自己在写，有些微博我还会有选择性地@明星大号。谢娜曾经在主持节目时脱口而出："当时我就震惊了！"王菲也经常转发我们的微博。

就这样，仅仅用了三个多月的时间，"当时我就震惊了"的品牌就塑造出来了。起初，"当时我就震惊了"在草根大号中算是落后的，后期在这种运营模式下它高速成长。

草根微博以往给人的印象都是见不得光的，好像地下组织一样，可我们都是在光明正大地干。现在排名前20甚至前50的草根微博操控者都是聪明绝顶的人，他们代表了一种智慧，一种凭借自己的判断和辛苦去获取财富的手段。这些草根微博玩家往往非常年轻且没有背景，但在短短的几年内他们都积累了至少百万的财富。

草根微博不会死，这种小而美的生意代表了中国未来的创业趋势。

资料来源：基于樊少的讲述整理。

【思考与成长】

1. 动态股权分配设计应当遵循的流程是哪些？其中关键的环节是什么？

2. 基于前一章合伙人制度和本章动态股权分配设计的学习，你有更好的完善或优化创业企业股权分配（激励）的策略吗？具体该怎么去操作？

第四章
创业机会和创新思维

 【导入案例】卖尿不湿赚到 26 亿美元，好莱坞甜心成"创业一姐"

一名网友在 Quora（问答 SNS 网站）上关于"为什么 The Honest Company 如此成功？"的提问下评论，能有 Jessica 在社交网络上 10% 的粉丝数量，你卖啥都能行。今天 Jessica 在 Face book、Instagram、Twitter 上的粉丝数量加起来将近 4 000 万。

把时间拉回到十年前，一个切中市场需求的创业点子，是 Honest 成功的开篇。Jessica 创业的想法源自找到一款对婴儿健康无害的洗涤剂。当她用母亲推荐的洗涤剂清洗婴儿衣物时出了荨麻疹，她当即搜索了洗涤剂中的每一种成分，发现有些有毒成分被标记成"香氛"。于是她做了大量研究，了解到过去三十年根据美国《有毒物质控制法》（*Toxic Substances Control Act*）的界定，超过 80 000 种潜在的有害化学品未经测试就引入美国。当时相关机构只禁止 11 种，而在欧洲，超过 1 300 种化学品被认为对家庭使用不安全。

在 Jessica 看来目前没有一家公司生产的家用产品符合上述关键标准。于是她找到了另一个合伙人 Christopher Gavigan（一名科学家和毒理学家）。彼时他刚刚出版的一本书《家用产品中对儿童有害的成分》，两人成立了 Honest。

"如果有人问我遗憾错过的公司，那我会说是 Honest。"Forerunner Ventures 基金的联合创始人 Kirsten Green 说。她投资过的知名消费品牌有 Bonobos（男装）、Warby Parker（眼镜）。Green 说 Jessica 重新定义了明星如何创办商业公司，明星要做的不仅是在产品一边"摆造型"，而是要与消费者真正产生联系。

资料来源：极客公园. 把"尿布"卖到 26 亿美元，好莱坞甜心成"创业一姐". https://finance.sina.cn/tech/2021−05−14/detail−ikmyaawc5323231.d.html.

创新思维是创业者获得成功的必备条件之一。在创业过程中，创新是通过产品和服务的变革或者新商业模式的构建等体现出来的。具备创新思维的创业者才可能创造差异化竞争优势。在急剧变化的商业环境中，创业者需要具备很强的创新意识才可能创造性地调整策略以应对各种挑战，从而建立竞争优势，在市场中站稳脚跟。有了创新思维，还要有一双发现机会的慧眼，在信息爆炸的时代，各种伪市场需求、伪创业机会和市场"陷阱"层出不穷，常常给创业者带来巨大的亏损，以怎样的机会筛选规则来识别、筛选和利用创业机会，是本章我们一起重点讨论学习的内容。

第一节　市场需求

【小案例】苹果公司的 iPhone 充分迎合市场需求

苹果公司在产品创新和市场推广方面一直表现出色，其旗下的 iPhone 产品就是明证。iPhone 的主要创新点在于硬件、软件以及用户体验的不断提升。苹果公司首次推出的 iPhone 将手机、音乐播放器和互联网浏览器三者合而为一，并引入了多点触摸屏幕技术，极大地优化了用户操作体验。此外，苹果公司还推出了一个开放的应用程序平台——AppStore，使用户能够下载和使用各种功能丰富的应用程序，这也成了 iPhone 的一大卖点。苹果公司在市场推广方面也做得非常出色。它们注重品牌塑造，通过精心设计的广告和营销活动成功地将 iPhone 定位为高端、时尚、创新的产品。苹果公司还与电信运营商合作推出独家合约，通过限量发售和提供优质售后服务等方式吸引大量消费者购买 iPhone 产品。市场推广的成功助力 iPhone 成为全球最畅销的智能手机之一。

资料来源：编者根据网络资料综合整理。

一、市场需求的特点与影响因素

市场需求是指特定的顾客在一定的时间、地点、市场环境下对某种产品或服务愿意而且能够购买的数量。市场需求的构成要素有两个：一是消费者愿意购买，即有购买欲望；二是消费者能够购买，即有支付能力。两者缺一不可。市场需求量不仅取决于购买者的人数，还取决于物品的价格，购买者的收入、嗜好、预期，以及相关物品的价格。

（一）市场需求的特点

市场需求可以围绕两个关键词分析：痛点和卖点。痛点，是消费者在生活中已经遇到的问题、麻烦，与创业相对应的是——该痛点还没有得到很好的解决；对于卖点你可以反复告诉消费者你可以更好地解决他的问题、麻烦，或者也可以对消费者目前还没有意识到的新痛点进行广而告之，刺激并创造出新的消费方向，人为制造出新的顾客需求，并使其深入人心。这也是当今创业的一个方向。围绕这两点，我们能总结出市场消费需求具有以下特点。

1. 市场需求的多样性和发展性

市场需求涉及各个方面，如产品种类、价格、质量、服务等，由于消费者在收入、文化、生活习惯等方方面面存在差异，对商品的需求也是千差万别的。因此，创业者要根据市场需求的多样性，提供丰富多样的产品和服务，以满足不同消费者的需求。一般而言，创业者应努力满足大部分人的基本需求，使自己的产品能被广泛接受。

随着生活水平的提高，人们对商品和服务的需求也在不断地发展，过去讲求价廉、实惠，而现在追求时尚、舒适等。价廉物美已经不是唯一的快速抢占市场的好方法，创业者推出的产品或服务最好能贴近广大中产家庭的需求。

2. 市场需求的"弹性"

我们可以将消费品分为日用品、选购品、特殊品和非需品四种。其中，日用品的需求弹性比较小，而高中档商品、耐用消费品和装饰品等选择性很强，需求的弹性就比较大。创业者需要明确自己的产品定位，提前做好市场分析，防止出现供过于求、产品积压的现象。

3. 市场需求的可引导性

需求是可以引导和调节的。潜在的欲望可以变为明确的行为，未来的需求可以转变成现实的消费。如果想引导消费者提前购入商品，创业者在营销时就需要与未来的变化紧密联系，倡导消费者紧跟时代发展的脉搏。

4. 市场需求的联系性和替代性

具有联系性的商品，消费者往往愿意在消费后顺便购买，比如咖啡和咖啡杯、考研资料与培训班。所以经营有联系的商品，不仅会给消费者带来方便，还能扩大商品销售额。而替代性是指两种不同的商品在使用价值上可以互相替代来满足人们的某种需要，比如洗衣粉和肥皂液、鸡尾酒和啤酒。同时提供两种以上具有替代性的商品，可以降低创业者的风险，但可能也会加大生产成本。

（二）影响市场需求的主要因素

1. 消费者偏好

在市场上，即使是收入相同的消费者，由于每个人的性格和爱好不同，他们对商品与服务的需求也不同。消费者的偏好支配着他在价值相同或相近的商品之间进行消费选择。但是，人们的消费偏好不是固定不变的，而是会在一系列因素作用下慢慢发生变化的。

2. 个人收入

个人收入一般是指一个社会的人均收入。收入的增减是影响需求的重要因素。一般来说，消费者收入增加，将引起需求增加，反之亦然。但是，对某些产品来说，需求是随着收入的增加而下降的。如一些不符合健康需求的传统食品，其销售量会日渐下滑。随着经济的迅速增长，收入水平将不断提高，因而消费者将追求更高的品质、更舒适的享受等。

3. 替代品的价格

替代品是指使用价值相近、可以相互替代来满足需要的商品，如煤气和电力、石油和煤炭、公共交通工具和私人汽车等。一般来说，在相互替代的商品之间，某一种商品价格大幅提高，消费者就会转向可以替代的商品，从而使替代品的需求增加、被替代品的需求减少，反之亦然。

4. 互补品的价格

互补品是指使用价值上必须相互补充才能满足人们的某种需要的商品，如汽车和汽油、家用电器和电灯。在互补商品之间，其中一种商品的需求量降低，就会引起互补品的需求也随之降低。

5. 个人预期

预期是人们对于某一经济活动未来的预测和判断。如果消费者预期价格要上涨，就会提前购买甚至是疯狂囤积；如果预期价格将下跌，许多消费者就会推迟购买。

二、认真区分市场的真伪需求◆

创业成功的原因之一是你的公司真正满足了消费者的需求，而消费者的需求是多种多样、千奇百怪的。当你想要开发一款新的产品或服务时，一定要契合用户相应的真实需求才有可能成功，而今天我们看到的许多所谓有"巨大"市场需求的实践创业项目和创业大赛中臆想出来的项目针对的都是一些伪需求，逻辑上根本经不起推敲，更经不起市场竞争的考验。

（一）貌似受欢迎的伪需求

企业在进入新市场或者开发新产品的过程中，大多都会进行消费者问卷调查，认为这样就能抓住用户需求。然而，从实践结果来看，很多消费者会在调研问卷中"不知不觉地撒谎"，随心所欲地回答自己的需求与欲望，甚至可能为了提升自己的形象而掩盖内心真实的需求。

那么，用户的伪需求是如何诞生的，真实的需求又是什么样的呢？

1. 用户不自知的误导性表达会无意中隐瞒真实需求，导致大量伪需求

自己喜欢或者身边的一部分朋友喜欢做什么，觉得有什么需求还没有满足，这些都很容易给创业者造成很大的错觉，以为这个需求是大众刚需，其实这更可能是小众的表象需求，是伪需求。表象需求的最大特点是——无论最终是否满足这个需求，其实目标客户都不是很在意。很早就有人提出过开设所谓"女性车厢""女性酒店""女性游泳馆"等，以避免男女混搭的拥挤环境让女性感到尴尬。2006 年，京沪间就有两趟列车推出了"女性车厢"服务。但是这一服务仅仅在半个月后就被取消，铁路部门给出的答案很简单：售票情况不好，长期实施的时机还不成熟。类似的，也有航空公司推出过"女性包机"服务，但最终也因应者寥寥而不了了之。国外还有人开设了女性酒店专层，拿出一层酒店来，除了特别为女性增设安全措施，还提供低卡路里的健康食谱点餐服务、房间内提供瑜伽垫和面膜等，可谓照顾入微。表面上看起来是专门满足了女性消费者的各种细致需求，但开业之后，生意却出奇地冷清，最后被迫关门歇业。这些"女性专用系列"的创业项目无一例外都失败了，其失败的本源是这些都是伪需求。因为对于大多数女性而言，她们都有着正常的社交需求，开心度假时和在路上奔走时都是人生浪漫的胜地，被更多的人欣赏、赞美和邂逅世间美好的事物，都是正常女性消费者内心的真实需求，而且这些真实的需求，未必会在市场需求的调查问卷中明确无误地告知调

查者。

2. 某些企业的资源投入与最终获利不成正比的产品，其根源就是伪需求

很多时候，创业者很容易把客户的欲望等同于需求。欲望和需求最大的区别是欲望不愿付出代价，比如我想免费吃海鲜自助，这就是欲望，而不是需求。真正的需求要目标明确，且愿意付出相应成本。比如，我想和你一起去吃一顿 200 元以下的火锅，但必须 AA 制，这才是真需求。

一方面，如果需求量太小，企业的研发成本大，企业的投入产出不成正比，小众支付的那点钱根本支持不了研发成本。很多疾病之所以没有被攻克或者治疗费用很高，就是因为得这个病的人很少，企业不愿意投入。即便有企业愿意解决这些小众的需求，但这些消费者却不愿意花大价钱来解决自己这个需求。这些消费者希望获得产品服务是零代价或超低付费的，而这又无法支撑企业的运行（所以如果小众愿意付出高价格，公司可以优化生产，实现收入大于成本，那么这种小众定制化生产或许能变成真需求）。比如曾经大行其道的生鲜 O2O（online to offline）如今已大量倒闭。在中国家庭，买菜的大都是家庭主妇或者省吃俭用的老年人，他们对食材要求很高，如果能把新鲜蔬菜及时送到家，他们肯定是欢迎的，但他们对价格的要求又近乎"抠门"。所以从商业逻辑上看，生鲜项目似乎行得通，但这种表面的真需求其实就是个很大的伪需求，并不具有真正的商业价值，因为买菜的一方对价格极其敏感，你想要拓展新用户，基本就是要不停烧钱去补贴新的"抠门用户"，一旦你的价格（包括配送价格）高于他自己去超市或菜市场买的价格，哪怕只多几毛钱，他们立即就会无情地抛弃你。一句话，你无法从"抠门用户"身上赚到钱，那你的公司存在的商业价值又在哪儿？你花巨额补贴后获取的一大堆"抠门用户"又有多少商业意义呢？所以，在烧光了风险投资的数百亿元投资后，每日优鲜、叮咚买菜、易果生鲜、顺丰优选等互联网生鲜创业项目一个接一个地倒下，目前大多已关门大吉。伪需求的出发点就是你创造出来的所谓需求都是冲着你的巨额补贴来的，也就是这类用户的需求就是说你的补贴，而不是业务本身。相当一部分互联网创业项目（包括人工智能等），针对的其实都是些伪需求。伪需求在补贴时期可能会非常火爆，补贴一过，伪需求很快就会自然消失。

3. 人为教育或制造出来的过于超前的需求，都是伪需求

有些创业者看市场、看需求，的确高瞻远瞩、格局很大，但对于创业而言，过早地起跑，很多时候是以公司一己之力去教育全国民众、引导市场，教育成本之高，让人瞠目结舌。有时候，市场可能慢慢理解了你，也接受了这个需求的存在，但当市场渗透率还很低的时候，进入一个新兴市场，教育民众的过程能耗尽企业所有的资源，导致企业失去东山再起之力。正如一位创业者所言，快半步是先驱，快一步可能就是先烈。对于创业者而言，需要先费大力气去教育的市场需求就是一些风险极高的伪需求。中国科技大学的张树新 1995 年就创建了瀛海威公司，花 1 500 万元与报刊合作介绍互联网的基本知识，同时，在各地投放大量广告。当大多数人对互联网还全然陌生时，瀛海威就努力向公众普及关于互联网的基本概念。但当 1 500 万元花光之后，大众对互联网仍然只有模糊的认知。面对客户不高的支付能力、解决需求的场景不合理、无法通过市场需求产生持续收益等问题，瀛海威已耗尽资产，无力前行，很快轰然倒下。

(二) 真实市场需求的特点

乔布斯曾说过，"消费者很多时候其实并不知道自己的真实需要，直到我们拿出自己的产品，他们立刻就说，对，这正是我想要的东西。其实用户很多时候并不清楚自己到底想要什么。企业既要在用户问卷中去伪存真，又要直击用户痛点，才能发现真实需求，才能做出畅销产品。

怎么才能确定自己发掘的需求就是市场真实的需求？除了必要的调查问卷之外，还要对用户的心理进行深入而专业的研究。当产品或服务的样品做出来之后，要找相关用户进行深度测试，分析用户使用时的愉悦感是否强烈，是否愿意持续付费来消费这个产品和服务。复盘得失之后，再进行小规模推广，最后才能确定这个需求是否真实可行。

真实的需求应该有以下特点：

1. 客户能够支付得起

比如 360 提供免费杀毒，收获了大量需要免费杀毒的用户后马上推出 360 浏览器，通过工具栏广告、内置广告、搜索分成的方式获得商业收入，但对用户来说基本全是免费的。再如打车，本身出行就是强需求，一般情况下大家也支付得起几十元一次的出行需求，滴滴打车使用 O2O 方式来整合打车资源，只是培养用户在打车时利用平台工具进行移动支付的习惯。培养并教育用户增加一个工具平台后，就可以为用户提高打车效率并省下时间和金钱，从而让线上线下资源实现真正对接。这就是真实需求，所以滴滴投入市场后，即便是烧钱推广也是烧得物有所值。

2. 产品或服务可以实现高频购买

什么是高频？就是你的目标消费群不仅庞大，而且复购率很高。资本市场的分析师将其称为成瘾性。比如爱美都是人的天性，那么能让人看起来更美的产品则自然深受用户欢迎。市面上的瘦脸霜、减肥茶、美白祛斑产品等数不胜数，只要无明显副作用，哪怕没有什么效果，用户也会重复购买。现代社会以瘦为美，然而企业如果以为瘦就是用户的真需求那就大错特错了，因为瘦根本不是用户的终极目的，要让别人看起来都觉得自己美，这才是客户的真正目的。其实，众所周知，真正能瘦下来的方式是坚持健身，从逻辑上来看，健身房应该才是刚需。但为什么绝大多数的健身房都开不久，而且都喜欢忽悠客户办什么年卡、季卡，配私人教练？因为老板知道健身房开上两三年就必须跑路，因为老板知道健身需要极强的自律，而自律又是违背人性中自带的偷懒基因的，大多数用户都是办卡之后狂练一个月，从此以各种理由就再也不去了。让自己看起来很美，什么来得快？于是就有了"美图秀秀"，这款自从有了智能手机之后就一直火爆至今的 App，深刻理解了用户想要变美的真实需求是什么：拍照之后只需在手机上进行非常简单的操作，就能让用户看起来更瘦、更白、更美，也就是现在我们所说的"美颜"功能。这么好的事，又不需要艰苦自律，不用搞什么减肥，有谁不愿意去试试呢？所以它能一直火到今天。近年来非常火爆的医美整形也是同样一个道理。

3. 能真正解决用户长期而迫切的痛点

在管理学中，常常有如何看待一个岛上的居民世代没有鞋穿的情况的案例，并要求分析是否可以去岛上卖鞋。这个案例很值得探讨，生活在沙滩上的人之所以习惯赤脚，最重要的原因是沙子进入鞋子后很不舒适，或者不方便人进行捕鱼工作。岛民真正的痛点不是赤脚还是穿鞋，而是在岛上生活工作时，如何让脚更舒适。所以无论你设计的鞋子多精美，如果岛民在沙滩上劳作时穿上它，还没有自己光着脚舒适和方便，那么，任何试图在岛上卖鞋的创业项目针对的都是伪需求。

首先，真需求背后都是人性本质的痛点问题。什么是本质需求？从马斯洛的需求层次理论看，衣、食、住、行、安全、性都属于基本需求，而社交、快乐、尊重、成就和自我实现等属于较高层次的需求，这些需求藏在用户的心理深处。比如滴滴解决的需求是快速到达而不是实现打车。再如，结婚本来是人类的真需求，但随着现代社会的分工越来越细，不结婚的人也可以活得挺好，对部分青年来说结婚就不再是最迫切的真需求，而缓解寂寞、拥有陪伴与快乐反而变成了部分青年的真需求。这也正是在资本市场的定价中，针对交友的"陌陌"的上市开盘价比针对婚恋的"世纪佳缘"要高的原因之一。其次，满足真需求是提供问题的解决方案，满足假需求则是对问题进行掩盖。比如仪器上的一个信号灯一直在异常闪烁，满足真需求是分析原因并修好它，满足假需求则是直接弄坏灯，让它不再亮起。如果满足一个需求只是短期的，不能从根本上解决客户的问题，或者用户对的需求不是刚性的，我们也可以将其视作伪需求。

总之，真实的需求是指需求本身客观存在，不需要持续烧钱来培养用户，具有真正的商业价值，满足它能够为公司带来收益。这种需求频次高，持续性强，能够为客户真正解决痛点。创业更多是资源的整合，环节的打通，效率的提高。持续烧钱更多是为了让用户对产品或服务养成新的路径依赖习惯，并非培养一个可有可无的伪需求。如果是真需求，烧钱过后仍会保持一个可观的需求量。而伪需求就不同了，取消了对客户的补贴，有效用户将直线下降。很多项目搞的新客户专享、开业大酬宾，等优惠期一结束，生意就立刻一落千丈。这些就是一些满足伪需求的创业项目。

第二节　创业机会

【小案例】左晖：坚持做难而正确的事

2021年5月20日，贝壳在官网发布讣告，公司创始人兼董事会主席左晖因病情意外恶化逝世。这位50岁的地产行业翘楚一贯低调，但他所创立的链家和贝壳是极为成功的两家公司，彻底改变了消费者对房产中介的看法。左晖的创业始终在思考和践行如何让自己变得更好，如何让行业变得更好。

对于房产行业的乱象，左晖本人深有体会。年轻的他在创立链家之前已经北漂了12年，搬了十几次家，曾被中介骗过多次。他在购房时发现，当时的二手房普遍存在着"买房的找不到合适的房源，卖房的找不到称心的买家"的现象。特别是1998年的住房制度改革，国家取消了福利分房并实行住房市场化后，北京的个人购房比例加大，却没有可靠的购房服务平台，房产交易信息严重不对称。一面是井喷的需求，一面是不透明的供给，他开始思考进入这片蓝海，觉得其中蕴藏着巨大的商机。于是，他毅然选择了进军二手房交易行业，于 2001 年创办北京链家房地产经纪有限公司。

链家还没入场前的二手房交易市场像一个搏杀的丛林，消费者和经纪人互不信任，大多数中介也是能骗一个是一个的做事风格，让客户不满意甚至愤怒。为了摆脱"黑中介"的形象，左晖大胆开展"真房源行动"，即房源真实存在、房屋真实在售、房价真实有效。在左晖看来，树立了信誉，才有希望发展得更好。左晖觉得，一旦市场形成了正向循环，长期持续做正向积累就具有无可比拟的优势，即便其他同行用同样的方式模仿也无法做到赶超，这就是"非对称的竞争"。

资料来源：第一财经. 贝壳创始人兼董事长左晖去世，年仅 50 岁（有改动）. https://www.toutiao.com/article/6964293993224028683/? upstream_biz = doubao&source = m_redirect.

一、 什么是创业机会

身为创业者，最重要的就是发现商机并且及时判断该商机是否适合创业，如果适合，就要迅速整合资源，在机会窗口打开的时候展开创业活动。

创业机会是一种商业机会，指具有较强吸引力的、未明确的市场需求或尚未充分使用的资源或能力。创业者发现了它，通过创业实践，对现有产品或服务进行革新或提高效率，可以为购买者增加新的价值，同时也使自身获利。

二、 创业机会的产生与评估

（一）影响创业机会的外部环境因素

变化是创业机会的重要来源，没有变化就没有机会。市场环境或者社会外部环境的变化将催生大量的创业机会，比如技术变革、政策变革、人口结构的变化等。

技术变革即技术变化带来的创业机会，主要源自新的科技突破和科技进步。通常技术上的任何变化或多种技术的组合，都可能给创业者带来某种商业机会。新技术替代旧技术可使原有产品升级换代；当一个新产品可以实现新功能时，一个新的市场就此打开。比如新能源汽车、无人驾驶技术、人工智能、机器人等。

政策变革即政府政策变化带给创业者的商业机会。随着经济发展、技术变革和社会需求的改变，政府必然也要不断调整自己的政策方向与力度，而政府政策的某些变化就有可能给创业者带来新的商业机会。比如政府对企业环保要求的提高，势必有利于生产环保设备、拥有环保专利的企业发展。政府为推动经济发展，会推出各种税费优惠政策，抓准不同地方、不同行业的税收减免或者企业扶持政策，同样可以使创业者前期的付出事半功倍。

人口结构是指一定时期内全国或某一地区人口的构成状况。这里我们重点讲讲人口结构的变化带来的新消费需求。它主要体现在三个方面：①新消费品类不断更新并壮大，如宠物经济可能会越来越火。城市里养宠物的人，除了空巢老人，就是越来越多的年轻人。年轻一代更重视自我的感受，并且他们在养宠物上相比老一辈，出手更大方且没有太多顾虑。②养老与老年病问题。相当一部分年轻人成年后，因为学习、家庭与工作的原因，会与父母两地分居。因此，未来更多的老年人会慢慢意识到养儿防老可能也会有些风险。更多的老年人会把财产的相当一部分握在自己手中，购买由社会提供的养老服务，这将成为中国养老产业发展的一大机遇。同时，日益严重的老龄化，还将带来大量的老年病问题，如心脑血管病、高血压、糖尿病等。这些疾病大多很难完全根治，需要常年吃药，由此也需要大量相应的医疗产品与服务，以解决老龄化带来的一系列问题。这将是一大创业机会。③未来的托育问题。机构调研数据显示，二十年后的中国家庭结构中，很难再找到愿意在家中，把若干个小孩子慢慢带大的家庭成员。北京某媒体曾对街头 20~30 岁的年轻人进行过一次大规模的随机采访，在是否愿意自己全职带自己孩子这个问题上，结果是 50% 以上的年轻人选择否，不少年轻人觉得养孩子的时间成本和经济成本都太高。尤其对身处职场激烈竞争的年轻人来说，养孩子被当作一个麻烦事，同时他们对照顾婴幼儿也没有那么多的耐心和时间。在被问及是否愿意帮忙带孙子这个问题上，高达 80% 的年轻人直接选择否。大多数年轻人表示，偶尔帮忙看护一下可以，但不大可能长期待在家中帮子女带孙子，自己退休以后应该好好休息一下，享受退休生活。这些新的生育观和生活态度显示，托育必将是未来中国家庭需要面对的一大难题。同时，这样的社会痛点，也必将产生丰富的创业机会。

（二）影响创业机会识别的内部特征

1. 先前的创业经验

拥有创业经验有助于创业者再次识别机会。创业者大多有着敏锐的商业嗅觉，这种"第六感"使他们更能看到别人忽略或者放弃的机会。

2. 社会关系网络

个人社会关系影响着机会识别，建立了社会关系网络的人比那些只拥有少量社会关系的人更容易得到机会和创意。

（三）创业机会的产生与兑现过程

如图 4-1 所示，有着不同创业经验和社会关系背景的创业者，通过各种渠道和方式获取外部环境变化的信息，通过对这些信息的筛选、归纳、提炼和创新，从中发现原有产品、服务等与现实需求存在差距，这些差距里就存在着许多创业机会。创业者充分地利用这些创业机会，通过一系列创业活动，向市场提供新的产品、服务和组织方式，这就是创业机会的产生与兑现过程。

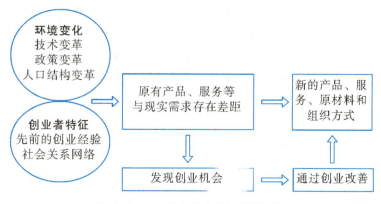

图 4-1　创业机会的产生与兑现过程

(四) 评估创业机会的可行性 ◆

不管识别到什么样的创业机会，都要先进行认真评估。有价值的创业机会应该具备以下四大标准：规模性、持续性、及时性和匹配性。评估一个创业机会是否具有发展潜力，这"四性"非常重要。

1. 规模性

规模性指市场对于该产品的需求要足够大。对创业来说最重要的是产品，产品能否满足用户的需求和偏好，用户能否接受该产品并愿意为此付费，这对于创业者而言至关重要。创业者不要试图解决所有人的痛点，放弃一部分利润贡献低的用户往往是最经济有效的做法。一定要去做大市场，大市场才有大的成长空间。最好的大市场就是规模大、需求可持续、利润率较高的市场。如果推出的商品或服务只是少数人在少数时候才需要的，那该商品或服务就不具有足够的规模性。对无法获得足够多用户支持的商品或服务，创业失败的可能性极高。很多时候，创业者都会有一种执念，觉得自己的设想一定有相应的需求存在，但这很可能只是一个非常个人化、小众化的需求，甚至不是一个真实存在的需求。好的需求一定是强烈的、大众的且高频的。

当然，高溢价的酒类、珠宝类和奢侈品要除外，这类产品不一定需要追求高销量，其产品特点是价格畸高（必须超过同行业均价的几十乃至上百倍来定价）、保持稀缺（要经常推出所谓的限量款、定制款）、品牌要能充分体现出身份区分度（或者说必须能满足某类人群的虚荣心或身份区分的要求），这类产品不在常规产品讨论之列。

2. 持续性

持续性是指市场需求应该是长期且可持续的。一个产品，即使当前的市场需求较大，如果需求不具有持续性，也应该考虑放弃，一定要反复思考——你发现的所谓"痛点"对大众用户来说真的很重要吗？首先，如果痛点并不痛，那么这个需求可能就是个伪需求，不是刚需，顶多就是一项"猎奇性消费"。这几年倒闭的许多所谓"新经济公司"都是死在了自以为是的伪需求上。例如，曾经火遍大江南北的"背背佳"矫姿带，虽能满足健康的部分诉求，但严重违背了儿童的本性。儿童的本性就是喜欢自由自在地玩耍，大多数儿童都不喜欢时刻被束缚着，穿上"背背佳"，更多是满足家长的要求，这种"五花大绑"式的产品是不符合儿童的自由本性的，所以这个产品推出了一段时间后就遇到了巨大的发展瓶颈，目前的市场影响力早已式微。其次，几乎所有的客户都是怕麻烦的，要让需求可持续，提供的产品或服务就一定要足够简单方便，能替客户解决实际问题。所以创业要持续，就必须关注产品的长期价值和人性的本质需求，尽可能去做接近产品本质和人性需求的事情。当考虑产品或服务时，一定要以问题驱动，从解决问题本身出发，不是去单纯迎合投资人或观众而玩一些时髦的新概念，新概念只是一种美好的设想与愿望。

3. 及时性

及时性是指要及时介入正在兴起的市场。创业机会具有很强的时效性，不可能永远存在。正所谓"机不可失，时不再来"，创业者必须赶在"机会窗口"敞开时考虑对机会加以开发和利用，企业实际进入新市场的时间十分有限。敏锐的创业者进行创业时，机会窗口必须是敞开的。"机会窗口"是一种隐喻，用以描述企业实际进入新市场的时间期限。一旦新产品、新市场建立起来，机会窗口就完全打开了，竞争会趋于激烈。当达到某个时点，市场饱和，机会窗口也会随之关闭。所以有 60% 的胜算时，创业者就可以快速整合资源去冒点险了。否则等到所有资源都备齐，估计机会早已经过去了。当然，这里也要注意把握介入的具体时点，一种产品或服务的市场渗透率为 10%~20% 时为最佳介入点（市场渗透率是指企业目前的实际销售量与市场潜在最大销量的占比）。利润高，竞争对手还不算多，此时是最佳的介入时点。如果过早介入，创业者往往容易从先驱变成先烈；过晚，市场又早已成了红海。如这两年的锂电池行业、光伏行业和充电桩行业就是如此。

当前创业可重点考虑并及时介入"年轻一代经济"，为年轻一代提供较高端的产品与服务（如奈雪的茶、古驰、路易威登等，其核心要点是要充分满足某些群体旺盛的情感需求、享受需求、身份区分度需求。上述的知名品牌都是在保持品质与服务水平的前提下，尽可能掀起或制造出各种"打卡"热，催发人们爱凑热闹的本能，可以一边粘住忠诚消费者，一边俘获大量的跟风消费者，创业者将能获得超额收益）。如前文所述，为年轻一代提供优质的托育服务，解决无人带孩子的问题。若能真正优质、实惠地解决"托育难"问题，实现生有管、幼有育，不仅可以收获创业红利，还能帮助国家从根本上有效提升年轻人的生育意愿，扭转生育率持续下降的社会问题。

4. 匹配性

匹配性是指创业者现有能力及能整合到的资源与创业机会所需要的条件应该基本匹配。并非所有机会都适合每个人。发现了创业机会，兴奋之余，首先应该问自己的问题是："这个机会真的适合我吗？为什么应该是我而不是别人？"若是发现了一个好的创业机会，但自身条件无法匹配，也不要贸然进入。没有那个金刚钻，就不要去揽那个瓷器活。创业有风险，不适合自己特长的创业很容易使创业者劳心费力、人财两空。

第三节　创新思维

【小案例】字节跳动：以大数据和 AI 颠覆传统媒体

作为互联网新巨头之一的字节跳动，是目前最受关注的、成长最快的新兴互联网企业之一。字节跳动起家于 2012 年发布的今日头条 App 资讯分发服务，今日头条 App 针对用户信息过载这一痛点，将资源集中投入大数据和 AI 推荐算法，真正做到从传统的"用户去找信息"到创新性的"信息去找用户"，解决了客户的个性化阅读需求。这之后的字节跳动相继推出的抖音、西瓜视频等一系列产品，都是通过对产品不断迭代、快速响应客户真实需求，大胆突破行业边界等，充分彰显出公司的创新能力和扩张实力。

资料来源：编者根据网络资料综合整理。

创新是指人类为满足自身需要，不断颠覆或拓展对客观事物认知的一系列活动。创新是创业者的个人特征之一，是建立在独立人格基础上的思维特质。创新与创业总是相伴而行的。

在工业时代，创新是围绕公司进行的。在数字时代，创新则是以大规模协作为中心的。就创业而言，大多数的创新其实都是被市场竞争逼出来的。当你深入关注客户需求的本质时，潜在的创新动力就可能被唤醒和激活；当你无限靠近你的一线客户，创新才会找到真正的源泉。下面，我们介绍一些创业过程中常用的创新思维方法以及在"互联网+"时代，颠覆既有传统行业的互联网创新思维模式。

一、 常用的创新思维方法

（一）移植法

移植法就是将某个行业、某个领域中的原理、技术、方法等，应用或渗透到其他行业或领域中，为解决某一问题提供有启迪、有帮助的思维方法。它是现有成果在新情景下的延伸、拓展和再创造。

从原理移植、技术移植、方法移植、功能移植、材料移植等方面切入，发现与利用事物的相似性，形成联想，这是运用移植法的要领。例如，电子语音合成技术最初被用在贺年卡上，后来就它被用到了倒车提示器上，然后又有人把它用到了玩具上，生产出会哭、会笑、会说话、会唱歌、会奏乐的玩具。再如，海狸的毛皮含有空气，形成了一层独特的保暖层，这启发了麻省理工学院的研究人员，他们由此开发出一种类似于海狸毛皮的合成材料，做出了更轻、更保暖的潜水服。

（二）组合法

组合创新是一种极为常见的创新方法。目前大多数创新成果都是通过这种方法取得的。组合创新的形式有功能组合、构造组合、成分组合、原理组合和材料组合。例如，医院常用的 CT 扫描仪就是射线发生器和计算机技术的组合。现在的互联网巨头斥巨资进入传统行业如餐饮、生鲜、教育等领域所引起的一系列产业变革，也是组合创新的现实范例。

（三）奥斯本检核法

亚历克斯·奥斯本是美国创新之父。1941 年，他出版了世界上第一部创新学专著《创造性想象》，提出了奥斯本检核法，销量达 4 亿册，超过《圣经》。奥斯本检核法是一种通过检核表产生创意，利用创意获得持续改进，并最终解决问题的方法。检核表的作用是为对照检查提供依据，可以起到启发思路的作用。运用这种方法，产生了许多杰出的创意和大量的发明创造。

奥斯本检核表的基本做法是：第一，选定一个要改进的产品和方案；第二，面对一个需要改进的产品或方案，从不同角度提出一系列问题，并由此产生大量的思路（类似头脑风暴）；第三，根据第二步的思路进一步筛选、连接、精减和完善。表4-1是一个简化版的奥斯本检核表。

表 4-1 简化版奥斯本检核

检核项目	含义
能否他用	现有的事物有无其他的用途，保持不变能否扩大用途，稍加改变有无其他用途
能否改变	现有的事物能否做些改变，如颜色、声音、味道、式样、品种、意义和制造方法等，改变后效果如何
能否扩大	现有的事物能否扩大适用范围，能否增加使用功能，能否增加另外的部件，能否延长使用寿命，如增加长度、厚度、强度、频率、速度、数量、价值
能否缩小	现有的事物能否体积变小、长度变短、重量变轻、厚度变薄以及拆分或省略某些部分（简单化），能否浓缩化、省力化、方便化
能否替代	现有的事物能否用其他材料、元件、结构、设备、方法、符号、声音等代替
能否调整	现有的事物能否变换排列顺序、位置、时间、速度、计划、型号，内部元件可否交换
能否组合	现有的事物能否进行原理组合、材料组合、部件组合、形状组合、功能组合等

在创业过程中进行创新设计时，不要轻易否定自己的直觉。当遇到与自己的直觉不符合的事情时，先要大胆假设自己的直觉是正确的，但在对直觉进行具体求证时要小心细致、逻辑周密，也不要轻信所谓的统计数据和调查问卷，让这些未必真实的信息束缚自己的创新思维。创业过程中的创新，要多去思考并尊重人性、多考虑市场常识、多深入客户。创业路上，竞争永在，创新永远没有边界。

二、互联网思维 ◆

互联网思维是指在（移动）互联网、大数据、云计算、人工智能等科技不断发展的背景下，对市场、用户、产品、企业价值链乃至整个商业生态进行重新审视的思考方式。互联网思维包括以下思维模式：

（一）用户思维

互联网思维的核心是用户，用户在组织商业运作与价值链中始终据举足轻重的地位。这要求企业产品、服务以及商业模式的设计都要以用户为导向，即站在用户角度考虑产品创新、定价、品牌营销等问题，深度理解挖掘用户需求，从而获取组织创新的竞争优势。例如，360 公司将用户体验作为公司产品与服务创新的首要准则，开发提供免费的电脑、手机杀毒与安全服务，极大地保障了互联网用户的网络安全与心理安全感，从而在激烈的市场竞争中取得了商业模式的成功。

（二）大数据思维

互联网作为工具使得企业有能力积累客户市场、供应商、产学研合作伙伴、竞争对手等海量数据信息，这些数据信息可以转换为企业的核心资产与竞争优势。在企业的全价值链流程中，大数据分析与挖掘有利于精准定位市场分布与消费偏好等。制定完善的市场战略，有利于分类管理企业的合作伙伴与知识资源信息，实现资源的有效配置，有利于优化管理物流等运营信息，提升企业的成本与运营优势，最终贯穿整个价值链，帮助企业取得竞争优势。

（三）跨界思维

跨界思维可帮助企业通过互联网技术与平台，延伸或重构旧有商业模式的产业边界，拓展自身产品与服务的商业价值，获取价值回报与竞争优势。比如，腾讯与阿里巴巴都是利用互联网与电商的平台优势，将微信、支付宝与百姓的生活连接起来，推广打车、生活缴费、订票等跨界服务的商业模式，赢得更广泛的用户基础与更强的用户黏性，从而实现基于互联网的产业跨界。

（四）简约思维

简约思维强调产品研发、设计、生产、服务环节的极简，最大限度地方便客户使用，避免互联网技术的复杂性导致客户体验与使用满意度降低，从而增强竞争优势。

（五）迭代思维

产品与服务创新在互联网的辅助下进一步提升了企业的效率，缩短了创新的生命周期。互联网条件下企业对客户需求的持续挖掘，进一步满足了客户对新产品、新服务的多样化与个性化要求。只有使客户获得极致体验，才能真正留住客户，保持客户黏性。企业不能在产品研发、生产与服务环节固守单一模式，要使产品与服务快速、持续迭代，才能更好地满足客户需求。

（六）平台思维

平台思维面向组织战略、商业模式与组织形态层面，强调利用互联网构建企业自身的商业生态系统，并通过与商业生态系统内各利益攸关主体的竞争与合作搭建互动平台，从而获取平台优势。淘宝、美团、滴滴都是同样运用互联网思维的例子。

（七）流量思维

企业应高度关注客户流量，流量即价值回报，也是商业模式成功与否的关键。譬如360公司，最初推广免费杀毒的模式引来了投资者与行业人员的坚决反对，但公司依赖免费杀毒获取了海量客户与极佳的品牌效应，转而通过搜索等核心业务模块获得了海量客户流量的收益回报。

【实践案例】 县级互联网创业的启示

近年来，互联网创业的风向开始转变。受到巨头们的挤压，很多心怀创业理想的人都开始考虑地方性互联网创业项目。例如，杭州19楼这个地方性网站居然能做到年营收几千万元。似乎地方性互联网创业项目是个竞争小、收益可观的领域。但是，情况真的如此吗？

县城里的"联众游戏"

攸县是湖南省一个安逸富足、拥有70万常住人口的县城，当地人发明出了各种各样的娱乐方式来丰富自己的生活。其中有一款名为"碰胡"的字牌游戏非常受当地人的喜爱。这款游戏在当地非常普及且已经形成了难以改变的玩法和游戏习惯。

棋牌类在线游戏在中国拥有广泛的用户群。如QQ游戏平台就针对人们的喜好，提供了多种多样的棋牌类游戏。但是，平台的服务很难满足全部客户，这是因为棋牌类游戏在全国各地都有自己的规则和玩法。然而针对各地的玩家，开发有针对性的棋牌类游戏对于巨头来说成本太高，得不偿失，因此他们往往选择忽略这个市场。老郭是一名

42岁的狱警，为了打发无聊的时间，老郭自己找到了一些材料，开始学习编程。但毕竟是在小县城，这门"手艺"学了之后没有足够的空间去施展。大概出于警察这个职业培养的敏锐，虽然压根不懂什么叫利基市场，老郭敏锐地发现"当时网上没有这类的游戏"，于是"就想试着做一个给别人玩玩，纯属娱乐"。

县城创业的好处

如果创业是一场旅行，那么老郭的创业史就是纯粹一个人的旅途，由于找不到别的合伙人，老郭利用工作之外的业余时间独立开发这款游戏。老郭总共花了七八个月的时间，一个人，一行行代码，在完全没有借用他人资源的情况下，他硬是坚持走到了最后，挺到了产品上线的那一天。在推广和开发自己的产品的过程中，老郭发现了一些他可以利用的优势。

第一，县城很小，容易形成口碑传播。产品上线后，老郭开始了新产品的推广工作，由于手上没有什么资金，只好找同事试用并帮忙推广，但是他意外地发现推广效果很好。原来，小县城的优点就是用户非常密集，坏事和好事的传播速度都异常快，而且会第一时间快速影响到很多人。经过上网玩游戏的中年人的传播，一周时间内，游戏的用户数量就迅速攀升至200人，不久，最高同时在线人数达到了4 000人。这在一个县城里是罕见的。

第二，县城生活节奏慢，容易形成一个有大量游戏时间的用户群，在产品推出后，老郭发现自己的用户大多处于同一个年龄段（35~50岁）。这个群体的子女大都已经上了高中，他们的闲暇时间很多，另外，县城工作不紧张，因而有"摸鱼"时间。待在家里的家庭主妇和窝在公司上班的员工平时都想打牌消遣，但是无奈身在家中或是企业，没地方满足这个需求。如今有一个可以打牌的工具，他们往往一边打着牌，一边玩"偷菜"。

第三，人们能够更快接受带给自己价值的新事物。老郭的产品完全复制了线下的游戏方式，即使是中年人也能够轻易上手，而不用担心上手太难。很多中年人甚至义务当起了老师，教周围的人怎么使用老郭的产品。

经济水平的发展和互联网的普及，使得城乡的鸿沟越来越小。县域的百姓也会依据自己的需求选择合适的产品和服务。比如团购的本地化服务，就难有市场，因为老百姓自己和商家更熟，直接去就能拿到折扣，根本不需要什么团购网站。而老郭的产品正好符合了用户需求。这款游戏供用户免费使用，只要有一台电脑就能玩，这种体验因为特定场景（如窝在家中无处可去或在上班）的存在而变得异常珍贵。

第四，正是因为县域的变化小，用户的忠诚度会更高，大的企业容易忽视县级市场，或者因为利润太少而没有动力，不能及时推出拳头产品，打败本地产品。另外，由于生活环境的变化速度慢，用户的生活状态、收入水平等相对固定，用户一旦选择了一款产品，除非出现大的问题，不会轻易转移到其他同类产品上去。看到自己的游戏受到人们的欢迎，老郭一度计划快点推出网页版，并提供具有运营色彩和盈利能力的增值服务。然而，就在两年后，老郭拔掉了服务器的插头，宣布自己项目的"休克型死亡"。

放弃与无奈

老郭回忆起这件事，感觉非常无奈。他把自己失败和放弃的原因说了出来。

（1）用户过多，服务能力的短板凸显。老郭说，自己确实不是技术能力，当客户端的下载量不断增加，大量用户同时在线玩游戏时，游戏开始不断地报错，服务器时不时会死机。用户在玩游戏的过程中，游戏总是卡顿或者掉线，总之，一大堆老郭从来没有见过的技术难题一下子涌到他的面前。"脑子里就是嗡嗡地乱响！"老郭说起自己当时的状态，戏称自己管理监狱里的囚犯都没有管理互联网用户那么难。

（2）互联网人才的匮乏。老郭说他自己一直是一个人在战斗，除了煮饭的老婆，就剩下那些帮他测试游戏的铁哥们儿了。这些人让老郭的产品接地气，但却不是那种关键性人才。老郭自己要负责运营、推广和技术完善，可以说完全没有能力再做别的事情。至于那些能够帮助自己的人才，在攸县这座小城真是太匮乏了。就算有，自己也不一定能请得起。

（3）信息渠道闭塞，融资机会渺茫。老郭告诉我们当时若不是朋友提醒，他都不知道互联网项目一般都需要风险投资机构的支持。可是老郭在一个小县城，当地人的资本运作观念还没有这么先进，所谓的创业投资模式，对于很多当地富人而言，都是闻所未闻，而对于网络游戏这类项目，他们也往往因为看不懂而拒绝投资。更何况，三年前的老郭根本就不知道到哪里去找投资机构的帮助。

（4）缺乏运营资质。老郭说，他曾经想过成立一家公司来运营自己的项目，可是自己上网查了一下，发现《网络游戏管理暂行办法》（文化部令第49号）规定了要想注册一家从事网络游戏上网运营、网络游戏虚拟货币发行和网络游戏虚拟货币交易服务等网络游戏经营活动的单位需要不低于一千万元的资金。老郭笑称自己如果有一千万元，为啥还去创业啊。

（5）强大的竞争对手入围。老郭说，就在这款游戏运营出现问题、技术难点不断出现的时候，浙江一家名为同城游的公司迅速地在攸县铺开业务，在当地有专门负责推广和运维的代理商。他说自己已经追不上他们的速度了，这家只有几个人的代理商在本地一个月收入就达到了6万多元。

失败之后的启示

老郭的失败也许是一桶冷水，浇灭了县城创业者的热情。我们不得不承认，县级互联网创业存在着很多先天的缺陷。正如前文所说，因为人才缺乏、创业氛围不浓、政策门槛太高、新生项目难以抵挡成熟企业的竞争等原因，很多公司被迫关门。但是，我们仍然发现了以下亮点。

（1）基于原有生态的微创新机遇巨大。县城是熟人社会，虽然正在缓慢变化，但是当地人需要的产品和服务与大城市非常不同。作者发现，本地的创业项目，需要本地化服务。之所以要基于原有生态，是因为县城老百姓很难接受颠覆性的创新。比如前文提到的团购就很难有机会，但是基于团购衍生出来的代购服务却有可能成功。比如，代购某些进口奶粉、化妆品等。

（2）巨头们看不上的细分市场，恰恰是创业者施展才华的天堂。地方特色使得县级市场规模有限，但是由于竞争相对不够激烈，创业者容易获得较高利润。如巨头们看不上的本地化棋牌，一些企业干得有声有色。

（3）做大平台的加盟服务商，也蕴含着机遇。随着淘宝等电商平台的发展，一些地方特色网店开始发力，大公司也愿意提供资源给本地服务提供者，让其做好本地市场。战胜老郭的同城游公司就把业务外包给了当地的几个年轻人。他们给同城游公司提出产品改良意见，研发出了适合当地的产品和服务。

资料来源：编者根据采访整理。

【思考与成长】

1. 老郭创业失败背后的原因显然是其综合实力无法很好地满足该项目的发展要求。如果你是老郭，你会如何解决这些问题？

2. 总结在县域城市进行创业的优势与劣势，并设计一款适用于县域城市的产品或服务，并从市场需求、创业机会两个方面进行分析。

第五章
商业模式与资源整合

 【导入案例】阿甘锅盔，在 180+城市的大商场里开了 1 500 多朵花

阿甘锅盔创立于 2014 年，总部位于上海，创新打造了荆州锅盔小吃新形态。截至 2020 年年底，阿甘锅盔在国内已经拥有包括直营店和加盟店在内超过 1 500 家门店，估值超 10 亿元，遍布全国百余座城市，覆盖包括上海、北京、深圳、广州、天津、西安、郑州等全国 180 余座城市。阿甘锅盔今日的成绩，是品类、品牌、渠道运作的成功带来的。

一、选好品类，就是选好了赛道

《2020 中国餐饮业年度报告》显示，2019 年我国餐饮收入 4.7 万亿元，同比增长 9.4%。小吃、快餐、正餐成了业内最强的三股力量，而小吃是最近几年崛起的一根顶梁柱。历史悠久、口味独特的锅盔相对于其他小吃有着非常鲜明的优势。

第一，新鲜、有温度，看着就让人垂涎欲滴，极大地满足了吃货。第二，制作时间成本低，一个锅盔的出炉时间为 3~6 分钟。第三，便携性强，可边走边吃。第四，没有消费时段限制，锅盔既可以在小饿时充当小吃，也可在很饿时当作正餐，饱腹又健康。

综上所述，锅盔作为众多小吃品类中的一员，不仅有深厚的群众基础，还有区别于其他小吃的独特优势，消费者可以随时随地、想吃就吃。

二、进军主流渠道——购物中心

大量购物中心的落地为创业者提供了新的机遇，这恰恰是阿甘锅盔不断增长和爆发的重要原因。

阿甘锅盔9~20元的客单价在购物中心这个大环境里非常具有低价优势，相对来说竞争比较少。和传统的户外锅盔摊不同，开在购物中心的室内门店也解决了顾客在寒风中排队等锅盔的痛点，让顾客的体验更好。此外，锅盔百搭，消费场景丰富。可搭配奶茶等饮品，边走边吃；也可带回家，边追剧边吃。

三、直营和特许加盟模式助推发展

阿甘锅盔从成立之初就实行直营和加盟并行发展的模式，既有利于掌握议价主动权、把控质量和统一输出品牌形象，又能够迅速扩大品牌影响力、控制市场。阿甘锅盔的产品相对单一，服务流程也相对简单，产品与服务都更容易实现标准化。商业模式的简单化，也助推了这个成立仅7年的新品牌不断飞速扩张。

资料来源：长江商学院. 23岁负债百万，靠一张饼逆袭，如今估值超10亿. https://finance.sina.com.cn/chanjing/gsnews/2021-10-29/doc-123456. shtml.

商业模式的创新是商业模式与企业核心竞争优势相互耦合的过程，客户价值主张是商业模式发展的基础。例如，你的东西卖给一个人，你就只赚了一个人的钱。如果你卖给一个市场，你就赚了整个市场的钱。如果你的东西卖到全世界去，那么你就可以赚全世界的钱。

成功的商业模式离不开资源整合，尤其在竞争异常激烈的今天。我们每一个人的力量都是有限的，如果能懂得整合资源，我们成功的机会就会多得多。现在是一个既可以竞争又可以合作的时代，我们把它简称"竞合时代"。在这样一个时代，我们首先需要了解资源整合的概念，其次还要善于进行更多的资源整合与双赢合作。身为创业者，有一句话是你应该牢记的：你能整合到多少资源，就能干成多大的事。

第一节　商业模式

【小案例】B站的电商化商业模式

哔哩哔哩（以下简称B站）以ACG（动画、漫画、游戏）文化起家，具有浓厚的"二次元"社区氛围，发展出了符合其内容生态与社区氛围的电商模式。2017年上线"会员购"商城，主营二次元票务和手办售卖，商城面向的是公域流量。2018年7月，B站宣布支持UP主开店的电商功能，并开启公测。UP主开店利用的是其私域流量。据说可在 UP 主个人主页看到小店入口。2020 年下半年，B 站升级"悬赏计划"，引入海量淘宝商品。满足条件的 UP 主可在线选择商品带货赚取佣金，商品可挂在视频播放器内的弹幕或浮层，也可放置在视频下方。

B 站电商模式的实质即自营+带货，但 B 站的自营品类较少，受众面更窄，带的货均来自第三方电商平台，相当于导流，需要跳转到外部平台，无法在站内完成整个消费过程。

资料来源：吕鑫焱. B 站电商：平台基因下的 AB 面（有改动）. https://m.trjcn. com/news/detail_27359. html.

一、 商业模式如何转化为价值

现代管理学之父彼得·德鲁克曾说过："21 世纪企业之间的竞争，已经不是产品价格之间的竞争，也不是服务的竞争，而是商业模式的竞争。"

商业模式是把创业活动转化为商业价值的工具。通过商业模式，可以清晰地阐释企业盈利的逻辑。追根溯源，所有商业模式都涉及三个基本问题：如何为顾客创造价值？如何为企业创造价值？如何实现收费？

（一）如何为顾客创造价值

在一个既定价格上，企业向其客户提供能够满足客户需求的产品和服务。哪怕只是开一个街头小店，创业者也必须问自己："顾客为什么愿意进我的店消费？我的店能为顾客提供什么有独特价值的产品或服务？我和周围的竞争者相比有什么优势？"

（二）如何为企业创造价值

在为客户提供价值的同时如何为自己创造价值？创业者需要考虑成本结构、利润模式、周转率等问题，尽最大可能增加利润、降低成本。

（三）如何实现收费

将上述价值在企业和客户之间实现传递，重点是要明确如何才能让客户愿意为你的产品或服务持续付费，并知道他究竟在为什么服务持续付费。

二、 成功商业模式的特征◆

（一）成功的商业模式要能提供独特的价值

有时候独特的价值可能是新的思路，而更多时候，它是产品和服务独特性的组合。这种组合要么在价格不变的前提下可以向客户提供额外的价值，要么使得客户能用更低的价格获得同样的利益。人本质上是情绪动物，在行动决策之前，人通常会先通过网络或其他途径观察其他人的反应、评价，然后再去判断自身的得失和重要性。所以最优商业模式需要充分解决或满足人的情感或共性需求，如社交、缓解焦虑、获得炫耀、安全感和成就感等。深入探究人性，对建立商业模式、做品牌非常重要，品牌的核心是体验，商业模式的核心是人性。

（二）成功的商业模式是难以被模仿、抄袭的

企业通过确立自己与众不同的特性如对客户的悉心照顾（海底捞）、无与伦比的品牌实力（华为）等来提高行业的进入门槛，从而保证利润来源不受侵犯。比如，对直

销模式（仅凭"直销"一点，还不能称其为一个商业模式），人人都知道其如何运作，也都知道戴尔公司就是直销的标杆，但很难复制戴尔的模式，原因在于戴尔的直销的背后，是一整套完整的、难以复制的资源整合方法和生产流程。

（三）成功的商业模式是在主营业务领域持续深耕

在一个时期，只专注一个任务，不要把资源分散了。多数情况下，多元化经营会分散你的资源与精力，管理难度也会相应增加。在新的行业，你曾经的成功经验未必行得通。很多时候，什么都想得到，很可能最终什么都得不到。满足客户一个简单、真实但又很迫切的需求，集中全部资源和力量来解决这个痛点，并努力为你的客户做到极致，更容易成功。所以必须集中力量突破一点，把市场撕开一个口子，并在这口子上继续扩大，进而最大化战果。在正确的道路上奔跑，哪怕成长速度慢一点，扩张的步伐稳一些，只要有足够的坚持，把对手都熬死了，可能你就胜出了。

（四）成功的商业模式是建立起一条"护城河"

非垄断者往往会忽略已经存在的激烈竞争，经常沉浸在自己浪漫的幻想中。比如，通过把他们看中的小市场定义成各种"充满希望的"特色市场，并夸大自己的"独特性"，力图证明自己能在这个"充满希望的"市场中因为自己这点微不足道的"独特性"很惬意地生存下去。但其实这一点所谓的"独特性"，根本无法应付未来市场的巨大压力与惨烈竞争。所以不要花大力气去做那些小差异化的努力，而是要专注于大的方向。对于你打算卖的产品或服务，如果你的全部"优势"就是这个产品或服务只有你的家乡做得最好，或者你拿到了某人相授的所谓"绝密配方"，或者你的营业场所的装修更温馨、更富有特色，那么只能表明你仅仅是专注于你公司所拥有的一些微小差异而已，大多数情况下，你的生意是不可能因为这点微小差异而持续下去的。要想从日益残酷的竞争中解脱出来，唯一的方法就是获取垄断利润，一家公司最显而易见的垄断就是对自己品牌的垄断。产品要实现垄断，就必须坚守质量和进行创新迭代，这就是在建立自己的企业"护城河"。企业"护城河"的内涵包括：

1. 专利技术

专利技术是一家公司最实质性的优势，它使你的产品很难甚至不能被别的公司复制。一般而言，专利技术在某些方面可能需要比与它最相近的替代品好上 10 倍，才算拥有真正的垄断优势。许多世界著名的跨国制药企业都是靠着庞大的专利获取超额收益，如大家熟悉的 HPV（人乳头瘤病毒）九价疫苗来自美国默沙东，其 2023 年的营收高达 601.15 亿美元，九价疫苗目前的毛利率高达惊人的 90%。

2. 网络效应

网络效应使一款产品随着越来越多的使用而变得更加有用。享有网络效应的企业常常从非常小的市场起步，但其加速度惊人。扎克伯格创建 Facebook，最初就是想满足全班同学的一些小小的需求，如上课打卡、开学注册、同学约会，最后脸书意外地变成了全世界都在用的社交平台。网络效应强调的是用户数量，用户数量越多，提供的信息就越多，平台就越有登录价值；反过来，越有登录价值的网络平台，越会吸引更多的新用户选择它。由此两者形成良性循环。

3. 规模经济

一旦你的产品主导了一个利基市场，就要通过内在复制机制让用户的数量可以持续增长。当规模（流量）足够大，新的产品或服务不需要再重复投入成本，就意味着边际成本趋近于零。很多时候，规模越大，影响力越大，越容易收获各类资源和资本，因为资源永远都是向头部企业聚拢的。基于资本机构（如风险投资人）的判断，除了行业前三如淘宝、京东和拼多多，其他的企业甚至连存活都很艰难。

现在创业者常谈到互联网流量，其实也是基于规模经济的底层逻辑在谈。对互联网企业来说，流量永远是最宝贵的资源。互联网企业的战略定位应该是全网用户，要慎用所谓的差异化定位。未来获取流量只会越来越贵，流量只会越来越稀缺。看流量是否有价值，一是看用户数量；二是看时长，即用户黏性；三是看转化率，即交易属性，愿意点开 App 的用户都是可能会参与交易的个体。常规的操作是先通过一些有大众需求的、低价或免费的、高频使用的产品来吸引客户，来拉流量，然后再把客户导向其他收费的、产品附加值高的产品。但是要注意，对流量的二次分发（如阿里巴巴在支付宝中推出社交软件"来往"，最终失败），一定要看二次分发是否会影响用户体验和平台基本的核心功能。

4. 品牌优势

品牌是靠"病毒式"的口碑营销传播出来的，单单靠砸广告往往不会太长久。要让顾客成为你口碑的传播者，这非常重要。如小米手机就是靠着贴近用户，靠着优异的性价比，才俘获了大批的忠实"米粉"。

三、 简化版的商业画布◆

（一）什么是商业画布？

商业画布是指一种能够帮助创业者理清商业逻辑、催生创意、确保创业者找到目标用户、合理解决盈利问题的直观工具。商业画布不仅能够提供灵活多变的战略，而且可以更有针对性地满足用户的需求。更重要的是，它可以将商业模式中的各种元素标准化，并强调元素间的相互作用。任何新商业模式都不过是如图 5-1 所示的商业模式画布中这 7 个要素按不同逻辑的排列组合（常见的商业画布是九个维度，根据创业实践反馈，我们将其简化成七个维度）。创业者的主要任务就是利用商业画布，对各个要素进行合理的搭配，从而形成一种清晰的、可持续发展的个性化商业模式，以开拓新的市场。

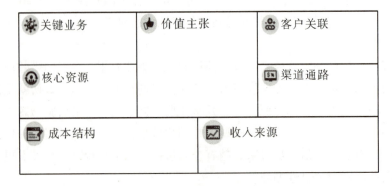

图 5-1　简化版的商业画布

使用商业画布进行头脑风暴的一般顺序为：了解目标客户群，对目标客户群进行分类和重要性排序（客户关联），分析目标客户群的真实需求（价值主张），设计好如何才能接触、传递产品或服务到目标客户群（渠道通路）、要达成目标所需要完成的（关键业务）以及企业凭借什么优势（核心资源）来实现盈利。在完成上述五个方面的工作后，将会产生一定成本（结构），当然最终也要能够产生一定收入（来源）。如果这个商业模式在实践一段时间后，企业的全部收入最终能覆盖所有成本，那么这个商业模式从逻辑上来说应该是正确的。后续工作，就是要持续改进、优化这个已经能够实现盈利的商业模式。

1. 客户关联（消费者分类）

绝大多数客户只关心从产品和服务中能得到什么，其他的他不会多花一分钟来了解。他不会关心你公司所谓的愿景和价值观。为了更好地满足客户、适应市场需求，企业需要对客户进行分类，针对不同的客户提供不同的产品和服务，向客户传递产品价值，与他们建立良好的关系。所以在创业初期，想要做好客户关联，一般都要经历识别消费者—市场分类—建立消费者关系三个步骤。

（1）识别消费者

建立消费者关联的第一步就是找寻符合产品属性的消费群体。我们可以使用地理位置、年龄、收入、教育程度、性别等消费者特质，结合自己产品或服务的特征，将不同的消费者分为不同的消费群，然后从中寻找出一群或几群符合我们产品属性、有购买倾向、拥有消费能力的目标消费群。

（2）市场分类

找到目标消费者后，我们就可以将市场细分为以下三种：

①大众市场，客户具有大致相同的需求和问题。简单来说就是大众普遍都需要的产品市场，比如电信服务等。

②利基市场，只针对某一特定市场的需求需要集中力量进入并成为领先者，同时建立各种壁垒，逐渐形成持久的竞争优势，比如奢侈品牌 LV 等。

③多元化市场，服务于两个以上具有不同需求的客户细分群体，以完全不同的价值主张迎合完全不同的客户细分群体。比如松下电器就涉及家用电器和图像仪器等多个领域。

（3）建立消费者关系

①利用已有的网络、社区、线下实体店等，为客户建立大众化、普及化的服务平台。

②通过呼叫中心、电子邮件、专职客户经理等方式，为高净值客户提供一对一、精细化的服务。

2. 价值主张（目标客户群体的关注重点）

价值主张是指对客户（消费者）来说什么产品和服务才是有意义的，即对客户真实需求的深入描述。对于客户的价值主张，在实际操作中要聚焦客户选择产品或服务时的重点关注方向。如客户在采购大型设备时主要关注的是质量、售后服务、价格、品牌等方面，那么客户在选择（购买）产品时也将从这几个方面进行重点考察。

价值主张的确立需要明确三个问题：

（1）消费者所得与其付费是否相匹配？

（2）我们正在提供给细分客户群体哪些产品或服务？

（3）我们正在帮助客户解决哪一类真实的困难（痛点）？

价值主张一般包括产品或服务的新颖程度、性能、定制化、品牌、价格和便利性等方面。

3. 渠道通路（如何接触并服务消费者）

当清楚了客户关联和价值主张后，通过何种渠道能够接触到客户细分群体就成了必须思考的问题。

我们要关注以下三个问题：

（1）通过哪些渠道可以接触我们的客户细分群体？

（2）哪些渠道的成本效益最好？

（3）如何把我们的渠道与客户的日常生活进行无缝整合？

企业组织可以选择通过自有渠道、合作伙伴渠道或者混合渠道来接触客户。自有渠道可以是企业的销售和业务人员，他们向顾客直接进行营销，也可以是企业的网上销售平台或者线下实体店等。选择合作伙伴渠道则是通过与代理商、批发商或者经销商的合作，将本企业的商品或者服务传递给顾客。另外，也可以通过第三方平台（如网络直播带货）来实现价值传递。

4. 关键业务（最能创造收益与体现竞争优势的业务）

关键业务是指企业能够带来主要收入的核心业务。确定什么是企业关键业务的时候需要考虑以下三个问题：

（1）我们能充分满足消费者需求的是哪些具体的关键业务？

（2）要完成关键业务，我们需要哪些渠道通路和核心资源的支持？

（3）我们的主要收入来自哪些关键业务？

任何商业模式都需要多种关键业务，以确保企业能够成功运营。关键业务可以分为制造产品、解决问题、维护平台或网络的运转三类。制造产品，是企业商业模式的核心；解决问题是为客户遇到的难题提供及时的解决方案，需要知识管理和持续技能培训等业务来支撑；维护平台或网络的运转就是要加强平台的日常管理，提供优质的平台服务，持续推广平台。

5. 核心资源（支撑企业持续发展所需的优质竞争资源）

核心资源是企业竞争优势的源泉，一般包括实体资产、技术资源、人力资源、金融资源和重要合作伙伴等。对核心资源我们需要弄清楚以下三个问题：

（1）客户关联、渠道通路、收入来源等需要什么核心资源才能支撑起来？

（2）企业需要捍卫的最独特、最具有价值的核心资源是什么？

（3）我们正在从合作伙伴、供应商甚至客户那里获取哪些资源？

明确了以上三个问题，就能够利用核心资源来确立企业竞争优势。

企业核心资源的优势会受到目标市场竞争的影响而发生动态变化，比如，竞争对手的技术创新会削弱公司某项产品已有的技术优势，从而改变该产品原有的价值地位，使公司面临重新选择一个新的核心资源的问题。因此，为了持续保持公司的市场竞争优势，公司必须不断地预测并培育出新的核心资源。

6. 收入来源（所有经营活动带来的收入）

企业的收入来源于各种经营活动，收入的形式包括货币形式和非货币形式。

我们需要明确三个问题：

（1）什么样的商品或服务能让客户更愿意持续付费？

（2）客户更愿意以何种方式来付费？

（3）大客户的付费占我们总收入的比例是多少？

一般来说，企业的收入来源有资产销售、订阅收费、租赁收费、授权收费、经纪收费、广告收费等。

7. 成本结构（所有经营活动耗费的成本）

显然，每个商业模式中的成本都应该被最小化。一般来说我们将成本结构分为成本驱动和价值驱动两种类型。成本驱动要求创业者在每个环节尽可能地降低成本，采用低价、最大程度自动化（减少人工成本和复杂程度）和广泛外包（实现低价劳动力）；价值驱动要求创业者不能只关注成本的影响，而是专注于创造新的增值型的价值主张和高度个性化服务，例如豪华酒店的设施以及独到的服务。

在进行成本结构分析时我们需要明确三个问题：

（1）什么是这个商业模式中最大、最重要的固定成本？

（2）哪些渠道通路、核心资源和关键业务耗费成本最多？

（3）哪些成本在严重侵蚀着公司的利润？

想尽办法降低所有不必要的成本，对企业持续发展非常重要。

（二）商业画布使用方法

商业画布的使用要遵循集思广益、简单易懂、全力执行的基本原则。

（1）调动公司的中高层，使用头脑风暴的方式充分考虑七个维度所有可能的选项，并用便利贴把选项贴到每个框里，尽量让所有选项可视化，便于一起讨论。

（2）针对七个框内已提供的所有备选答案，根据企业实情和外部环境对七个要素进行合理搭配，并展开充分研讨，对相关项目进行果断增减，从而留下最靠谱的选项。

（3）对最终留下来的选项，要形成一种清晰的、可持续发展的个性化商业模式，要做到能对七个要素进行有逻辑性的陈述。最好是能用讲故事的方式，简单易懂地把七个要素陈述出来，让所有员工和领导层都能清楚公司的商业模式，并愿意自发地去执行，以顺利开拓新的市场（项目）。

比如，我们可以尝试着用商业画布来对美团外卖进行商业模式的厘清，见图5-2。可以用以下讲故事的方式来进行美团外卖的商业模式陈述：

公司的全体创始人，昨天在公司会议室面对着巨大的商业画布，通过充分的头脑风暴，讨论了整整一个白天加一个晚上，发现了一个巨大的蓝海市场。我们把客户关联（目标消费者）最终聚焦在高校学生、青年白领这两大类人群的吃饭的问题上。公司将通过多种多样的广告宣传与业务推广活动来促成上述的两大类人群都去下载美团外卖App，通过App这种渠道通路（接触方式），公司将与两类客户建立起高度紧密的联系。这两类人群有一些共同的特点（价值主张）：大多不愿意把时间花在做饭之类的家务上

（当然也不会做饭），平均收入不是特别高，学业、娱乐（主要是打游戏）、社交和工作会占据其大部分时间，希望各种美味廉价的食物可以直接送上门。为了满足这两类人群，我们的关键业务就是吸引大量的餐饮店入驻美团外卖平台，越多越好，同时尽可能地缩短食物的配送时间，从而保证客户的体验感良好。对于支撑我们业务持续开展下去的核心资源——中国数以千万计的餐饮店，我们会要求入驻平台的餐饮店提供的食品尽量卫生、廉价、美味，而且这些数量庞大的餐饮店对我们公司来说，不会额外增加任何边际成本，是公司优质的轻资产。当然，为了提高配送速度和服务质量，我们也会自建部分物流系统，但这必将耗费公司的部分成本，属于重资产。只要上述五个维度搭建得科学高效且运营合理，公司将持续获得 App 上大量入驻店家支付的广告收入、店家外卖食品时抽取的高额佣金等都是我们的巨大收入来源。当然，我们的成本结构中也必然会有公司必需的管理成本、App 平台的维护成本、推广成本和自建物流的成本等。但我们相信最终收入必将能覆盖成本。我们将为年轻人开创一种全新的餐饮问题解决方案，改变中国数以亿计的人的用餐习惯。当然，我们将由此获得可观的经济效益和社会效益。

综上分析，项目可行。

（三）什么才是好的商业模式？

商业模式必须是简单的。足够简单才能够被各级下属理解执行，只有简单才可以低成本快速复制。如国内的彩票业，两元起步，小"赌徒"们总是认为自己的分析很有道理，为了缥缈的胜算，会不断重复地购买彩票。

商业模式成功的前提一般不能超过三个，超过三个就不可行。如分众传媒的商业模式就是三步：与物业公司谈楼宇电梯内的广告位使用权、进电梯装电视机（或平面框架）、向企业售卖广告位。美团、淘宝和京东的商业模式也是三步：先搭建好网络平台，然后拼命扩大用户数量（流量包括消费者和商家），最后向入驻商家收费。

商业模式必须是可复制的。可复制就要求该商业模式的投入产出必须能算得清账，一旦投入就必须能够创造利润。

图 5-2 是美团外卖早期的商业画布。美团外卖于 2014 年 1 月正式上线，美团的垂直 O2O 业务其扩张速度极快。

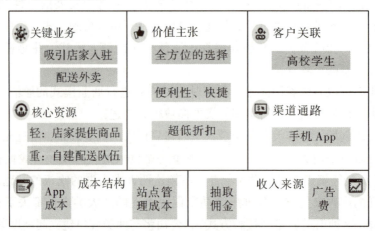

图 5-2　美团的商业画布

【创业提示】STP、特许经营

对商业模式中的客户关联维度，可用目标市场定位工具（STP）来分析。STP即市场细分（segmentation）、选择目标市场（targeting）、在目标市场中建立独特定位（positioning）。

通过特许加盟的商业模式来创业，这是许多初级创业者的选择。

特许经营是指特许人和受许人（加盟商）通过协议组成的分工合作体系。特许经营的基础是一个特许人和多个受许人之间建立在互惠互利基础上的合同契约关系。特许权的核心是特许人向受许人出售的技术专长、管理经验和经营项目。对受许人经营中必需的经营诀窍和技能培训，特许人有义务提供给受许人；受许人的经营由特许人控制，双方共同使用相同的公司标志、经营模式和独特配方等资源，并且受许人以自己的资金对其业务进行投资。特许经营的优势是可以帮助管理经验不足的创业者。特许经营因规模优势、品牌优势和管理经验优势而受到加盟者欢迎，特许人利用特许经营实现品牌的大规模、低成本、快速扩张，而加盟商则借助特许经营进行"快速创业"。但最大的问题是加盟商往往在生产资料供应、高额加盟费用和品牌负面新闻等方面被特许经营商严重束缚或影响。

每一个特许经营合同都必须规定加盟商发展特许经营系统的权利与使用特定资产的权利。每一个合同的受许条款应至少包括三个方面内容：

（1）特许经营中的权利转让向受许人许可了哪些资产使用权，包括：特许者会向受许者提供哪些秘方诀窍、商标许可以及其他维持特定经营需要的知识产权许可，使用的资产可以用于哪些经营目的。

（2）许可使用的资产可以在哪些地域范围内使用。特许经营条款会规定受许人经营的地域范围，其中包括许可使用资产的区域独占程度：是否允许受许人利用该系统发展、运作自己的特许店（自己用），是否允许受许人分特许给他人使用该系统（再加盟），是否允许受许人同时从事前两种活动。

（3）许可使用资产的使用期限。这是指受许可的期限最长可以续展到未来的多少年。

第二节　创业资源运用与整合

【小案例】当老师给俞敏洪带来了什么？

当老师给俞敏洪带来的是资源。

俞敏洪算是为数不多的教师生涯与创业领域相关的创业者。

俞敏洪出生于一个普通农村家庭，母亲希望他成为一名受人尊重的"先生"。

他坚持三年考进北京大学，1980年考入北京大学西语系，1985年毕业留校任外语系教师，从此开始了其6年的教学生涯。

当时，美国对中国实行紧缩留学政策，加上俞敏洪在北大的成绩不算优秀，赴美留学的梦想破灭。为了谋生，俞敏洪到北大外面兼职教课。

当时授课是十几块钱一个晚上，俞敏洪把"在绝望中寻找希望"写在自己的笔记本上激励自己。尽管留学失败，但俞敏洪凭借着对出国考试内容和流程的熟悉程度，抓住了自己人生中最大的一次机会——创立新东方学校。

1993 年，俞敏洪开始了自主创业，凭着在北大教书的经验、积累的学生资源和北大校友，新东方从一个个破破烂烂的小教室，变成了如今估值 238 亿美元的教育巨头，当年日记本上的那句话也成了新东方的校训。

资料来源：首席商业评论. 那些年，曾经做过老师的企业家们（有改动）. https://36kr.com/p/875645119038725.

一、 运用创业资源

（一） 什么是创业资源

创业资源是指新创企业在诞生和成长过程中所需要的各种生产要素和支撑条件。对于创业的个体而言，凡是能够对其创业项目有一定帮助的要素，都可以被看作创业资源。

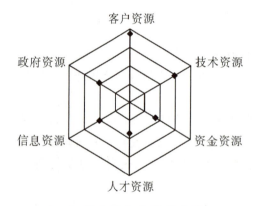

创业资源对于创业活动而言具有重要的意义。不能轻信某些项目推荐人所谓的"这个项目不需要投入多少资源"的话。企业创立以后，创业者就需要一直积极地从外界不断获取各种创业资源，以支撑企业的稳步持续发展。对创业者而言，丰富的创业资源是制定企业战略的基础和保障，有了资源，新创企业才可能去选择正确的战略。

（二） 创业初期急需的资源

1. 人才和团队

创业初期，企业需要有优秀的合作伙伴和创业团队，一个人还需要做到身兼数职，每个人要肩负起不同的工作以节省成本。一旦公司进入快速发展阶段，就必须吸引更多得力的人才加盟。不论企业发展到什么阶段，人才都是企业实现持续盈利的核心资源。

2. 创业资金

创业一定要拥有比较充足的资金，还需要做好针对不同阶段的资金规划。创业初期，每个人要最大化运用自己的技能来承担更多的岗位和责任以节省资金，将每一分钱花在真正有价值的地方。

3. 专有技术

一般来说，要获得竞争优势，需要拥有独特的技术和行业知识，如有可能，应尽量多地申请专利，以提高竞争壁垒。

4. 社会资源

社会资源包括企业所需的基本的社会关系网络、政府资源、客户资源。

二、　整合创业资源

资源整合是企业战略调整的手段，也是企业经营管理的日常工作。资源整合是指企业对不同来源、不同层次、不同内容的资源进行识别与选择、汲取与配置、激活和融合，使其具有较强的条理性、系统性和价值性并创造出新资源的一个复杂的动态过程。

整合就是要优化资源配置，获得整体最优。创业资源来之不易，资源整合尤为重要。资源分内外，内部资源是公司或个人目前可以充分掌控、使用和调配的。

内部资源的整合原则：效率最大化。

（一）内部资源的整合

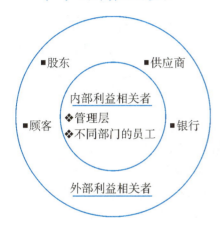

对于初创企业，资金、人才等内部资源往往都是不足的，这就需要创业者提高内部资源使用效率。创业者要将有限的内部资源专注于一件事、聚焦到一个点，把这件事做到自己当前能力范围内的最好，才有成功的可能。而不是要面面俱到，所有的领域都想去分"一杯羹"。在互联网发达的今天，企业想要面面俱到，满足所有人的需求，最终的结果可能就是得罪所有的人。移动互联网时代注重的是"小而美"，企业只有聚焦在一个细分的领域，才有可能做到这个领域的极致，让消费者买单。

对于初创者来说，将资源整合到一个点上，把这个点做好、做透，才有创业成功的可能。苹果公司在面临破产危机时，乔布斯临危受命。在高层会议上，乔布斯一针见血地指出公司不能各种产品都去做，要专门做四种产品，即普通用户和专业用户的笔记本、普通用户和专业用户的台式机。就是通过这样对产品的细分，苹果将有限的资源进行了高效整合，把所有的精力都投入研发这四款产品，最后终于凭借这四款产品打了一个漂亮的翻身仗，在一年内就实现了盈利，成功地将苹果从濒临破产的危局中拉了回来。阿里巴巴、腾讯、比亚迪等无一不是专注于一个点并全力以赴地把这个点做到极致，才取得了成功。只有公司的资产规模、市场份额、竞争能力都做到行业前茅的时候，才可以去考虑适度多元化，而且尽量是相关多元化。

（二）外部资源的整合

外部资源是公司和个人目前还不能自由掌控、使用和调配的却又是发展迫切需要的资源。创业者想对外部资源进行高效整合，必须遵循以下四个原则。

1. 尽可能多地搜寻创业路上的利益相关者

利益相关者是指能够影响组织目标实现的所有个体和群体。这些利益相关者包括企业股东、债权人、雇员、消费者、供应商等交易合作伙伴，同时还包括政府部门、媒体、主管部门等压力集团。整合资源的第一步就是要关注有利益关系的组织或个人，最大化搜寻所有的利益相关者。

需要注意的是，对创业者而言，公司的主要股东是与创业者关系最为密切的利益相关者。我们不建议创业者在创业初期接受纯粹的技术入股，虽然有技术、有人脉、有专利的人都是与我们利益相关联的人，但如果纯粹以这些资源来入股，则需高度警惕。比如有技术的人，其技术可以适当地进行折现，但还是需要技术人才拿出一定的现金入股。如果创业伙伴只是为公司拿出一份对于他来说可有可无的东西，那么在公司出现困难的情况下，在创业者为了自己的本金和事业焦头烂额的时候，坐等分红的纯技术投资人却毫无压力，就很难与公司同甘共苦。一般而言，必须有切实的金钱利益才能将创业者和合作伙伴牢牢地捆绑在同一条战船上，一荣俱荣、一损俱损，在公司危难时刻才可能一起竭尽全力、共渡难关。

2. 识别利益相关者的利益所在，寻找彼此共同关心的利益

找出与企业最有直接利益关系的组织或个人后，要迅速分析判断彼此之间是否存在共同关心的利益点（交集）。只有彼此利益结合得越紧密，才越有可能完成资源整合。正如创业者能从家庭成员那里获得支持的原因就在于创业者与家庭成员间的利益关系最为密切，因为创业者创业的成败直接影响到家人的生活质量。

金山毒霸被腾讯选中并投资，就是因为双方在共同利益上的高度吻合。金山毒霸在免费开放后，一直被外界质疑会不会因为业绩压力而削弱其在安全研发上的投入，而腾讯的注资恰恰为金山毒霸免除了后顾之忧，让金山毒霸不再担心是否盈利，也不用苦于盈利模式的掣肘，只需专注研发杀毒产品。而对于腾讯来说，注资金山毒霸的最大原因也是对自身产品网络安全性的追求。所以两个企业的整合，就是双方基于共同利益点的契合。因此，在识别出利益相关者后，逐一分析每一个利益相关者真正关注的利益点（交集）非常重要。

3. 要让利益相关者感到合作能实现双赢，并且他能够优先赢

共同利益的实现需要共赢的利益机制作保证，但是共赢在多数情况下难以同时赢，而是有着先后之分。创业者要让利益相关者感到可以赢，并且优先赢。例如先试用、再购买的产品。消费者可以免费试用产品，试用期内不需要付费，如果满意再下单购买，进而完成交易。在这个环节中，公司先让消费者体验到了拥有产品的便利，使消费者优先赢，再完成交易，公司随后赢，从而皆大欢喜。在这个过程中，貌似公司可能会吃一点亏，但实际上大多数情况下，只要商品的性价比和售后服务能满足并打动消费者，恶意退货的客户比例还是非常低的。在无法立刻实现双赢的情况下，能让合作方先赢，需要格局与胸怀。

要让拥有共同利益的利益相关者信任并与公司合作，需要创业公司构建具备足够吸引力的共赢机制，让对方看到整合资源背后的潜在收益，诱人的收益就是对方愿意投入资源最重要的理由。因此，创业者想要整合外部资源，就需要寻找和设计出多赢的机制。例如，两个不同的企业把各自的产品或服务进行交叉捆绑销售就是建立在共赢机制的基础上的。在捆绑销售中，两个企业各有自己的客户圈，两个客户圈有重合部分，也

有不重合的部分。企业一旦合作起来，双方也就同时拥有了对方的客户群体，获得了更多潜在客户资源。同时，捆绑销售还可以降低企业的营销费用和风险。比如，买别墅"送"汽车，是房地产商与汽车制造商一起进行捆绑销售的模式。汽车制造商以较低的批发价格先把车卖给了房地产商，而房地产商的"送车"行为会增加别墅的销量；通过车主用车，汽车制造商也顺利进入高端客户群体，日后维修保养和新车销售，都有了明确的目标客户群。从此可以看出，正是因为共赢机制的建立，才使得双方各取所需，最终获得了自己想要的资源。

4. 坦诚沟通有助于建立长期信任关系

资源整合机制除了要有利益基础，还需要长期的沟通和信任来维持合作关系。沟通往往是产生信任的前提，建立起信任关系才有助于双方进行资源整合，从而降低企业风险、扩大共同利益。

小米创始人雷军曾说中国是一个人情社会，做企业要广交朋友。在中国，人脉对于企业非常重要，那些人缘好、有很多朋友相助的企业家的企业往往发展比较顺利。因此，创业者要广交朋友，建立起更广泛的信任关系。当然，也要交"好的"朋友，交朋友的目的不是"走后门""占便宜"，而是为了获得朋友合理、合法的支持和帮助。创业者平时要花一些时间和朋友在一起，多联络感情，在遇到困难的时候才好向朋友求助，从而获取资源，以帮助自己渡过难关。不能平时对朋友爱搭不理，有困难时才跑去联系。就如众多公司总裁、高管都去参加 EMBA（在职工商管理硕士）课程培训，他们在获取一纸硕士文凭之外，更重要的是为了在同学之间建立起更具信任感的关系。在同学关系这一信任基础上进行沟通，就更容易建立合作关系，进行资源整合，以便实现长期互惠互利、共同发展。

整合资源的能力，不仅是创业者的核心能力，也是所有职场人士的核心能力之一。无论是在创业的路上，还是身在职场，你能整合到多少本不属于你的外部资源，尤其是非血缘关系的外部资源，是决定你的职业发展空间有多大，你的事业能走多远的决定性因素之一。所以多去锤炼并领悟整合资源的技巧，终会获益良多。

【实践案例】 自己造出的"成本黑洞"

现在来重新审视 2011 年以西米网为代表的休闲食品独立电商的倒闭潮，会得出这样的结论：创业者如果不清楚自己能干什么、不能干什么，贸然"接地气"去做自己不擅长的物流、仓储以及实体店等生意，自己给自己造出"成本黑洞"，不能量入为出的话，公司倒闭是必然的。

小有所成后不要膨胀

做西米网是被逼出来的。2008 年的某天，创业者刘源踯躅于北京街头，无所适从。他刚刚从上一个失败的创业中解脱出来，银行卡里只剩下 8 000 元了。可是 8 000 元还能做什么呢？他看着熙熙攘攘的上班人群，想起他在金融街某银行工作的女友爱吃零食但是懒得买的习惯，突然有了一个创业主意：不如就把零食卖给这些办公室的白领吧！

这还真是个本小利大的活儿。搭个网站，对于 IT 男刘源来说，几乎不费什么成本。拿 5 000 元进些饼干、话梅、开心果等好吃又有卖相的小零食，再花 3 000 元去印刷彩页小广告，彩页上的零食图片显得精美诱人。项目启动的区域不用太大，一个白领足够密集的商圈就行，比如金融街。

2009 年 1 月 28 日，刘源带着创业伙伴在金融街附近的地铁口、路口发出 500 多份广告。开业首日就引来 50 多份订单时，刘源知道，这次他的西米网一定能做成。

现在看来，西米网最初能成功依靠的是精准定位和细心服务。针对办公室白领，西米网把 200 多种女孩子爱吃的干果、蜜饯及豆豆等零食聚集在一起，组成了一个有相当冲击力的零食网站，并且大胆提出了"办公室零食"的概念，把价格都统一定为 10 元或 20 元。这对于嫌麻烦的女孩子来说，省了不少计算的时间和心境。

在成本控制方面，西米网采用批量采购，然后再小盒、小包分装，贴上自己的品牌标签，还很细心地在有些零食里附送一包湿纸巾，既提升了人气，又提升了利润率。

针对一些不愿意网上购物的白领，从 2009 年开始，西米网在北京主要商圈的商场里铺设了店中店。"开在商场，能保证人流量，做快消最大的需要就是人流量，同时喜欢逛商场的年轻人也正与西米网的客户定位相符，精准要体现在各个方面。"刘源说。

网络加实体店，到 2010 年 5 月的时候，随着办公室白领之间病毒式的口碑传播以及大众媒体的报道，西米网的"办公室零食"在北京已经有了一定的知名度。根据当时媒体披露的数据，西米网在 2009 年实现销售收入 700 万元。截至 2010 年 5 月底，当年的销售收入已经超过 600 万元，注册会员 30 多万。

其时正逢团购网站兴起，西米网和火热的团购网站进行合作推广。根据刘源的回忆，跟美团合作的那一单，其团购人数达到 3 000 多人，关注度很高。

当西米网每天的网上订单超过 300 单的时候，它在物流配送方面的硬伤显现出来了：既无法保证速度，也无法保证商品包装的完整性。刘源大胆地选择了自建物流和仓储，在北京主要商圈承诺两小时送达，在中关村、复兴门和三元桥就近发货。受到公交车按点发车的启发，西米网还规定送货员 30~40 分钟出去一次，保证了三环以内能在两小时内送达。当时，北京电视台有一期节目是关注电商配送速度的，邀请了西米网参加。节目播出后，西米网的两小时配送成为亮点，极大地提升了消费者的购物体验。

自建物流和仓储是刘源的致命错误，那都是像京东这样的大电商平台才干的事情，那得对渠道和货物周转有丰富经验，得精细地平衡业务规模和成本，盲目自建物流和仓储很容易让自己陷入"成本黑洞"。

在西米网的快速发展中，刘源也频繁开始了与风险投资的接触。按照刘源的设想，如果融资顺利到位的话，西米网从 2011 年起会在上海、深圳和广州三地陆续上线。

根据刘源的访谈："西米网需要迅速抢占更广大的市场。一方面，西米网已经在北京开了四家线下的实体店，虽然是出于宣传和增强用户体验的考虑，但也不排除线上与线下相结合的发展模式。另一方面，西米已经增设了新鲜水果、饮品等频道，办公室零食只是发展的切入点。下一步，西米希望逐渐扩大到其他类别，最终成为一个专业的食品 B2C 网站。就像买书会上当当，买东西会想到淘宝一样，有一天，你需要买食品，你最先想到的是西米网。"

而开实体店又是刘源的另外一大败笔。做 IT 出身的刘源团队压根没有开实体店的经验，很多街边零食小店都能赚钱且赚得不少，但那需要在品类选择、选址、装修乃至店面促销等方面有丰富的经验，那也不是一朝一夕能练出来的。

尽管刘源想得很好，线上线下结合，类似于 O2O 模式，但在线上都没做到极致、资金又不到位的情况下，贸然地分散资源做线下实体店，难道不是在自寻死路？更要命的是，西米贸然地把品类扩到水果、饮品等，水果是易损耗品类，并不像干果等零食易于控制成本。

不待风险投资进入，2011 年 10 月 27 日，西米网首页挂出公告，宣布"谢幕"。刘源表示："休闲零食这个行业，每公斤价值太低，导致物流成本太高，所以造成了销售额很大却一直无法盈利的困境。经过两年多的努力后，我决定换个生意，换个活法。终于作出了关闭零食业务的决定，心如刀绞……"

"死"是必然的，"不死"才是奇迹

西米网是小成本创业的典型企业，它能以 8 000 元的启动资金，在一年之内迅速做到 700 万元的收入实在有点"狗屎运"。

西米网的"死亡"原因，上面总结了两个：贸然自建物流和仓储，过快陷入"成本黑洞"；过早开实体店和引入易耗的水果等品类，增加公司运营成本，让公司现金流过于紧张。

当然，拉不来风险投资是另一个"死亡"原因。在西米网的发展过程中，自始至终没能得到一家风险投资的青睐。刘源事后对作者讲述，当时能见的风险投资都见了，但它们都没有投，只有一家小风险投资有些兴趣，临到要投资又放弃了。

刘源总结，风险投资不投的原因有几个。其一，毛利不高，35% 的毛利率虽然不算太低，但食品是个特殊的品类，有生产周期、保质期、仓储条件等各种限制，损耗比较大，综合之后，利润率就不高了。其二，行业门槛太低，竞争对手太多，很难做成一个大企业。小富即安可以，但要做成上市企业很难。而如果不上市，风险投资就没有很好的退出道路（国内创业圈形成了一个奇怪的理论，似乎没拿到融资就不算创业，西米网完全可以做成一个小而美的"办公室零食工厂"，赚着钱，在办公室白领中拥有良好的声誉，慢慢积累用户，增加黏性，为何一定要执着于拿到融资来证明自己？）。

说休闲食品行业做不大，其实也不尽然，至少对休闲食品连锁品牌"来伊份"来说不是。"来伊份"是总部位于上海的休闲食品品牌，主要在自己的店内出售散装零食，产品线拥有从果脯到肉制品的十大系列。

除此之外，刘源还用"每公斤价值"这个新鲜的词归纳了西米网倒闭的原因："……还须关注'每公斤价值'这一指标。是的，休闲食品毛利没问题（35%），每单均价没问题（80 元），回头率、转化率都没问题，但每公斤价值只有 30~40 元……"

西米网倒闭之后，电商界著名人士曾撰文探讨。曾打造了淘宝精油第一品牌"阿芙精油"的雕爷（真名"孟醒"）分析，西米网失败并非由于"每公斤价值"低，其实赔钱的原因无非就两点：一是无法系统性降低成本，二是无法有效提高毛利率。

雕爷称，要么持续扩大规模，依靠规模效应来不断降低成本，以获得未来的利润空间，这是京东的路。要么，只能通过价值创新，主打差异化，来获得足够高的毛利率，

支撑未来更加惨烈的竞争。

在目前的电商江湖中，休闲食品（或扩大概念称其为"食品"）多数只是作为综合电商的一个品类，比如说京东、1号店。也有专做食品的独立电商，比如中粮旗下的我买网，背靠巨头，有充足的资金支撑，但未来如何，还有待观察。在创业者中，西米网之后，三只松鼠或可作为西米网另一种发展可能性的参照。

三只松鼠由著名电商人士"壳壳老爹"章燎原于2012年7月创立，产品和曾经的西米网类似，主要销售坚果、干果、茶叶等产品，但仅上线65天，其销售额在淘宝、天猫的坚果品类中跃居第一名；2012年"双十一"时，实现日销售额766万元，名列全网食品类电商当日销售收入第一。三只松鼠选的品类都是坚果、干果等易保存、易运输、毛利高的品类，如果加上所谓品牌情感输出，可以卖更高的价格。

章燎原的打法就很简单，他在西米网倒闭之后也曾经写过一篇如何做食品类电商的文章。章燎原的观点是，没有必要去关注"每公斤价值"的问题，需要关注的是一个商业模式本身如何实现盈利。而这个问题的答案也很简单，就是"我必须成为一个品牌"，因为"你只有是品牌的时候，顾客才会讨好你，才会付更多的钱购买你的产品"。要知道坚果目前看来还是属于食品中的奢侈品，大部分客户是白领，其实他们并不缺多付的那点钱，关键在于你是否让顾客有购买你的理由，而这个理由不一定是便宜。

点评：

Stay Focus（保持专注）是一句每个创业者都知道却很难把握的口号。当没钱、没找到模式时要保持聚焦，市场不会一下子乖乖让你抓住；当有钱时，是要聚焦、确保已有的胜利，还是扩大战场？这真是一个艰难的选择。这是一个无解的问题，但做得比你自己想得更聚焦一点总是对的，因为企业家大部分天生就不缺乏做大的野心，缺的是保持清醒。

西米网初看起来是死于"成本黑洞"，但细细深入就会发现其本质是对客户需求的把握出现了重大问题。

西米网的起点在于发现了一个新的客户群体"办公室女性白领"，并推出了一个新的概念"办公室零食"。这个客户群体是一个非常大的群体，这个"办公室零食"市场也是一个非常大的市场。理论上，这个市场可以有很大的挖掘空间。

如果要做办公室女性白领市场和办公室零食市场，就需要细细地研究办公室文化和办公室女性白领的吃零食场景。

群聚是办公室文化最典型的特征，女性在购买办公室零食时的心理状态，在收到零食时的心理状态，以及分享给其他同事时的心理状态，都是需要作为重中之重来研究的。

"期待""炫耀""话题"和"欢乐"是其中的几个重要的心理活动。对用户等待时间的设置、产品分类和切割的设置以及对多次消费和消费激励的设置等刺激和强化心理活动的措施，都是做好这个市场的核心要素。

西米网的核心问题在于错误地判断了客户需求，缩短配送时间不是小公司该首先关注的。西米网非常可惜的一点是在上述客户多个心理活动的链条里选择了速度，最后面临了致命的后果。配送时间只是其中非常小的一个环节，但西米网却把它当成办公室零食的一个非常核心的维度，并要求两小时到货。在配送时间作为核心维度的推动下，仓储和自建物流就成了必需。但仓储和自建物流带来的成本压力却不是创业公司所能承受的。这导致了一系列的恶果。

作为西米网的后来者，三只松鼠相较于西米网有两大重要改进：第一，通过自建品牌，规避了西米网作为渠道很难差异化的困境，并通过品牌故事让用户形成情感依托；第二，在用户群体和用户使用场景上在强调"期待""话题"和"欢乐"等综合体验，但并不强调配送速度，更不强调价格。但同时又通过69元免费包邮和单品10元的巨大价格落差，来引导人们达到多人购买并分享的目的，聪明地实现了对西米网模式的升级。

资料来源：王采臣. 小败局：休闲食品独立电商"接地气"而死！http://www.kejilie.com/iheima/article/86935B0403A018F5C2BA79F561F3E66D.html.

【思考与成长】

1. 商业模式包括哪些要素？各要素分别有何作用？它们相互间如何关联？
2. 用商业画布来描述小米、阿里巴巴或者其他你熟悉公司的产品（项目）。
3. 简述资源整合的关键点是什么。

第六章
创业融资及注册企业

【导入案例】宸镜科技再获新融资，"元宇宙"概念要火？

拥有国内堪称最强"明星光环"的 AR 创业公司宸镜科技，刚刚完成成立两年来的第三轮融资，总额数千万美元，由 OPPO、斯道资本（Eight Roads）、广汽资本联合领投。此外上汽加州风险投资基金、越秀产业基金、复星资本、欣旺达集团等跟投，另外老股东火山石资本也在本轮跟进。宸镜科技官方宣称，本轮融资将主要用于研发、人才招募及设备采购。

投资人为什么愿意将钱投给一个仅成立两年的公司？投资人看好的是一个新颖的概念——元宇宙。在宸镜科技名气颇大的技术天才、人工智能（artificial intelligence，AI）牛人的创业班底的口中，元宇宙代表着未来的空间智能。空间智能（spatial intelligence）技术可通过空间计算能力和 AI 算力，将空间、场景、数据和用户连接起来，结合时间维度，拓宽用户的感知边界。

宸境科技的核心目标是构建出一个底层空间架构，最终实现只用手机和增强现实（augmented reality，AR）眼镜就可以做出人机交互应用，简单来说就是电影《头号玩家》的现实版。

现在，世界顶级科技巨头都已经嗅到这一技术领域未来的无限商机。

资料来源：贾浩楠. 姚班系创业公司宸镜科技再获新融资，"元宇宙"概念公司要火？（有改动）. http://www.kejilie.com/iheima/article/86935B0403A018F5C2BA79F561F3E66D.html.

在作出创业融资的相关决策前，创业者应当先做好融资成本与效益的分析，然后通过合适的融资渠道，选择与企业成长阶段相匹配的融资方式。在融资过程中，还要注意尽可能确保公司的控制权不要旁落。若是创建一个传统企业，选址永远是重中之重。精选经营地址后，确定好公司名称，把相关证照办齐，一个属于你的公司就此诞生了。从此，你就是拥有合格法人身份的一名创业者了。

第一节　创业融资

一、企业为什么要融资

融资是企业根据对自身的生产经营、资金量、未来经营发展等情况的考量，通过科学的预测和决策，采用一定的方式，从特定的渠道向公司的投资者和债权人筹集资金，以保证公司正常经营与发展的需要。由于引入投资人可以改善公司的财务状况，优化股东结构、加强董事会决策科学化以及倒逼公司按照现代企业制度去经营，可以提升公司的整体竞争力；而且原则上企业的资源都是稀缺的，引入资本能够让企业发展得更快。在"飞机大炮"已遍地的现代商业战场上，资金如果过少，靠"小米加步枪"去与各路商界精英打仗，打胜亦是偶然。

创业者需要清楚在创业不同阶段融资的原因、规模和进行融资所需要具备的基本条件。通常企业筹集资金有三大目的：扩张、还债以及保证资金链安全。

二、创业融资的原则◆

融资成功与否除了取决于创业企业自身的条件外，还取决于创始人是否遵循了一定的行为准则。

（一）创始人要先自己出资，再去引风险投资

一般情况下，风险投资的投资期限在七年以内，大多是股权投资，通常会占被投企业30%左右的股权，不需要被投企业提供很多担保和抵押。可能是空手套白狼的创业故事听太多了，有些创业者的融资动机非常不厚道，竟然希望自己少投钱甚至不投钱，忽悠风险投资来多投钱。但现实中这几乎是不可能的。对于一个初创（新）项目，如果创业者自己都不投一分钱，那么就很少会有其他投资者或者合伙人愿意投资进入。此外，如果创业者自己都没有想清楚怎么花这笔钱，那么在见多识广、眼光独到的风险投资人那里也是融不到资的。风险投资人未必知道什么公司会成功，但大都知道什么公司肯定不会成功。所以当你的商业模式有硬伤的时候，绝大多数风险投资会拒绝投资。

（二）正确认识风险投资，要自主可控

很多投资人会告诉你除了给钱还会带给你很多资源，这可以期待，但是不要期望太高。风险投资介绍的资源能否解决实质问题，还要看其是否符合市场规律及是否有机缘。在很多时候，创业者与风险投资人的利益出发点是不一样的。创始人大多把企业当自己孩子养，想把它养大成才；而投资人大多是把企业当猪养，想快点养大养肥，尽快

杀掉卖钱。可能投资人是你的全部，但你只是投资人的几十分之一。投资人基本不可能陪你走一辈子，因为资本投进来的目的就是在不久的将来以更高价格退出。它退出的时候，你还必须给予他足够多的回报。

创业者虽然在努力寻找投资，但是始终要明确公司必须由自己掌控。OFO 小黄车的失败原因之一，就是各路投资人的利益诉求不一致，斗来斗去，最后受伤的还是公司。当与投资人进行谈判时，若对方提出的要求超过了自己底线且对方又不让步，那创始人就要理性权衡，考虑放弃会谈，寻找下一位可能的投资人。比如，与风险投资签回购条款时要慎重，尤其是有的风险投资人会要求如果公司在几年内没有实现上市，创始人就要按一定的价格回购他们所持有的股权。大多数情况下，这个条款一旦实施，往往将是灾难性的，其实这就是常说的对赌协议。还比如，有的风险投资会与企业约定一个对赌期限，在期限内如果企业超常发展，风险投资的股权比例保持不变，但若没有完成增长目标，创业者则必须出让更多股权给风险投资。这些玩法风险其实都很高，创业者一定要慎重。因此，当没有触及底线甚至稍微触及底线但投资方在某一方面提供了十分务实且诱人的支持时，创业者需要理性分析，努力争取融资利益最大化。

（三）融资成本要低，应尽早融资

不同融资方式下的资金成本不同。创业者需要对各种融资方式进行分析、对比，选择经济可行的融资方式。与融资方式相联系的问题是资金结构问题，企业应确定合理的资金结构，从而降低融资的成本及风险。不同来源的资金对企业的收益和成本的影响不同，因此，创始人应当认真研究融资渠道和资金市场，合理选择资金来源。此外，要降低融资成本，还要合理确定融资规模，既要避免融资不足影响生产经营的正常进行，又要防止融资过多导致资金闲置，进而导致财务费用过高或其他压力增加。另外，融到资后也要节约使用每一分钱。

融资时，尽量时间早点、价格低点、规模小点。虽然大多数创始人总是认为自己的企业很值钱，但是资本来投资你就是为了盈利的。价格能低点、规模能小点就意味着投资人投资你所要承担的风险能低一点，加上早点展开沟通，融资成功的机会自然会大些。而且创业者一定要在企业形势最好的时候去融资，这样才能在付出最少股权的情况下融到更多的优质资金。

三、 创业融资的渠道 ◆

创业者可以通过以下途径结合企业自身条件进行融资。

（一）亲戚朋友的借款

新创立的企业所需的资金具有高度不确定性且需求量较小，但在目前的市场环境下，规模小且没有抵押物的初创企业想从银行申请贷款几乎是不可能的事。因此在这个阶段，家人和朋友的借款是最常见的资金来源，密切的关系更容易带来信任感。

当然，创业者也应当全面考虑投资的正、负面影响及其风险，以私事公办的态度同等对待家人或朋友的借款与其他投资者的资金。任何借款都要明确利率以及本息的偿还计划，对所有融资的细节都需要达成协议，如资金的用途、金额、还款期限、企业破产后的债务处理措施等，并最终形成一份正规的书面协议，涉及各方都需要签字确认。

创业者还要注意，每一份家人或朋友的借款都应建立在自愿的基础上。接受资金之前，创业者应认真考虑公司破产后可能要面对偿债的艰难局面。

(二) 商业银行贷款

商业银行贷款被誉为创业融资的"蓄水池"。由于商业银行财力雄厚，而且大多具有政府背景，在创业者中很有"群众基础"。商业银行贷款一般要求提供担保、房屋抵押或者收入证明，个人征信良好才可以申请。目前来看，商业银行贷款有以下四种形式。

1. 担保贷款

担保贷款是指以担保人的信用为担保而发放的贷款。随着国内中小企业信用担保体系的建立和完善，目前各地均有专业化的信用担保机构。如果创业者缺乏合格的抵押物品，就可以向担保公司申请担保贷款。

2. 抵押贷款

抵押贷款是指按照《中华人民共和国民法典》规定的抵押方式，以借款人或第三人财产作为抵押物发放的贷款。办理抵押贷款时，应由商业银行出具保管抵押物的有关产权证明，贷款金额一般不超过抵押物评估价值的70%。抵押不转移对抵押物的占管形态，仍由抵押人对抵押物进行保管或使用，如最常见的住房抵押贷款就是如此。

3. 质押贷款

质押贷款是指以借款人或第三人的动产或权利作为质押物发放的贷款。创业者可用自己甚至亲朋好友（需其本人的书面同意）未到期的存单、国债、国库券及人寿保险单等作为质押物，从银行获取有价证券面值80%～90%的贷款。与抵押贷款相比，质押物将移交银行占有。

4. 信用贷款

信用贷款是指银行仅凭对借款人资信的信任而发放的贷款。借款人无须向银行提供抵押物或担保。相对于抵押贷款而言，信用贷款更加便捷和人性化，没有抵押，手续便捷，借款的门槛也比较低，只要有稳定的收入且缴费、还贷记录良好，就能获得贷款。

(三) 政府资助和补贴

为了鼓励自谋职业和自主创业，各级政府相继出台了许多优惠政策，如下岗再就业小额扶持贷款、科技型中小企业创新基金等，涉及融资、开业、创业指导、创业培训等诸多方面。

但这个渠道有一些政策条件限制，而且支持的资金量较小，通常人力资源和社会保障部门的扶持资金为3万～5万元，如果想要提高额度，可能需要创业者提供额外的担保。人力资源和社会保障部门除了提供直接的资金补助外，通常还有房租、税收、社保减免等支持。在创业公司的成长过程中，各地政府部门还有其他的资金可以申请，比如各级科委有科技创新基金，金额为10万～70万元；不少地区的教委也有大学生创业补贴，各级政府的团委、经信委、发展改革委、环保局等也都有不同的项目资金给予企业扶持。此外，各级政府可能还有专项的创业引导投资资金，也是创业公司可以积极争取的。

（四）风险投资

风险投资是融资非常重要的来源渠道之一，主要是指向初创企业提供资金支持并取得该公司股份的一种融资方式。风险投资是私人股权投资的一种形式。虽然现在的法规已大幅放宽资金用途限制，但是风险投资公司的资金大多用于投资新创事业或是未上市企业，并不以控制所投公司为目的，仅提供资金及专业上的知识与经验，以协助被投资公司获取更大的利润为目标。风险投资是追求企业长期利润的高风险、高回报的事业。对风险投资公司来说，由于信息不对称、结果不确定，所以投资风险是非常高的，大多数风险投资的项目最终都失败了。但企业一旦上市，就能覆盖风险投资付出的大部分成本。除了通过股票上市兑现，风险投资人有时也会通过收购兼并或其他股权转让方式来撤出资本，实现资本增值。

创业者见到的投资人一般都是基金管理人，他们的薪酬来源于基金管理费，而薪酬中的奖金与分红来源于投资收益的分成。在风险投资基金中，只有风险投资合伙人才能发挥决定性作用，只有决策委员会才能作最终决策。有时风险投资囿于人手，也会派一些基金管理人（项目经理）来谈，但这些人大多是没有最终决策权的。

本质上所有的融资都是借款，只是成本高低不同而已。既然是借款，肯定有抵押物和回报要求（除了家人、少数朋友外），创业公司必须事先想好选择何种借款、能提供什么抵押物和支付多少回报给借款人。

第二节　创建企业的准备

【小案例】大学生回乡卖羊粪，"粪先生"带来百万商机

在正阳县乐天生物科技有限公司内，一辆装载15吨羊粪的汽车整装待发。司机探出头说，这一车羊粪准备发往上蔡县三禾葡萄园。问他为什么跑这么远来正阳拉羊粪，该司机说："这个地方的有机肥比较纯，施肥效果好，路程远一点也划算。"

郭俊，正阳县兰青乡周孟村人。2006年，他以高考604分的优异成绩考上郑州大学生物工程系。4年后，大学毕业的他本可以留在一个不错的科研单位工作，但是他却作出了一个让大多数人吃惊的选择：到上蔡县芦岗乡文楼村和别人一起种植食用菌。没想到经历了6年的食用菌创业后，喜欢思考着做事的郭俊又发现了羊粪里的商机，就改行做起了有机肥。

2016年4月，他和朋友刘凯华等人成立了正阳县天乐生物科技有限公司，运用现代生物科学技术、采用优质菌种将正阳天润农业湖羊养殖基地的羊粪发酵加工成有机肥。

他们的注册商标就是"粪先生"。郭俊说，这个粪有两层意思，一个是把羊粪生意做好；另一个是发奋的意思，就是要把以羊粪为资源的有机肥事业做大做强，努力奋斗。

来公司的客户、网上的客户都在增加，生意火爆。刘凯华笑着说，他们的"粪先生"忙得很。郭俊透露，公司的羊粪销售相当火爆，每天来要货的人络绎不绝，一年的羊粪销售收入有 100 多万元，全国各地的客户都有。

郭俊满怀信心地表示，他将把"粪先生"有机肥做大做强，在有机肥行业领跑全国。

资料来源：高万宝. 正阳 80 后小伙甘当粪先生，从羊粪里觅得商机（有改动）. https://mp.weixin.qq.com/s?__biz=MzAxODA0NjQ0Mg==&mid=2650454082&idx=5&sn=1df100cdafda8343cff7f08662dfb4ef&chksm=83d254c7b4a5ddd1dca7ebdbcf6e884bbc0c5e8a297580c41aac77d8f5c75da175797d49d12d&scene=27.

一、企业名称

企业名称是企业的标志，是企业的第一广告，是消费者了解企业的第一途径，也是消费者对于企业的第一记忆。好的企业名称是企业品牌的代表，是企业的第一位宣传者，也是第一个吸引消费者眼球的亮点。

企业名称的设计应以构成简洁、语音明快、内涵丰富为基本原则。设计名称的注意事项有：要合理合法，要符合企业理念，要具有唯一性，要有鲜明的个性，要好听、好看、好读，要易记、易写、易传。如奔驰、可口可乐、同仁堂、京东、拼多多等，响亮又具有节奏感，极具传播力；宝洁，好写好记，听着就像是洗漱用品；香飘飘，一听名字就好像闻到一股香味；三只松鼠，形象生动；思念水饺、格力空调、南极人保暖衣等，都是非常成功的企业名称案例。

2021 年 3 月 1 日起施行的《企业名称登记管理规定》就企业起名需要注意的事项进行了详细规定，创业者在给公司起名时可查阅。

二、企业选址 ◆

选址决策正确与否，极大地影响着企业经营的成败。因此，对于初创企业来说，企业的选址非常重要。尤其是服务行业，选址正确，就成功了一大半。影响企业选址的因素有很多，包括产业特性、成本、技术、政策等。企业选址时需要权衡各方面的因素，要有所侧重，最后作出选址决策。

（一）企业选址需考虑的因素

1. 选择距离产品原材料供应商较近的地方

因为这样能节省运输费用，降低成本开支。如金属加工制造业。

2. 选择行业集中、交通方便、消费者聚集的地方

这种能吸引消费者大规模集中的场地，便于企业对产品做集中销售和促销活动。如大的都市商圈、专业批发零售一条街。

3. 选择能源充足的地区

如果是水、电、气、煤使用量很大的企业，选址在能源丰富的地区，能源的价格就

会相对低一些。如矿山采选、火力发电等。

4. 选择劳动资源丰富的地区

劳动力是企业必需的生产资料，如果没有低成本的劳动力，企业成本就会大幅上升，甚至出现招不到工的情况。劳动力成本是制造业巨头们首先要考虑的因素。如服装、纺织、低端代工等。

5. 选择有各种优惠政策的省区、园区

相关内容一般都在当地的政府网站上公布，创业者可以及时关注。这些地区为了引入资金支持当地经济发展，培育地方税源，给予了入驻企业相当有力度的退税和减税政策。企业在这种地方经营，税负能减轻不少。如西藏林芝、海南自由贸易港、深圳前海、新疆等地。

（二）企业选址需现场观测

仔细权衡上述这些因素，决定哪些因素是与选址紧密相关的，然后在决策上分清主次，抓住关键因素。因为有时候列出的影响因素太多，在具体决策时反而主次不分，作不出最佳决策。例如，对于制造业和服务业的企业来说，要考虑的影响因素可能有很大不同。例如，制造业企业在进行选址时，要更多地考虑运输、能源和劳动力因素；而对于服务业来说，要多考虑消费市场集中程度高的地方。具体来说，开设一个洗衣店需要考虑店铺周围的人群密度、收入水平、交通条件等。而对于一个仓储或配送中心来说，运输费用固然是重要因素，但能快速投送物资可能更重要。

这里必须强调一下，选址必须要自己实地观察一段时间，尤其是传统的消费行业，一定要注意客流量和客流方向。客流方向很重要，消费者一般是盲目跟随着人群的主要流动方向来逛街的。很多时候，目测只相距几十米的两个店铺，生意却大相径庭，其中的奥秘就在于是否顺应了人群的主要流动方向。所以切忌想当然地跟风选址。必要时，真的需要去备选地址认真仔细观察一整天。

（三）企业选址的一般步骤

第一步：明确选址目标。根据公司的资金实力、行业特点、发展方向等来确定适宜的选址目标。

第二步：收集并研究有关信息。收集、汇总和整理各种信息，研究分析各种可能影响选址的因素，对这些因素进行主次排列，选择多个目标地区进行现场实地考察，拟定多个候选地区不同的经营方案。

第三步：对候选地区的经营方案进行分析评价。从企业的资金状况、社会效益和长期经济收益出发，采取科学的定性和定量分析方法，对候选地区的经营方案进行综合评价，从而选出最佳方案。

成功的企业通常有自己的选址特色、原则和诀窍，如海底捞、瑞幸咖啡、喜茶等。总之，全面了解候选地址的信息，科学分析并实地考察，是选址成功的关键因素。

三、 企业法人组织形式的选择◆

在市场经济条件下，企业必须依法建立。当创建新企业时，创业者都将面临企业法人组织形式的选择问题。选择一个什么样的企业法人组织形式，这是创业者需要认真考虑的重要问题。创业者首先要了解企业各种法人组织形式的基本特点，再根据自己的实际情况权衡利弊，选择适合自己的组织形式。

　　一般来说，初创公司最初都是以小微企业的形象进入市场的。目前，最常见的小微企业的法人形式有：个体工商户、个人独资企业、合伙企业、有限责任公司。以下着重介绍这四种法人组织形式，见表6-1所示。

表6-1　常见的中小企业法人组织形式对比

法人组织形式	优势	劣势	较适用的创业领域
个体工商户	企业设立手续非常简便，费用低，对注册资本没有要求；所有者拥有企业控制权；可以迅速对市场变化作出反应；税额由税务局根据经营地点、经营面积及经营规模等进行核定征收，以前无论是否盈利均需上缴定额税，目前大多数在实际操作中已免税；在技术和经营秘诀方面易于保密	创业者需承担无限责任；企业成功完全依赖创业者个人能力；筹资困难；企业随着创业者退出而消亡，寿命有限；创业者所投资产的流动性低，企业的产权转让困难	小饭馆、小商店等对资金和资源需求不大的传统服务行业
个人独资企业	企业资产所有权、控制权、经营权、收益权高度统一；企业业主自负盈亏并对企业债务负无限责任成为刚性的约束；外部法律法规等对企业的经营管理、决策、进入与退出、设立与破产的制约较少	创业者需要承担无限责任；难以筹集大量资金，独资企业限制了企业扩张和大规模经营；投资者风险大、企业连续性差；企业内部的基本关系是雇佣劳动关系，劳资双方利益目标的差异导致很难形成有战斗力的企业文化	手工业、农业、林业、渔业、服务业和家庭作坊等传统行业
合伙企业	创办比较简单、费用低；经营上比较灵活；企业拥有更多的技术和资源；资金来源较广，信用度较高	合伙创业人承担无限责任；企业绩效依赖合伙人的能力，企业规模受限；企业往往因关键合伙人死亡或退出而解散；合伙人的投资流动性低，产权转让困难	会计师事务所、律师事务所和咨询公司等依靠人力智慧创造企业价值的公司
有限责任公司	创业股东只承担有限责任，风险小；公司具有独立寿命，易于存续；可吸纳多个投资人，有利于资本集中；多元化的产权结构有利于科学决策	创立的程序较复杂；税收负担相对较重；不能公开发行股票，筹资的规模受限；产权不能充分流动，资本运作受限	中小型非股份制公司、大部分企业都适用

（一）个体工商户

1. 注册条件

　　从事个体工商业经营必须依法核准登记。个体工商户的登记机关是县级以上市场监督管理机关。个体工商户经核准登记取得营业执照后才可以开始经营。个体工商户转业、合并、变更登记事项或歇业，也应办理登记或注销手续。

2. 税收政策

个体工商户须缴纳个人所得税。除此之外，个体工商户和企业需要缴纳的税种基本上一致，即增值税、城建税、教育费附加税、印花税等。

对于增值税，个体工商户和企业一样，先根据相关法规条件判定属于一般纳税人还是小规模纳税人，再确定纳税方式。2019 年，国家给予小规模纳税人所有的普惠性增值税政策对个体工商户均适用。

在税务缴纳方式上，目前全国各地区基本开通了税务缴纳网站和相关 App，创业者可自行在网上查找，在网上申报缴税。

（二）个人独资企业

个人独资企业和个体工商户一样缴纳个人所得税，按照"个体工商户生产、经营所得"项目缴税。其中"经营所得"是指以每一纳税年度的收入总额减成本、费用以及损失后的余额，为应纳税所得额，适用 5%～35% 的超额累进税率。从税务筹划角度来看，创办个人独资企业不失为一个非常实用有效的节税方式。

（三）合伙企业

在前面，我们曾讲过合伙人制度的层级管理、股权激励制度设计以及合伙人之间持续的动态股权分配制度。在这里，我们从法律的层面分析合伙企业常见的两种组织形式，即普通合伙企业和有限合伙企业，其中普通合伙企业又包含特殊普通合伙企业。两者的区别具体见表 6-2。

表 6-2　普通合伙企业与有限合伙企业的区别

区别	普通合伙企业	有限合伙企业
组成人员	由普通合伙人（GP）组成，2 人以上具有完全民事行为能力的自然人	由普通合伙人和有限合伙人（LP）组成，2 个以上 50 个以下（至少应当有一个普通合伙人），法律另有规定的除外
合伙人的责任承担形式	全体合伙人对合伙企业债务承担无限连带责任	普通合伙人对合伙企业债务承担无限连带责任，有限合伙人以其认缴的出资额为限对合伙企业债务承担法律责任
出资方式	可以用货币、实物、知识产权、土地使用权或者其他财产权利出资，也可以用劳务出资	有限合伙人不得以劳务出资
合伙人的权利义务	对执行合伙事务享有同等权利	由普通合伙人执行合伙事务；有限合伙人不执行合伙事务，不得对外代表有限合伙企业
竞业禁止	不得自营或者伙同他人经营与本合伙企业相竞争的业务	有限合伙人可以自营或者同他人合作经营与本有限合伙企业相竞争的业务，但合伙协议另有约定的除外
转让财产份额	向合伙人以外的人转让其在合伙企业的财产份额，要经其他合伙人一致同意；但合伙协议另有约定的除外	可按合伙协议约定向合伙人以外的人转让其在有限合伙企业的财产份额，但应提前 30 日通知其他合伙人

表6-2（续）

区别	普通合伙企业	有限合伙企业
利润与亏损	合伙企业的利润分配、亏损分担按照合伙协议的约定办理，合伙协议不得约定将全部利润分配给部分合伙人或者由部分合伙人承担全部亏损	有限合伙企业不得将全部利润分配给部分合伙人，但是合伙协议另有约定的除外
新合伙人的债务承担	新合伙人对入伙前合伙企业的债务承担无限连带责任	新入伙的有限合伙人对入伙前有限合伙企业的债务，以其认缴出资额为限承担责任
相互转换	普通转为有限，对作为普通合伙人期间有限合伙企业发生的债务承担无限连带责任	有限转为普通，对作为有限合伙人期间有限合伙企业发生的债务承担无限连带责任

合伙企业的合伙人与个体工商户和个人独资企业一样，须缴纳个人所得税。合伙企业实现的所得，无论利润分配与否，均按照合伙比例计算各合伙人的应税所得，即法人合伙人缴纳企业所得税，而自然人合伙人根据所得性质分别适用"利息、股息、红利所得"和"个体工商户的生产、经营所得"缴纳相应的个人所得税。

（四）有限责任公司

1. 设立条件

在我国，有限责任公司成立的要求包含股东符合法定人数、有符合公司章程规定的全体股东认缴的出资额、股东共同制定公司章程、有公司名称，建立符合有限责任公司要求的组织机构、有公司固定住所等，具体见表6-3。

表6-3　有限责任公司的设立条件

股东人数	由两个以上、五十个以下股东出资设立
注册资本	有限责任公司的注册资本为在公司登记机关登记的全体股东认缴的出资额
公司章程	有限责任公司章程应当载明下列事项：公司名称和住所；公司经营范围；公司注册资本；股东的姓名或者名称；股东的出资方式、出资额和出资时间；公司的机构及其产生办法、职权、议事规则；公司法定代表人；股东会会议认为需要规定的其他事项。股东应当在公司章程上签名、盖章
股东未足额出资的责任	股东不按照规定缴纳出资的，除应当向公司足额缴纳外，还应当向已按期足额缴纳出资的股东承担违约责任
股东查阅权利范围	股东有权查阅、复制公司章程、股东会会议记录、董事会会议决议、监事会会议决议和财务会计报告，股东可以要求查阅公司会计账簿
分红	股东按照实缴的出资比例分取红利；公司新增资本时，股东有权优先按照实缴的出资比例认缴出资。但是，全体股东约定不按照出资比例分取红利或者不按照出资比例优先认缴出资的除外

2. 特殊形式

一人有限责任公司是有限责任公司的一种特殊形式，指只有一个自然人股东或者一个法人股东的有限责任公司。一个自然人只能投资设立一个一人有限责任公司，该一人有限责任公司再不能投资设立新的一人有限责任公司；但同一法人设立一人有限公司的数量就不限定了。一人有限责任公司应当在公司登记中注明"自然人独资"或者"法人独资"，并在公司营业执照中载明。

虽然一人有限公司的股东只有一个，但是依据《中华人民共和国公司法》注册了公司，这个股东就要按注册资本的金额认缴资金，同时不得将公司财产和股东自己私人财产混同，以出资额对公司承担有限责任；此外，一人有限责任公司的股东不能证明公司财产独立于股东自己财产的，应当对公司债务承担连带责任。从承担的责任来看，一人有限公司与个体工商户有本质的区别，个体工商户对债务要负无限责任。

第三节　注册企业的流程

【小案例】想创业，先注册

想要加入创业大军去闯荡？别忙，第一件事当然是要开一家属于你的公司。但公司怎么开，社保怎么交，如何管理公司税费，这些都是创业者会面临的问题。

据统计，2020年，中国全年新注册登记企业增长10.3%，平均每天设1.84万户，意思就是每天都有1.84万人在注册公司，开启创业之路。

创业这事儿，说难也不太难，但凭借着手里的有限资源，筹备和初创的时候什么事都得自己亲力亲为，针对注册公司这一块，许多事情都得先考虑清楚。

当前各地基本开通了一站式办公服务，创业者登记注册企业只需前往当地的行政服务大厅，即可完成领取营业执照、刻制公章、进行税务登记等一系列事项。企业登记注册一般包括前期准备、登记注册和后续事宜三个基本流程。

资料来源：编者根据网络资料综合整理。

一、前期准备

（一）核准企业名称

我国实行企业名称预先核准制度。企业名称预先核准制度是指企业申请设立登记前，须将拟定的企业名称预先提请当地市场监督管理局核准。

企业申请登记注册首先要到市场监督管理局去领取一张企业名称预先核准申请表，填写企业名称，由市场监督管理局工作人员在市场监督管理局内部网上检索是否有重名，如果没有重名，经核准后就可以使用这个名称，5个工作日内就会核发一张企业名称预先核准通知书。

（二）撰写公司章程

公司章程是公司必备的规定公司组织及活动基本规则的书面文件。有限责任公司章程由股东共同制定，经全体股东一致同意，由全体股东在公司章程上签名盖章。修改公司章程，必须经三分之二以上有表决权的股东通过。《中华人民共和国公司法》（以下简称《公司法》）赋予了投资者较大的自由度，在许多方面允许投资者通过公司章程自由进行约定，所以创始人可以根据公司实际情况制定一份完备的公司章程。

　　创始股东要善于利用公司章程来确定自己的控制权。对于公司章程，尽量不要简单套用市场监督管理局提供的模板，公司章程是股东间合作的最高行为准则，在公司内部具有最高法律地位。

　　公司章程的记载事项分为必须记载事项和次要记载事项。依据《公司法》规定，有限责任公司的章程必须载明下列事项：公司名称和住所；公司经营范围；公司注册资本；股东的姓名或名称；股东的权利和义务；股东的出资方式和出资额、股东转让出资的条件（注意：前面述及的股东之间的动态股权分配，在股权进行最新的变更后，需要在这里做个最新变更说明）；公司的机构及其产生办法、职权、议事规则；公司的法定代表人；公司的解散事由与清算办法；股东会认为需要记载的其他事项。《公司法》没有规定次要记载事项。

　　公司章程一般需要准备多份，市场监督管理局、银行、会计师事务所等各需 1 份。

（三）验资

　　新办企业在向市场监督管理部门申请营业执照时，市场监督管理部门要求企业出具验资报告，证明此新企业有足够资金。验资时一般都是将资金存入企业在银行临时开设的户头里，再由有资质的会计师事务所派人查验，查验无误后，会计师事务所人员会出具一份验资报告。

　　验资有三项事宜：一是到会计师事务所领取银行询证函。二是在银行开立企业验资账户。持公司章程、企业名称预先核准通知书、法定代表人和股东私章及身份证、银行询证函，到银行开立公司验资账户，并将所有股东入股资金划入验资账户。银行会给每个股东发股东缴款单，并在银行询证函上加盖银行公章。企业验资账户的资金只是货币出资这部分，如果有以实物、房产等形式出资的，还需要到法定评估机构评估其价值后再以其评估价值出资。三是办理验资报告。持银行出具的股东缴款单、银行询证函以及公司章程、企业名称预先核准通知书、租房合同、房产证复印件到会计师事务所，由会计师事务所出具验资报告。

二、登记注册

　　完成以上准备工作后，企业就可到当地的行政服务大厅办理登记注册。一般 5 个工作日可领取营业执照。拿到营业执照后，凭营业执照在对应窗口刻制公章。

三、后续事宜

（一）办理企业组织机构代码证

　　有了营业执照，几乎能同步拥有市场监督管理局办理的组织机构代码证，后续办理银行基本账户开户和办理税务登记证时，都需要出示组织机构代码证。

（二）办理税务登记证

　　企业领取营业执照后，在 30 日内到当地税务局办理税务登记，领取税务登记证。申请办理税务登记证时，要提交会计人员的从业资格证和身份证。

（三）申请领购发票

　　发票种类有增值税专用发票、普通发票、专用发票。纳税人划分为一般纳税人和小规模纳税人。按法律规定和企业实际情况，到税务机关办理领购发票事宜。

（四）开设企业银行基本账户

持营业执照、组织机构代码证、税务登记证等资料到银行开立企业基本账户。基本账户的账号可沿用验资账户的账号。

上述后续事宜，在绝大多数地区由政府组建的行政服务中心可一站式办理，采取"一表申请、一窗受理、并联审批、一份证照"的流程，绝大多数地区已实现了营业执照、税务登记证、组织机构代码证"三证合一"。

企业在完成上述步骤后，才能为入职员工办理社会养老保险，即常说的五险一金，社会保险费用由税务局统一征收。

【创业提示】租房与工商登记

如果打算租下一个店面去开始创业，一些细节必须注意，否则会遭遇严重的意外损失。①尽量别去租老城区的铺面，因为老城区被重新规划的可能性很大，经常会面临旧房改造（甚至直接拆迁）、道路扩建（有施工隔离板把沿街铺面与马路隔离开，动辄一年半载，根本无法正常营业），一旦拆迁、扩建开始，在极端情况下，可能你都还没有开始营业，立刻就亏得颗粒无收。②签租房合同，一定要与房东签，不能与"二房东"（即转租人）签。"二房东"没有所有权，他根本不具有出租资格。签合同时，一定要看清房东涨房租的时间频率与幅度，并提前与其谈判协商好（如果要求降房租，要作好反复拉锯甚至不欢而散的心理准备）。另外，房东一般会要求你半年交一次房租，你需要多考虑自己的现金流是否能支撑下来，并与房东多协商，不要让房租过多侵占你宝贵的流动资金。③租房后，对原店主转让给你的已有的设备、经营模式、生产资料别轻易全部抛弃或贱卖。许多创业者都有一种心理：我终于做老板了，这个店面一定要按我的审美风格来装修，设备必须全部换新，一切都要重新开始，于是付出巨额的装修和设备费用，结果很多生意只维持了两三个月就关门大吉了，此时甚至连装修时刷的精美墙漆都还没有干透。所以，在企业初创期，要坚持有旧用旧，能租不买，装修一切从简，待确实生意变好，自己也的确能坚持下去了，再择时淘汰旧设备、进行新装修都来得及。

企业在进行注册登记时，创业者应尽量用自己的身份证去注册成法人。有些人创业，因自身身份、工作性质等特殊原因，不方便使用自己身份证去市场监督管理局进行工商注册，于是就用朋友或合伙人的身份证去注册。这种方式未必妥当，易留有后患。若必须用其他人的身份证注册，就尽量用自己父母或直系亲属的证件。因为未来公司若涉及注销、改名、增资，甚至是换个微信公众号，都会要求你用与营业执照完全一致的自然人身份证。而你朋友或者合伙人如果已经与你结束合作离开了公司（绝大多数情况，都是因为在合作过程中产生了矛盾不欢而散的，你又怎么好意思再去找他，要求他回来完成上述一些烦琐的注销、改名等活动，而且可能还不是一次两次），当你要求曾经的朋友或合伙人甚至积怨很深的朋友从远方回来持他的证件完成上述活动时，你就会感到十分被动与难堪。

【实践案例】还没有一个生意这么快地被证明不适合人类经营

团购 2010 年进入中国，用一年时间迅速繁殖，用不到一年时间加速死亡。团购网站数量从最高时超过 6 000 家降至 2012 年不到 900 家。

动辄上亿美元的融资让这一行业的众多进入者忘记了做企业需要核算成本。他们把一个智力游戏简化成了体力劳动，创业过程从超常规模的融资、招聘、广告毫无过渡地走向再融资失败、裁员、倒闭。

在集聚了人类杰出智慧的互联网上，他们表现得像一群腰裹兽皮的史前狩猎者。

经历过死里逃生的团宝网创始人、CEO 任春雷不会同意对他所在行业的这种描述。那么，我们就陈述部分事实。2012 年春节，团宝网走到了上述最后一个环节，钱已花光，濒临倒闭。

团宝网的最大股东已经决定放弃。讨薪的员工和要债的商家营造的"热闹气氛"让团宝网总部的春节在假期结束后继续。任春雷在传言中"不知踪迹""转移资产"。而在任春雷的讲述中，这时候，他正在艰苦地寻找愿意"舍身饲虎"的投资人（对融资渠道半年前已经关闭的团购行业来说，这是普遍的看法）。他与每一个可能的救助者谈论责任和理想。为了续命，他倾尽积蓄，抵押房产。

一个月后，这个不屈不挠的创业者坐在他的办公室里对作者说：找到了。协议尚未最后签订，团宝网的员工从鼎盛时的 2 300 人减至不足 200 人，但至少，这家公司在最后关门之前，暂时停住了脚步。

所以，这首先是一个关于坚持的故事。一个创业者如果不愿意破产，他要克服哪些困难？它可能也关乎一个创业者对他的"坚持"所作的判断：如何才能保证责任和理想没有明珠投暗？

钱

2012 年 2 月 23 日，距离传出"任春雷跑路"消息一个月，团宝网北京总部办公区的一部分因为电路故障没有照明，墙上悬挂的写有引领者、开创者之类的牌匾显得黯淡。一个远道而来要账但还未拿到钱的商家显然已经没有了一个月前的惊慌，正在向接待他的团宝工作人员表达对团宝的信任。接待者拿出香烟："去年我们砸了那么多钱，能说跑就跑了？"一位 EMS 快递员来到前台递送来自法院的一份快件。一位女员工在前台反复大声要求物业的电工尽快恢复供电，而不顾（她可能并不认识）公司的公关总监和记者就坐在旁边。

任春雷解释堵车导致他迟到了半个多小时。20 天前，他就是在这间办公室兼会议室里，向近 200 位追讨欠薪和离职补偿者请求"再给我一点儿时间"。

2011 年下半年，在拉手网、高朋网等一线团购企业大幅度裁员后，团宝网曾经宣称的新一轮融资失败。

任春雷加入了撤站裁员的行列，但他的速度不够快。2012 年 1 月 20 日，团宝网的发薪日，员工们发现工资卡上的数字没有变化，在这个已经变得风声鹤唳的行业里，这是一个危险的信号。

任春雷的运气不好。2012 年的除夕比 2011 年提前了 11 天，是 1 月 22 日，春节对于中国人的重要意义加重了工资欠发引起的恐慌。1 月 24 日，大年初二，微博上传出"第一个跑路的中国排名前十的团购网站老板已经出现"。

任春雷对 1 月 20 日的来临早就有了恐惧。他的希望在于说服团宝网的原有股东们继续注资。"虽然可能性越来越小，"任春雷说，"但我总还是在希望，最后一刻他们能醒悟。我不愿意放弃，因为这里面有我们的心血，有我们两年的命在里面。股份制，意味着有收益大家一起分享，危难时大家一起搭把手。"股东们没有被说服。团宝网最大股东（投资超过 1 亿元）的代表（也是这一投资的牵线者）表示，他看不出三个月后"死"与现在"死"的区别，而现在"死"还能省下一笔钱。

直到 22 日，任春雷还在幻想："股东们打来了钱，说，对不起，我们来晚了。"随着春节联欢晚会的结束，任春雷彻底失望，"别人也失望了，这个事情就传开了"。

任春雷在三亚度过了春节。这是既定计划，春节在海南与亲友团聚。看起来，任春雷并没有人们想象的那么惊慌。事实上，任春雷否认在整个过程中曾经慌乱，因为"于事无补"。据他说，前往三亚的另一重要原因是，有一个潜在的投资人在那里，他是任春雷在中欧工商学院的一个同学。任春雷说，这位同学给了他"底气"。该同学表示，如果任春雷所有办法用尽，他会提供帮助，但只是借钱（似乎可以看出这位"同学"对团购行业的态度），不参股，不要利息。

任春雷继续寻找。1 月 26 日，大年初四，一大早，任春雷出现在某天使投资人北京的家中。很快，他已看出该天使投资人绝无投资意向。当任春雷向他叙述自己与最大股东的代表意见相左后，他指出，任春雷与最大股东犯了同一个错误，缺乏直接沟通。按照这位天使投资人的风格："投了这么多钱，还不每星期跟创业者洗个澡、每半个月捏个脚？"而投资需要通过"翻译"（指股东代表）交流，"翻译"的个人意见将左右投资人的判断。有在座者提出，为什么任春雷不选择前往老家河南面见其最大股东，该天使投资人代为回答："不可能了，亏到这种程度已经不信他（任春雷）了。"

1 月 29 日（初七）春节假期结束之前，任春雷接触了五六位投资人，还有两家是有可能并购团宝的"大公司"。任春雷对团宝网的资产价值深信不疑：首先是域名，因为团宝抢注了 Groupon.cn，以至于 Groupon 进入中国只能取名"高朋"，任春雷为这一域名估值 150 万美元。其次，是团宝的"几百万付费用户和几千万注册用户"。最后，是拥有团购经验的"我和我的团队"。

尽管一些知名投资人有不同看法（他们公开表示团宝"并购价值几乎没有"，因为替代它极容易），但这是任春雷的信心所在，毋庸置疑。任春雷记起 20 世纪 90 年代初在沈阳航空工业学院（现沈阳航空航天大学）读书时所写的笔记：危机就是转机，处理得当就可能变成良机。"这些话别人都说过，不过我自己领悟又不一样。"这些如今已被滥用的励志格言，对一个处于困境的创业者究竟能起多大作用，不得而知。

事实是，1 月 29 日早上 8 点 20 分，任春雷比往常提前了两个小时来到办公室。他有了"底气"和一部分解决办法。他甚至已经想好了自己的悲壮形象：他将是下一个史玉柱，破产后二次创业，偿还所有债务。

在之前一天的微博上，任春雷写道："危难是人性的试金石，我不会跑路！这不符合我的性格，1996 年我在自己的创业纲领里就说，不屈服，不妥协，不丧志，不言败，不诬陷。说我跑路？世界虽大，往哪里跑？生意有赚有赔，赔了再赚何需要跑？未到盖棺论定之时，别人舍得跑，我不舍得！马云说得对，男人的胸怀是被委屈撑大的，不恨，不放弃！"

任春雷对自己将要面对的混乱场面有足够的估计。他事先报了警，请所在地派出所前来维持秩序。200多位在职和被裁（占了多数）员工陆续赶来，任春雷的如约出现可能出乎他们的意料，但对于工资和离职补偿的渴望让他们很快就忽略了这个事实具有的意义。

任春雷和他的部下反复向这些员工宣讲：任总在坚持，要给他一点儿时间。如果非逼着今天解决所有的问题，把他的坚持逼成崩溃，那么公司只能申请破产。那时候，你们或许能拿到钱，但可能是在几个月甚至更长时间之后。而现在，他只要半个月。

任春雷保证说："不管发生什么事，我都站在你们这一方，因为我跟你们一样，也是拿工资的。公司不仅欠你们工资，我的也没有发，而且我一定是最后一个发。你们应该支持我，只有我才能保护你们的权益。你们反而挤兑唯一能保护你们的权益的人，不理智。"

可以想象用谈话使激动的人群"理智"下来的可能性。接近凌晨的时候，仍然无法脱身的任春雷拿出事先准备好的30万元现金，期望让"死活今天要拿到钱"的员工离开。"我得出去找钱，"任春雷对作者说，"在这儿解决不了问题。"

30万元，据任春雷说来自他自己的积蓄，当时公司账面上已经没有钱。本来准备了20万元，由于对人数估测有误，又临时追加了10万元。

"（每个人）500（元）也好，1 000（元）也好，是让大家看到我的态度。"任春雷希望这一举动能够换取人们的理解：你已经这么表示了，那么我们等一等也是可以的。"我高估了人们对问题的认识能力。"一些拿到钱的人离开了，那些本来并未打算"鱼死网破"的员工受到刺激，意志变得更加坚决。

次日早上6点，任春雷送走了最后几位员工。

有两个拿到部分离职补偿的原呼叫中心的姑娘对任春雷说："不好意思任总，今天我们俩是嚷得最凶的。"

全程跟随的派出所政委表达了对任春雷的赞赏："任总，我觉得你行。你处理问题的方法和步骤，行。"

"今天这么多人在闹，"任春雷回答这位以做思想工作为主要工作的政委说，"大家都认为这是很大的危机。我不把它当作一件坏事，我当它是一个锻炼和证明自己的机会。这种事过去我也没有经历过，所以是锻炼，同时我也证明自己是在面对，在坚持。"

两个小时后，任春雷发微博说："昨天一天，直面员工；今天深圳，四处筹钱，明天团宝，被迫开放？在路上，太累、太难、太苦！坚守中，不恨、不放弃！"

"核心问题很简单，"任春雷说，"网络的传言也好，骂声也好，都离不开一个东西，钱。把这个问题解决了，一切都解决了。讲道理没有用，有些人会理解，但多数人不理解。人家也没有义务去理解你。"

30万元解决不了"核心问题"，团宝网的"假期"不得不延长。支付所有的欠款，需要大约1 000万元。任春雷向股东们建议大家按同比例出资共渡难关，仍未得到多数人响应。

2月初，任春雷以自己在北京的房子做抵押，向在三亚给了他"底气"的那位同学借得数百万元。大多数股东对任春雷的行动表示沉默。任春雷掩饰不住地愤怒："你们都是富豪，我是穷光蛋（他们也曾经讽刺过任春雷是穷光蛋），这些年创业，除了拿工资，什么都没有。那么，一个穷光蛋都把房子抵了出来，你们还不拿吗？你们应该拿，不拿，我鄙视你。"

股东们已经失去了信心。在还债问题已经初步得到解决后，任春雷仍然接到最大股东代表的短信："是你要坚持啊。"任春雷说："他的意思是，我们都不坚持了。你要是不坚持，不就没这种煎熬了吗？"任春雷回短信表示了自己的不理解："留得青山在，不怕没柴烧。他当然有不继续投资的权利，因为他认为公司过三个月死跟现在死没区别。问题是，他怎么知道过三个月必死？"

任春雷清楚对方并非故意与自己作对。想必他也明白，同样的问题对方也可以问：你怎么知道过三个月必不死？

不要钱

从2012年2月7日起，任春雷抵押房产得到的钱与部分股东的出资，按照工资和消费者退款优先、离职补偿和商家稍后的原则，陆续用于清债。员工数量已不足200人（任春雷规定暂时不接受辞职）的团宝网复工。

任春雷并非莽夫，当他决定抵押房产时，他已经看到了再次融资有很大希望。

在谈论那个神秘的投资人之前，更准确地说是在这次采访一开始，任春雷不顾我们的问题，径直说起自己的失望。他对股东的失望我们已经写到了。"其他创业者在融资的时候不妨问投资人一句，"任春雷给我们总结说，"如果有一天出现了团宝今天这样的情况，你会怎么办？如果他也是说你自己想办法，你不选他也罢。"

让任春雷不能忘怀的还有员工的"背叛"。第一个发布"任春雷跑路"消息的人就是团宝网的员工。还有一位，"我比较看重，过去经常在大会小会上表扬他，这次却跳出来反对我，几乎是指着鼻子骂我，好像以骂我、让我名声扫地为乐趣"。

任春雷可能还未认识到，对于一个创业公司，无论投资人还是员工，最初都是为利益聚集到一起，"核心问题是钱"。对创始人及其理想的认同和忠诚，无法在两年中靠不计成本地花钱建立起来。

通过朋友介绍，任春雷见到了有意投资团宝网的人。他们在北京国贸附近吃饭，席间，这位据任春雷说比自己小两岁，在深圳、上海、北京皆有公司的做传统行业的企业家询问团宝需要多少钱。任春雷回答说几千万。之后，此人两次问起"几千万"可以占多少股份，任春雷"没有回答"，因为他需要与股东商量。

第二天，任春雷打电话告诉该企业家商量的结果，"这个时候肯定是最便宜的"。对方表示同意，提出在入股前与团宝网原有股东见个面，"如果彼此不能配合，股份再多也不会投"。

股东们对这位拯救者的兴趣似乎并不太大。任春雷说，他们在一些协议条款上斤斤计较，以至于任春雷难以理解：为了一点利益，宁肯让已经投了近2亿元的公司破产。那位最大股东的代表竟然直言不讳：破产就破产。尽管任春雷有时也会客观地看待投资人的止损行为，但更多时候，他认为他们的做法"无论从道义上还是从放弃的机会上讲都不对"。

任春雷为自己的"坚持"付出了代价：失眠，血压居高不下，在上海，因为血压过高，还打了一次急救电话。任春雷现在很担心自己会由于高血压而"血管爆裂"。

投资协议目前还没有签订。一个问题是，即使拿到了那个"几千万"，以团购行业的花钱风格，它能支持几个月？半年前，任春雷曾对媒体说，他可以容忍每月亏损"不超过 2 000 万元"。

任春雷的回答是，重新开业的团宝网已经不需要那么多钱了。

11 月 29 日早晨，在前往总部证明团宝网没有倒闭、任春雷没有消失之前的几个小时，任春雷突然"想通了"。春节期间，有人在网上给任春雷留言：你看看节后还有没有一个人再跟着你？任春雷答复说，我从来不奢望在这种状态下任何一个人还跟着我，但如果有人愿意，我也不拒绝。即使就剩下我一个人，我也会扛着。那天早晨，任春雷开始认真地想这个问题：如果今天真的一个人也没有了，我怎么办？

那意味着团购的项目将降为零。那么，如何在没有销售人员的情况下吸引商家参加团购？"我当时想，每个商家只收一块钱，但后来想一块钱都是门槛，是障碍。我实际上连收一块钱的资格都没有了。"

于是，销售和客服不需要了，商家会主动上门；财务结算人员不需要了，团宝网此类员工最高时多达"200 多人"，团购项目的网页编辑和设计人员不需要了，商家可以自己设计上传，也可以购买团宝网提供的设计师（他们可领到基本工资）的服务，而设计师的收入如果超过一定限度，团宝网将与他分成。

随之，商家服务态度不好会因为消费者现场付费而改善，消费者无须预付也就不再存在退款问题，商家不用再向网站追讨尾款，团购网站截留消费者的"潜规则"将彻底消失。"开放和分享是互联网的根本价值，"任春雷说，"团宝将是一个免费通过的桥梁，商家怎么会不欢迎呢？"

因为"不要钱"，团宝网将脱离"成本太高，毛利太低"的恶性竞争，成为"交易额最大的团购网站"。

尽管任春雷认为团购网站目前的商业模式"短期内看不到希望"，但如果有人指责团宝网曾经烧钱、管理混乱，他并不同意。"我不认为是混乱，但我认为存在一定的问题。没有一家企业包括世界 500 强的管理不存在问题。我也不觉得是烧钱，而是花钱。作为一家互联网企业，我们其实也没花多少钱，两三千万美元对一个互联网企业算多吗？而且比起我们的同行，我们做成这个规模才花了这么点儿钱。互联网就是这样，你只有花钱才有可能继续融资。"

无论如何，现在，团宝网将完全免费。"小规模的团购网站不敢这么做，因为它的影响力没我大。大规模的都奔着上市去，也不敢做。"

于是，"我们有望做成团购行业里的'淘宝'"。

看上去很美。但是，团宝网将成为一个公益网站吗？它靠什么赚钱呢？任春雷说，他已经有了具体的步骤。"如果有幸能成功，不是我多聪明，是被迫的。"

后记

2012 年 12 月，新团宝网正式上线，点击此前的团宝网域名 groupon.cn 将自动跳转到新域名 tuanbao.com。任春雷把新团宝网做成了平台模式，在这里用户可以自主发布团购信息和项目。但是新团宝网的发展并不顺利，用户数和团购量始终上不了规模。

几个月后，团宝网官网就已经无法打开了，任春雷的微博也于 2013 年 4 月后停止更新。

任春雷的生死一搏没有成功，团宝网，最终还是倒了。

从团宝网的失败可以看出，能否构建值得期待和信赖的盈利模式，并有计划、有步骤地证明给所有人看，是企业持续获得支持和融资的必要条件。团宝网的最大症结，就是根本说不清楚自己的盈利模式，那又如何能让投资人坚定信念从而持续投入？

资料来源：刘建强. 团宝网"跑路"CEO 任春雷：危难是人性的试金石. https://tech.sina.com.cn/i/2012-03-06/14386807330.shtml.

【思考与成长】

1. 简要说明创业融资需要注意的事项。

2. 假设你要在大学附近开一家甜品店，请根据你团队的真实情况策划出店名、融资渠道、组织形式、选址原因、企业愿景等。

第七章
管理公司

【导入案例】向顺丰学服务管理

顺丰的服务和速度是快递行业的标杆，已经占领了消费者的心智。那么顺丰是如何做到的呢？顺丰对外公开承诺，上门服务时效外抵达退运费，就是这么简单的承诺，却倒逼整个管理系统投入非常大的成本。

要时效快，首先从收件开始，到快件中转，再到派件，每个环节像接力赛一样，都要做到高效才行。因此，每个环节的管理就需要制定复杂的标准，比如收件不能跨班次，交接发车不能晚点，中转不能延误，到车分拣有离场时间，派件端要求快速派送，要及时更新路况信息……这些标准都变成一个个指标，考核各个环节的一线人员和管理人员。

光做到速度快，就需要做到这么复杂的管理。要做到服务好，更是难上加难。服务就是满足客户需求，那么客户需求是什么呢？就是要感觉舒服。这就不好衡量了。快递小哥响应及时、形象良好、言语亲和、提供惊喜等。针对这些要求，小哥就要做到非常复杂的服务规范的要求，同时要具备灵活性和创造性，这对管理人员来说是一个非常大的挑战。

制造业管理比较简单，设计好流程和制度，人只需要按照设定好的流程去工作就可以，流程可以管人。但在服务业，制度制定了一系列指标和标准，但员工是否能做得到、做到什么程度，也是一个非常难以衡量的事情。顺丰利用自己的科技优势，投入大量成本，设计客户闭环反馈系统，比如快问快答系统、收派件评价系统、客服中心等，收集到的客户声音形成数据，呈现到管理人员的可视化工具里，帮助管理人员对快递小哥进行个性化的改善和帮扶。

服务管理通常有两种方式：一种方式是设计奖励系统，用利益激发员工的动力，就像外卖骑手和网约车司机，平台的激励机制就像一个游戏，引导他们做出标准的动作。不过，这样的服务，有点偏离服务的逻辑，它是把人当成工具。你想想，一个网约车司机为了得到好评，可以和你一路聊天，是不是感觉很别扭，因为总会缺点真实感。另一种方式，就是海底捞那种模式，给员工希望，给足员工安全感，给足钱，让员工忘记钱的存在，员工可以创造性地给客户服务。

顺丰的管理既有外卖骑手式的激励，也在人文关怀上做了更多的努力。向顺丰学习服务管理，你会发现管理是一件很复杂的事，但如果要用一句话总结的话，那就是：管理要落在人的身上，有标准，有激励，还要有温度。

资料来源：白帆. 而立之年的顺丰，还能继续领跑吗？（有改动）. https://t.cj.sina.com.cn/articles/view/5182171545/134e1a999002001iy7w.

身为创业者，管理公司无疑是我们的根本任务。企业管理的发展大体可分为以下三个阶段：第一阶段，18世纪末至19世纪末的传统管理阶段。这一阶段出现了管理职能同体力劳动的分离，管理工作由资本家个人执行，其特点是一切凭个人经验办事。第二阶段，20世纪20~40年代的科学管理阶段。这一阶段出现了资本家和管理人员的分离，由管理人员总结管理经验，使之系统化并加以发展，逐步形成了一套科学管理理论。第三阶段，20世纪50年代以后的现代管理阶段。这一阶段的特点是，从经济的定性概念发展为定量分析，采用数理决策方法，并在各项管理中广泛采用计算机进行控制。

要想企业跟上时代的步伐，管理者务必针对性地对管理模式进行创新与实践。本章主要从流程管理、财务管理、管理人与事三个方面对管理公司进行实践探讨，同时辅以案例分享，从而有助于更好理解如何管理好一家公司。

第一节　流程管理

【小案例】华为的流程管理

企业能创造多大效益，很大程度上取决于各部门的效率。通过优化流程，消除一些冗余浪费、推诿扯皮的环节，花最少成本做最多事情，是许多大企业管理的不二法门。

华为作为通信行业的国际级巨头，能够始终保持高效运转的法宝之一就是流程。在华为，任何工作都要按照既定的流程走。在简化流程的过程中，华为确定了流程简化的目标和方向。首先，以业务部门的员工为主要成员，建立专门的流程化团队来检查流程；其次，通过全面调查，识别差距，找出流程的痛点，确定需要简化的目标；最后，对整体业务进行梳理，在深入分析运营或管理的流程图后，对几个高频发生且存在流程问题的工作进行"场景化"复盘还原，以简化工作和提高效率为原则，制定出相应的流程和制度，进行试点改革，一边观察效果，一边优化新制度。

资料来源：编者根据网络资料综合整理。

一、流程管理的优越性

创业最大的风险之一是创始人自己对企业管理没有具体的感知，不知道该如何去解决管理问题，而流程管理可以较好地解决这一难题。

流程管理的实质是一种程序化决策，即用标准化的方法处理所有相似的问题。越是标准化、规范化的流程越容易快速复制，形成良性循环。流程管理用制度来管理企业，给企业的各项工作指明目标、提供路径、配备资源、严格纪律，让企业的每一个人都知道组织目标和岗位的重要性，知道自己的权责范围，有利于落实责任追究，防止推诿扯皮。流程管理对管理者和员工都有着不可或缺的作用。

随着流程的设计和实施，以前造成管理混乱的环节将会纷纷暴露。在流程管理之下，一方面，基层员工无法再逃避责任、钻空子；另一方面，当企业实施流程管理时，可能会让企业中高层领导感到权力被削弱，所以由于一部分基层员工和中高层领导的思想上存在着这样一些障碍，设计出来的流程常常得不到贯彻落实。那么，要想加强与基层员工的沟通，获得中高层领导的全力支持，在推行流程之前，必须细致地做思想工作。在流程得以高效、顺畅、全面推广后，流程管理所起到的作用主要表现在以下方面。

（一）解放管理者

创办了两家上市公司的拉卡拉董事长孙陶然曾说："其实我确实不理解为什么很多企业领导经营管理公司几十年了，还是需要每天十多个小时钉在公司里忙碌，要么是忙公司内部的事情，要么是忙于接待，这是不可思议的事情。我的状态是，每年六分之一以上的时间在全世界旅游，还有大量的时间给了家人、朋友和自己的社会活动。但我的脑力和心力是200%给了公司，人在外面，但心思一直在公司内。"的确，企业家更应该做的事情是洞察企业面临的环境，打开自己的眼界，探索更多的可能，思考企业即将面临的风险和机遇，多为企业将来的发展规划大方向，提前谋出路。

流程管理能够在最大程度上解放管理者，其目的就是让不同的员工在不同的时间、不同的地点做同样的事情、得到相同的结果，继而让企业能够依赖自身运行机制有条不紊地运行，总结起来就是将常规工作流程化，使所有工作成为标准化、自动化的管理模式。而高层管理者则要从繁杂琐碎的日常性事务中解放出来，去更多思考公司发展战略的问题。

（二）让员工做有章可循

岗位职责明确是流程运行最基本的功能，能让员工做事有章可循。流程管理能够有效消除企业内部人浮于事、扯皮推诿、职责不清、执行不力的顽疾，确保企业整体运行有序和谐、廉洁高效，同时让企业管理工作变得简单高效，保证各部门员工能快捷执行。

公司内部人多口杂，信息在传递的过程中难免因为各种问题失真，设计流程就可以很好地避免这个问题，毕竟用图表和文字沟通的效率远远高于口头的陈述。流程管理使得企业在日常管理工作中不必为了传递信息而会议不断，规范的流程图搭配岗位说明书可以将工作的所有要点正确传递给每一位有需要的员工。例如，肯德基有一本员工手册，即使没有厨师经历，只要参照员工操作手册学习，仅需要 24 小时就可以成为一位熟练的后厨工作人员。

（三）有效分权制衡，减少决策失误

流程管理能够有效分权，减少个人盲目决策。例如，将企业采购业务流程化，可以将采购的各项事务分解到不同的部门，除了采购部可以跟供应商直接接触外，价格审定、数量确定、质量抽检、产品入库等业务都分别由其他不同部门负责。这样一来，采购部人员收"回扣"的情况会大为减少，因为采购部缺乏定价权和检验权，无法单独对供应商产生决定性的影响。

（四）避免离职威胁，降低人力成本

优秀的工作流程是企业众多好经验、好方法的沉淀，它经历了多次实践的检验与磨合。只要按流程操作，新旧员工的生产效率差别就不会太大，从而有效地减少了对某些员工的依赖性，尤其是降低了关键员工的离职给公司造成的威胁与伤害。毕竟不能指望基层员工风雨无阻地永远跟着我们前进。即便是在离职率很高的特定时期，也不担心员工的正常流动。中小企业常常会遭遇人才短缺的瓶颈，如果某项工作的程序、方法、标准、责任人等都能在流程图中标示出来，新员工只需要按照相同的流程执行，就能保证效率和质量始终如一，员工之间的协作也容易明确各自责任，由此减少一些不必要的人力成本。

二、企业关键流程设计◆

初创企业的流程设计需要管理层主动发起并亲自参与，从而提高权威性和有效性。企业应当通过严格的奖惩制度使员工遵守流程。如图 7-1 所示，企业设计流程需要遵循四个步骤。

图 7-1 设计流程的基本步骤

（一）流程分析与设计

1. 流程分析

通过企业内外部环境分析及客户满意度调查，描述并分析现有流程，再通过问题归集得出诊断报告，即为流程分析。流程分析中最重要的部分是分析现有流程存在的问题，并观察竞争对手或相似企业的成功流程，以便在后续流程的设计中修订、借鉴和完善。

2. 流程设计

一个高效的工作流程必须满足三个条件：一是合理地确定工作目标并选择适合的员工来完成它；二是在基本工作目标的完成过程中，先后环节应迅速按顺序衔接得上；三是具有相对应的评估审核标准和后续跟踪机制。

具体步骤如下：

（1）确定工作目标，确保合理清晰

工作目标的确立是为了实现企业战略。确立基本工作目标时有三点要求：必须服从于企业战略、目标表述要清晰明确、目标能够量化。只有符合这三点要求，工作目标才算清晰可用。比如公司最近正在扩张，人事部得到上级指令：企业扩张、火速招人。依据确定工作目标的三个要点，这个目标就可以清晰表述为："为满足企业战略的扩张需求，在 15 个工作日内立刻匹配相关人才到岗，需要为财务部招聘两名会计、一名出纳，为营销部招聘两名销售经理，学历均要求大学本科及以上，拥有两年以上相关工作经验者优先，试用期一个月，正式签订劳务合同后月薪七千，缴纳五险一金"。

（2）梳理工作流程，确保衔接顺畅

任何流程都包含具体的环节和顺序关系，流程梳理的实质就是梳理现有工作中的环节和顺序，界定清楚环节与环节之间的逻辑关系。当梳理工作流程时，我们需要搞清楚：整个流程的起点是什么？整个流程的终点是什么？流程中都需要做什么事情？这些事情需要什么人来做？整个流程该在何时何地、以怎样的要求来完成？流程中的工作任务是必需的还是可选的？

首先，理清业务各个环节之间的逻辑关系与时间先后，一定要做到让整个流程的环节能够顺畅地无缝衔接，继而找出哪些是必须标准化的环节，哪些是可以自由发挥的非标准化环节，然后将多余流程删除，对低效流程必须进行改进，最终使之成为更加清晰、简洁、行之有效的流程。

其次，在设计流程的过程中要注意提高员工（尤其是一线员工）的参与程度。流程设计过程中一定要考虑流程使用者的声音，如果没有，流程就有可能实施不下去，员工也很难接受那些不合理的流程设计。建议选取一线员工代表参与流程的制作，充分听取员工意见与建议，同时也引导他们审视现行流程是否存在不足、是否仍有改进的空间。

（3）把握关键节点，确保质量控制

节点是某一环节与另一个环节开始或结束的转接点，它在整个流程中起着承上启下的作用。如果关键节点处理不好，有可能造成各环节脱节，而流程的节点处非常容易变成推诿扯皮的"三不管地带"。在关键节点处要设置严格的质量控制标准，如原材料的进货检验、半成品的抽样检验和成品的最终检验，都要落实质量责任人进行控制。IBM（国际商业机器公司）高管认为"员工只会做你要监督和检查的，很少会做你希望的"。那么如何确定关键节点呢?

关键节点的判断标准有两个:第一,是否能最大限度地提高企业的效益,如营销部门永远都是公司的核心部门,直接关乎企业效益的实现,所以设计节点时,必须优先考虑营销工作;第二,是否能够更好地满足客户需求,如提升客户满意度与重复购买率,永远都是需要重点梳理的关键节点。努力对这些关乎企业效益、客户体验的关键节点进行标准化、合理化的改进与优化,最大限度地提高执行效率,是保障整个流程顺利运作、衔接通畅的关键。

(4)合理授权分工,确保高效执行

企业想要实现利益最大化,就要有合理的人员配置,分工要合理、权责要对等。企业在流程中应该制定岗位责任说明书,明确岗位职责,在一定程度上防止员工推诿扯皮,方便落实目标到人、责任到人的机制,提高工作绩效。

对于刚刚推行流程管理或正在致力于通过流程设计来优化管理的企业家来说,可以通过合理分工、明确责任来使流程管理落地执行。在建立合理分工的基础上,可充分授权给中层和基层的干部员工,允许他们在现场对大部分问题进行迅速决策并处理,保证整个流程高效、平稳地运行。在流程中员工只需按规范做事,不必事事等待上级命令,可以有效提高沟通效率。各级管理人员也必须按照流程规定,该审核签字的时候就认真审核,不该过问的事情绝不随意插手干预,某项工作该由谁执行就由谁执行,这样才能降低管理成本。

企业的流程设计大多要依托流程图来实现,流程图采用图表与说明文字并行的形式。完成以上步骤后,我们就得到了一个初级流程图。我们可以从以下几个方面来初步判断所绘制的流程图是否合格:流程图涉及的岗位人员是否能得到上下级认同(这是最重要的一点);流程图是否体现了本企业战略发展的要求;流程图是否充分吸取了大多数员工的意见;流程图是否吸纳了同行业较好的做法;流程图是否在时间、成本、岗位安排上是较优组合;流程图是否有明确指示性和可操作性。

通用的工作流程示意图是矩阵式流程图,它分为纵、横两个方向:纵向表示单一岗位的工作内容及先后顺序,横向表示工作部门、职位以及彼此工作间的衔接节点。通过纵横两个维度,既解决了先做什么、后做什么的问题,也解决了某项工作该由谁具体负责的问题。流程图往往要配上岗位说明文件来执行,岗位说明文件一定要把关键节点之间的工作分工与责任界定说清楚,以免出现管理的真空地带。岗位说明文件也常被制作成小册子的形式分发给员工学习。

如图7-2所示,当绘制流程图时,用矩形来表示需要操作的动作,用菱形来表示判断条件,用箭头线段来表示各个工作之间的逻辑联系等。这些图形可以单独使用,也可以随意组合。以下是流程图的范例。

图7-2　流程图符号及含义

　　如图7-3所示，新员工岗前培训一般由人力资源部门来完成。与培训相关的一系列前期准备、培训通知、组织考试、成绩汇总以及向各部门反馈等都是培训专员要做的工作，工作繁杂而细致，但又环环相扣。另一个工作岗位是内部培训师，其与培训专员的紧密配合是保证整个培训工作顺利完成的基础。

　　结合工作流程，请试着分析新员工培训中还有哪些关键节点？为什么？

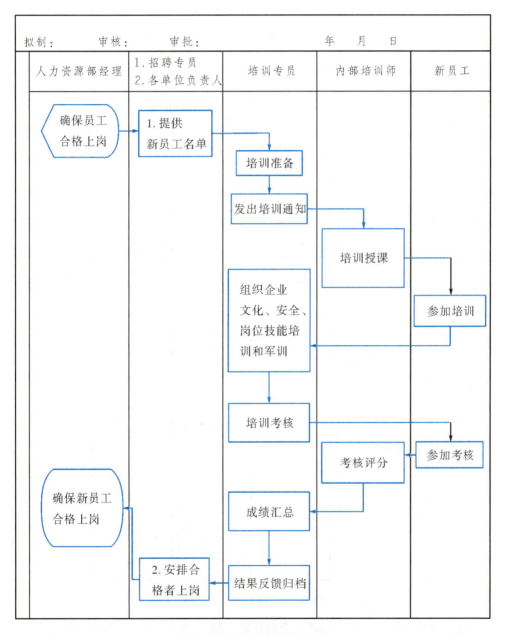

图7-3　新员工岗前培训流程

　　如图7-4所示，在公司一年一度非常重要的财务预算工作流程中，最容易出现贪腐的关键节点是财务经理的审核。从流程中可以看出：除了加强公司预算工作纪律的教育，还需要加强内部控制机制建设，如公司内部审计部门介入审核预算草案；总经理可以分别听取财务经理与审计部门的意见，还可以参加公司的预算平衡会议，以听取各部门来年计划目标与各自核心 KPI（关键绩效指标）指标，通过听取多方意见来修正预算草案。

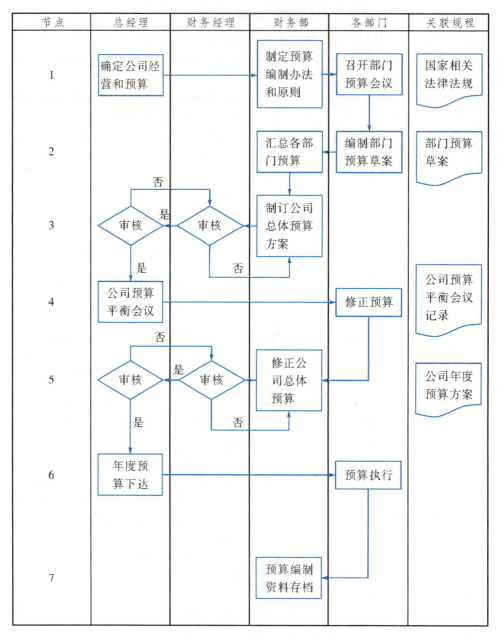

图 7-4　财务预算工作流程

　　上述流程所包含的内容可翻译成清晰易懂、易上手的岗位职责说明书（可把所有流程图及操作解释汇编成小册子），如表 7-1 所示，用以明确员工工作职责及纪律，工作中要不越位、不缺位。流程图可直接贴在相应部门的墙上，岗位职责说明书可印成小册子分发下去让员工经常学习并严格执行。

表7-1　财务预算管理流程说明（岗位职责说明书）

	流程节点	责任人	工作说明（岗位职责与分工）
1	确定公司经营和预算目标	总经理	每年年初总经理应收集相关财务信息，确定新年度公司经营目标和预算目标，并下达给财务部和公司各部门
	制定预算编制办法和原则	财务部	①根据财务法规和行业要求，结合企业实际情况制定预算编制办法和原则；②财务经理起草年度预算编制通知，明确预算编制的内容、格式、范围、注意事项等
	召开部门预算会议	各部门	各部门经理负责组织召开部门预算会议
2	编制部门预算草案	各部门	根据所负责的业务，按公司预算编制通知的要求，结合本部门下一年度工作计划与上年度本部门预算执行情况，编制各部门业务预算草案，并提交财务部
	汇总各部门预算	财务部	对各部门预算进行汇总，试算平衡
3	制订公司总体预算方案	财务部	编制出公司年度财务预算汇总表，制订公司总体预算方案，上报上级领导审核
	审核	财务经理	审查财务预算的编制是否符合公司拟定的年度经营目标和预算目标。通过则提交总经理审核；未通过则提出进一步修订完善的意见，通知财务部修正调整预算草案
	审核	总经理	审核财务经理提交的公司财务预算草案
4	召开公司预算平衡会议	总经理	根据企业发展战略和目标，平衡各个部门间的预算，并征得各个部门的同意
	修正预算	各部门	根据预算平衡会议的决定来修正部门预算方案
5	修正公司总体预算	财务部	汇总修正后的部门预算方案，在此基础上修正公司总体预算，形成新的预算方案
	审核	财务经理	审核修正后的公司总体预算方案，通过则提交总经理审核，未通过则提出修正意见，通知财务部再修正
	审核	总经理	审核财务经理提交的财务预算方案，通过则通知各部门执行，未通过则提出意见并通知财务经理再修正
	年度预算下达		下达审核通过的预算方案，并通知各部门按预算执行
6	预算执行	各部门	各部门严格按照公司预算执行要求执行预算
7	预算编制 资料存档	财务经理	整理汇总预算编制资料并存档，以备查用

（二）流程落地与执行

1. 流程落地的必要条件

（1）健全的决策体系

企业设计流程的基础是企业拥有健全且受制约的决策体系。一个健全的企业决策体系可以将高层管理者从琐事中解放出来，将更多具体程序性的决策权分给相应的员工。企业运行的分分秒秒都需要作决策，如果把过多程序性的决策问题全都集中在企业高层管理者的身上，流程运行的效率会大大降低。

（2）明确的岗位职责

岗位职责明确是流程运行的最基本保障。企业的事务性工作往往多种多样，必须由不同岗位承担，而不同岗位的工作又与其他岗位提供的支持和服务紧密相关。任何个人都没有时间和精力把企业组织内的某一项工作从头到尾独自完成。因此，企业组织内的某项工作的完成，需要所有人员的分工配合、通力协作。那么为保障流程的运行，就需要有明确的岗位职责界定。

2. 执行流程的基本原则

（1）充分授权原则：要想让流程真正落地，就需要给予一线员工必要的决策权，使现场问题能够现场解决。

（2）资源投入原则：按流程投入相应的资源，使资源使用与流程匹配，对企业有限资源实现最大限度的整合，实现高效使用。

（3）流程最大原则：个人的行政权威或指令要服从于企业流程。在流程运转中，没有职位高低之分，人人都是企业的一分子，为了实现企业的战略目标而共同努力。在具体的管理过程中，企业上下应当一致明确"事事都要按流程办，人人都要按流程走"的办事原则。具体的流程有具体的负责人，公司全体人员坚决不做不符合流程规定的事。

3. 如何使流程高效运行

（1）量化标准

越来越多的企业和个人开始追求和重视简单的、规范化的工作流程。越是规范化的工作流程越容易被复制，形成良性循环，从而提高企业整体的运营效率。越是卓越的企业越会强调工作标准化、流程规范化。执行流程的关键就是在流程设计时尽可能去量化工作或服务的标准，只有量化标准，才能明确规范员工岗位的行为。在麦当劳，任何工作都有标准，任何标准都必须量化。比如，奶浆的温度是4℃以下，生菜从冷库到配料台只有2小时保鲜期，超过保鲜期的生菜必须处理掉。大多数情况下，标准化是创业公司做强做大的必然选择。

（2）加强沟通

先沟通后执行，尤其要做好横向沟通，确保部门之间信息对称、沟通顺畅，同时要加强关键节点的沟通。每一个工作流程、每一项执行计划及指令都存在关键时间节点以及影响成败的关键绩效点。强化这些节点的梳理及在关键绩效点上的及时沟通，是创业者们应当高度重视的问题。先进行流程管理方面的教育培训和沟通理解，再去执行流程，也有助于消除员工的抵触心理，流程的执行会更加顺畅。

（3）严格执行

流程大于总经理。只要发现不按流程做事的人，无论职位高低，一律按制度进行处罚。严格按照流程执行是造就卓越企业的关键，无条件执行流程，就意味着任何人在任何时候都要按流程办事。仅从这一点看，有点类似"军事化管理"。企业管理者需注意从"强化责任和纪律意识""领导以身作则、严格要求自己""改变心态、尊重流程"这三点来引导员工，使公司上下能以一种真诚的、尊重的心态去适应和接受流程，这样才能确保流程执行。

（4）高层支持

企业的流程管理一定要得到创业团队的集体支持，新创公司的流程管理需要创业团队的高度配合，否则在流程管理的过程中一定会困难重重。高层领导也不能随意下命令来打断或以个人权威来替代流程，当然，一旦发现员工执行的流程有误，也要当机立断，对负责人进行问责或对流程进行修改与调整。

（5）立竿见影

流程管理必然会触及中、高层领导者与浑水摸鱼者的利益，如果企业的流程管理不能立即见效，可能会招致上述部分人员的激烈反对和冷嘲热讽，从而导致流程管理难以继续进行。全球著名管理咨询公司埃森哲提出：当建立一个流程时，若你能够通过改革先解决部分关键问题，并在管理中提升了效率，那么你就容易实现目标。因此，建议企业先在一些能快速产生效益的小型项目上使用新流程，让大家看到效果后，再逐步推进大流程的再造。

（6）保持简洁

避免流程变得冗长烦琐，尽量将流程简化。简洁的流程执行起来易懂、高效，无形之中降低了在企业内部执行新流程的难度。管理层级一定要简约化、扁平化，只要是符合流程的事，就不必请示，尽量快速通过，实现企业的高效运行，也让大家体会到遵守流程的益处。

（三）流程考核与评估

1. 流程的考核与奖惩

建立与流程挂钩的绩效考核制度是对企业实施流程管理的一个基本要求。要想量化流程的考核，就必须有相关数据的统计与积累，否则评估就无从谈起。

流程考核的核心是"责任随着岗位走，考核跟着流程走"。

（1）落实岗位流程责任

当进行流程设计时一定要将工作责任明确划分到岗位。一个岗位的工作规范要求至少包含以下内容：岗位包含的工作事项（工作职责）、岗位应遵循的制度和流程、做好本工作的主客观条件、工作标准或考核指标。实施流程管理的企业在建立员工岗位工作规范时，一定要将该岗位应该遵循的制度和对应的流程代号列入规范，目的是方便对新员工入职时进行有针对性的培训，方便员工清楚岗位职责，也方便后面的考核。

（2）设立流程考核办法

同一企业内部不同的岗位流程的责任权重应当是不同的。流程考核的权重由岗位与整个流程的紧密度决定，联系越紧密，则被赋予的权重越大，反之权重就越小。考核方法与考核权重紧密相连，考核标准的制定必须让流程的执行者参与。

（3）分析流程执行情况

考核是针对员工的，但流程执行的好坏却体现了企业管理的水平并直接影响企业效益的高低。流程主管需要从整体角度出发，对企业流程整体执行情况进行分析，可以将流程执行的整体情况进行分类，至少按好、中、差进行三级分类，并寻找流程执行得差的原因。找出需要优化的环节，分析流程设计可能存在的隐患。一般来说，流程执行得差的原因有两个方面：一是流程本身有问题，脱离实际，难以执行；二是执行者的原因（态度问题或能力问题）。

（4）颁布流程考核新制度

流程管理很重要的一项工作就是持续优化，要实现流程管理的持续优化就要把经讨论后大多数人认可的考核标准、考核方法上升到制度层面，并及时颁布绩效考核管理制度。同时，新的绩效考核制度必须被绝大多数员工所认同。

2. 流程的评估

对流程的评估有两个方面：对单一流程的评估和对企业整个流程的评估。对单一流程的评估贯穿于流程管理的各个环节。对企业整个流程的评估与单个流程评估不同，单一流程的评估是随时都可以进行的，而整个流程的评估则必须在实施流程管理一个阶段之后才能进行。"一个阶段"之后通常是指项目完成一段时间后，否则没有实践数据的支撑，无法为评估提供准确合理的判断。谨记流程评估指标一定要量化，例如用 0 ~ 10 分来表示企业某一流程的执行效果。评估结束后，将资料归档，总结整理评估意见，并将评估小组的意见和要求传达至各被评估岗位，督促并检查各岗位的工作改进方式与力度，将评估意见和要求落到实处。

（四）流程完善与优化

流程并非一成不变，随着公司战略与计划的改变，或有了更加高效的方法，有的流程会被抛弃，有的流程需要打补丁升级，新流程将会诞生。流程会改变，但以下需要升级的三个方面却是永恒的。

1. 流程程序精简化

如果把每一项工作都看作一个单独的流程，一套工作流程就会有很多不同的子流程。当所有的工作加在一起时，必然会产生大量的重复性工作。此时就需要精简流程。精简流程的关键是去掉大量无关紧要的环节或程序，减少重复性工作，提高效率。

2. 岗位职责明确化

岗位职责明确化简单来说就是要求企业做到分工合理、权责对等、裁减冗员。企业组织结构设计不合适，会导致职责不清、互相推诿、效率低下。机构臃肿，往往会造成职能交叉、权责不明、多头管理等现象；机构过简，又无法完成相应的工作任务。要改变这一现象，就要在能满足管理需要的前提下，精简多余的机构。让所有员工明确部门性质、各项工作分别由谁负责、具体的工作标准、各项工作规范与权限等，做到职责标准量化，一目了然。

3. 信息通道完善化

规范化的信息传递机制是企业高层正确决策的有效保障。要想建立一套科学高效的流程管理体系，并根据形势的变化和实际情况对其进行针对性的持续优化，就必须建立起一套信息管理系统。这套信息管理系统将对企业产、供、销各个环节所产生的一系列原始记录和基本数据进行科学高效的自动归纳、提炼和总结，使输出的分析结果有条理性、考虑全面且逻辑清晰，这既能为流程的改进提供数据支撑，也能为管理和决策起到智囊团作用。

（五）流程再造

流程再造是指帮助企业在短期内突破现有格局，打破僵化的管理方式，为企业注入新的活力，推动创新，进而实现企业管理的规范化、标准化和高效化。

流程再造分两种情况：一是主动选择流程再造。在企业形势好的时候，根据企业战略的需要来进行流程再造，这是风险较低、收益较好、企业承受力较强的流程改革。二是被动选择流程再造，是企业在形势不乐观之时被动为之，甚至常常是企业面临倒闭风险，危机四伏，为求生存而进行的流程再造。这种情况下的流程再造，效果未必好。

第二节　财务管理

【小案例】中小企业的财务困境

中小企业的生产经营不同程度上都面临着现金流紧张、应收账款回收难和运营成本较高等现实困难，这与外部国际经济环境的不确定性因素增多、国内经济总体需求持续不振紧密相关，同时还与中小企业在发展过程中过度追求短期目标，缺少前瞻性的财务战略规划，内部控制制度不健全，关键资源要素供给不足以及政策落地"最后一公里"尚不到位等都存在着较大关联。尤其是现金流问题，它是制约着广大中小企业持续发展的一道难题。如何才能摆脱财务困境、拥有一个健康的现金流状况和规范的财务管理系统，是摆在中小企业面前的一项重要课题。

资料来源：编者根据网络资料综合整理。

一、财务问题

当前中小企业在财务管理中暴露出了许多问题，主要为融资困难、财务控制薄弱、内部控制制度不完善、财务人员专业素质不高。本节将通过对这些存在的问题进行分析，为企业的财务管理提供一些思路和建议。

（一）融资渠道不畅、资金严重不足

融资困难一直是制约中小企业发展的重要因素。金融机构的经营机制、信贷管理方式与中小企业的融资需求不相适应。一方面，银行为了减少放贷风险，降低放贷成本，不愿给经营规模小、信用等级低、资信相对较差的中小企业提供贷款；另一方面，中小企业融资时间急、频率高、金额小的特点与银行繁杂的贷款手续和较高的贷款门槛不相适应。往往是贷款还未到账，商机已过。

（二）财务管理体系缺乏科学性和全面性

不少创业者对财务管理的重要性缺乏认识。由于企业规模小，决策主观随意性大，普遍存在着财务控制薄弱的现象。这主要表现为以下几个方面：首先，现金管理不合理，导致资金闲置或不足。不少企业简单地认为现金越多越好，把大量现金未投入生产周转，导致现金闲置浪费。还有一些企业缺乏计划安排，大量购置不动产或将资金投放到回报周期过长的项目中。如有的企业把短期贷款拿来作长期投资或购买固定资产，未来计划抽取所谓"其他项目"的回笼资金来还这些短期贷款。但当自以为把握很大的"其他项目"的进展或者收益不达预期时，整个资金链条就将迅速恶化，企业很快就会陷入财务困境。近些年，许多破产的知名企业都是如此爆雷的。其次，应收账款周转缓慢，资金回收困难。多数中小企业都没有建立严格的赊销制度，缺乏对客户有效的资信调查和信用评价，更缺乏有效的催收措施，导致大量应收账款不能及时兑现而形成坏账，资金链越来越紧张，生产经营举步维艰。再次，部分生产制造或销售企业的存货控制薄弱。企业在生产经营中缺乏深度的市场调查，盲目生产或囤货，造成存货积压，大量占用资金，严重者导致资金链断裂，企业运营停滞。最后，创业者缺乏对收入、利润、成本、现金流和行业周期性等的全面分析，往往只关注其中一个方面。比如，大多数行业都是周期性的，处于行业成长期的企业，很难想象自己的企业进入衰退时的惨状，成长期时往往都是形势一片大好，企业就去拼命加杠杆融资，然后急速扩大生产规模，四处建厂、招兵买马。然而衰退期一到，曾经引以为傲的员工规模、产品线、大量原材料等一转眼都成了拖垮企业的沉重负担。最关键的是，现在的行业周期都越来越短，甚至许多行业的周期都是以半年计，而且行业的衰退期远远长于成长期。这种不均衡的行业短周期性，加剧了财务统筹管理与远期规划的困难。再比如，企业是为了追求利润，忽略了现金流的健康。有时候，企业的利润表明明显示有不少利润，但企业实际却没有多少现金可用，这种情况要引起企业的高度重视，一定要搞清原因在哪里。创业者必须了解企业当前实际的现金流能力、真实的盈利状况和风险点等。

(三) 内部控制制度不完善，财务人员专业能力不足

实施内部控制制度是为了保护资产的安全完整，提高会计信息质量，确保企业在法律法规的框架内经营，从而降低企业风险，提高管理效率。为实现经营管理目标而制定和实施的一系列企业内部管理制度，主要为会计控制和内部审计控制。对于中小企业而言，会计控制制度的核心是权责分明、相互制衡的内部控制机制。一些企业的财务清查制度、成本核算制度、财务收支审批制度等基本制度都不健全，或是建立后不落实、不执行，更有甚者，任用无专业能力的亲属为出纳或直接将财务管理外包给兼职会计。此外，内部审计在中小企业中的受重视程度很低，多数中小企业没有设立独立的内部审计部门，往往是在财务部门内部找个人来做审计人员，既当运动员又当任裁判。这种内部审计明显缺乏独立性和权威性。内部控制制度的不完善必然导致财务控制薄弱、监管不力，从而产生资产管理失控、成本费用核算不实，甚至发生内部贪腐等严重问题。

二、 改进措施

那么，针对目前中小企业中普遍存在的财务管理问题，创业企业可以采取以下三个措施：

(一) 提高信用等级，拓宽融资渠道

虽然国家近几年接连出台了诸多方便中小企业融资的政策条件，但实事求是地说，中小企业的融资环境仍不宽松。一方面，企业应主动提高自身信用等级，规范经营，以达到银行规定的贷款融资标准。这里要注意的是，中小企业要尽量避免涉及过多的网络平台贷款。网络平台贷款不只是利率高，融资一旦涉及多个网贷平台，还会影响企业甚

至个人的信用评级。另一方面，企业应多关注对口适用的融资政策。近些年，商业银行也推出了一些面向中小企业的贷款，中小企业可以量力而行，积极拓宽融资渠道。

（二）强化资金管理，加强财务控制

首先，企业经营者应认识到管好、用好资金是各个部门、各个生产经营环节都应关注的大事，比如，要做好企业的税务筹划工作（见附录）。其次，要提高资金的使用效率，正确使用各种渠道来源的资金，设定合理的现金持有量，以免导致闲置资金过多或资金不足。例如，初创企业绝对不能去借高利贷，借高利贷的结局大多是拖垮企业，并引发创业者个人人身安全等一系列问题。最后，企业管理者需要准确测算资金的收回和支出时间，避免收支失衡，资金拮据。

（三）完善内控制度，优化财务管理

中小企业应重视财务预算、营运资金管理、财务控制等工作，聘请和培养具有较高素质的财务管理人员。当企业成长到一定规模后，应单独设置内部审计部门，以加强资金监控和管理的透明化、规范化。应明晰各职各岗的财务责任，涉及现金的环节应做到岗位分离，并建立内部财务人员之间、各部门之间有效的监督制衡机制。

第三节　管理人与事

【小案例】一个工检所的内部管理改革

郭凯，是威远的工程质量检验检测所（以下简称工检所）的所长。他的工作是对房屋建筑和市政基础设施工程进行专项检验检测，并向社会提供检测数据和结果。为了提升全所员工的工作热情、技术水准并激励他们拿出真正的业绩来。郭凯上任后，对全所进行了符合实际、切中要害的管理改革。

首先，加强各方保障。一方面，从工资入手。先从基础工资、绩效工资、工龄工资等几方面提高员工收入，对养老保险也进行调整，调高了单位缴费比例，让大家实实在在提高收入和待遇。另一方面，大力改善办公与检测条件，完成办公场地和检测实验室建设达 2 011 平方米。有了办公及技术条件的保障，检测结果的科学性与准确性也大幅提升。

其次，树立正确的企业价值观。郭凯始终坚持工检所员工要守底线、有担当、重服务，敢于发现问题、暴露问题。2023 年，工检所出具了 240 份不合格报告，坚守对社会负责、对人民负责的企业价值观。

最后，重视引进人才并加强考评。全所有 48 人，其中本科学历就达 30 人，取得国家级职业资格证书的有 14 人；员工平均年龄只有 30 岁，都是风华正茂的青年员工，这在同级别、同规模、同工作量的工检所中是不多见的。同时，工检所还确定了员工的日常学习提升和考试计划，原则上要求全员必须参与考证。

改革换来了工作实效，努力收获了丰硕成果。2023 年，房地产市场的不景气，建

设量锐减，郭凯领导的工检所仍然签订了 21 份合同，出具了 45 800 多份报告，全年营业收入达到 989 万元，被住建部门评为 2023 年度先进集体。

资料来源：编者根据采访综合整理。

就目前中国的教育模式来说，大学四年纯理论学习的时间居多，去企业（或社会）参加实践、实地感知企业管理模式与运营流程的机会较少。随着近些年社会上考公、考研热的兴起，对于仅有的三个月本科实习期，也被复习迎考的学生们以"找个单位盖个章"来代替了。这就意味着有一些学生可能从来就没有真正在企业待过一天。以下我们将结合创业实践，同时参照拉卡拉创始人孙陶然在其几十年的创业管理生涯中总结与提炼出来的创业与管理经验，阐述如何管理一家中小型初创企业。

公司管理主要就是管人和管事，涉及管理员工、降低离职率、项目管理。

一、管人的方法

在公司创业的过程中，融资进度、商业模式、市场机会等都能决定公司的生死，但是公司灾难的根源常常都是股东之间、员工与领导之间、员工与员工之间无休无止的内耗。

公司必须通过管人来管事，通过人才来解决问题。创始人或者总经理的职责就是找到能胜任工作的人。没有人分管的事项，基本上都不会有结果；归结不到某个 KPI（关键绩效指标）的事，基本不会有实质性突破。那么，怎么来管理人呢？

从创业的维度来看，管人要执行以下四个关键步骤：

（一）设目标

团结在一个共同的目标下面，要比团结在一个企业家下面容易得多，因为统一目标比统一思想更容易。要设定具体、可衡量、可实现、与战略总目标相关、能给出截止日期的目标（SMART 原则），以书面形式清晰表达出来，让公司上下都可以理解一致，并作为考核的依据。有了目标，团队才可能瞄着目标去打，才便于授权。目标设定要先长期、后短期。

（二）控进度

要关注下级的工作进度，适时关心并帮助下级按时达成目标，确保下级不会偏离公司的目标，一旦发现下级无法完成工作，就要确保备用的 B 计划有效。作为领导，要直管一层、关注两层，同时积极组织资源，在关键时刻能支援下级完成无法完成的工作。

（三）抓考评

按期初约定的 KPI 进行奖惩。由上级主管进行一对一的按时考、严格考，考核完成后要对照员工最初的业绩承诺进行复盘。在 KPI 考核中也可适当加入 OKR（目标与关键成果法）因素，这是一种让员工能更多参与指标制定并适时关注工作过程的考核法。比如一家新创公司，因为没有历史数据作参考，往往无法精准预测年终究竟能够创造出多少销售额或利润。这时适当考核当事人的全过程表现，就可以修正仅仅考核业绩而必然面临的不切实际的问题。但由于新创企业生存压力巨大，考评总体上仍要以 KPI 为核心。

（四）理规范

规范是指制度与流程。制度是公司有规矩可依的根本，公司要健康运转，必须辅以合理、可行、严格的制度约束。流程设计要规范，就必须简化流程、要尽量多用工具来实施流程管理、要能定期自我优化与动态调整，争取让公司的大多数制度与运营流程都能实现标准化，标准化就意味着可量化、可复制。

二、员工行为准则

铁打的营盘流水的兵。对初创企业来说，员工不多，但管理不易，因为初创企业的薪酬福利大多不会太高，但员工要完成的绩效、要解决的困难与问题却又非常多，所以初创企业员工的离职率往往都会很高。如何管理好自己的员工，就成了一件重要、困难又必须面对的事情。

通过什么样的制度设计来管理好员工，这里总结了四大要素，内含 12 条员工行为管理准则。这 12 条准则也适合没有创业的人走上单位的相应领导岗位后根据单位性质和工作特点酌情使用，以加强对下属团队的管理。

（一）管理的第一大要素：完成指令

（1）确认指令。下属收到上司的指令要第一时间回复以下内容：确认已收到、确认指令是否已传达到位、确认该工作何时完成、确认工作具体实施的要点。

（2）及时报告。员工要及时汇报工作中出现的最新进展情况、自己的能力无法处理的任务，不能拖。求援后才能完成的任务，在到期的 KPI 考核中要有相应标示，并适当加分。

（3）撰写周报。员工必须学会复盘上周工作得失、计划本周工作重点。复盘周报必须及时报送至上级。员工每周一中午 12 点以前必须把上周的工作总结发送给上级，必须有主题，让上级看到主题就知道大概内容。内容应简洁，不要超过 1 000 字，先讲结果，再列论据。其他的佐证资料都做成附件备查。上级必须在 48 小时内给予回复（领导要有一个公司的工作专用邮箱，在工作繁忙或出差之际，实在无法及时回复时，应委托秘书或其他工作人员及时查看邮箱并回复下属的汇报，回复可长可短），不能超过每周三中午的 12 点。一定要保证沟通的效率。

（二）管理的第二大要素：立刻行动

1. 说到做到。员工要想清楚再承诺、问清楚再开始、发现问题要及时请示、出了问题要担起责任。员工要按自己承诺的时间期限、承诺的性价比去完成工作。对待员工，只要结果，少谈过程。承诺了但又做不到，要在第一时间告知对方（或上级）并致歉，要给公司留足"抢修"的时间。

2. 保持准时。不准时，会浪费别人的时间，也会影响自己的形象。在说好的时间内必须完成约定的工作。员工要为自己预备足够的时间来防止可能出现的突发事件，避免无法准时完成，必须戒掉容易误事的拖延症。这关系个人能力品牌的建立。

3. 解决问题。解决问题是要行动，不是只谈想法。解决问题是员工的责任，要学会分阶段去一点一滴地解决问题。实在解决不了，要及时求援。

(三) 管理的第三大要素：高效沟通

（1）日清邮件。工作中遇到重要的事情，员工可用邮件向自己的上级领导陈述。遇到非常紧急又重要的情况时，可电话直接联系上级。要适当给员工一点越级汇报的权利（哪些问题可以越级汇报，要有规定），也是对员工的直接上级施加的一点必要的工作压力。直接上级必须在 24 小时之内回复紧急且重要的员工汇报的事情。

（2）会议记录。提前通知开会时间，只召集愿意讨论、能提出想法的人来参会。邀请参会人员中水平最高的人来做会议记录。每次会议要形成明确结论，要确定任务的负责人、目标、进度。想要参会人或对方知道的，都可以写进会议记录。会议结束后，24 小时之内，要把会议记录发给所有参与该任务的员工。

（3）写备忘录。备忘录可以是纸质的，也可以是微信、短信等各种形式。要提醒自己不要忘记未来重要的工作事项。

(四) 管理的第四大要素：简洁汇报

（1）三条总结。汇报工作的总结不能超过 3 条，所以文字上需要反复精简和提炼。不需要讲客套话，总结时要直奔问题。

（2）一页报告。周报、一般的总结都不要超过 1 000 字。先写结论，再写理由，最后写建议，其他的全部放入附件。

（3）统计分析。汇报工作内容时多用定量分析，数据比较上多与自己比、与其他部门比、与同行业比。

三、 如何降低员工离职率

国内员工离职率的最高峰是在每年的春节后，因为许多人在春节的聚会交流中可以获得家乡的朋友亲人提供的一些新的就业信息，虽然其中一些"就业信息"难免有夸大其词之嫌，但的确能诱惑许多人。而且由于春节后离职率普遍都很高，许多公司也开始大量招聘新员工。这些外部环境的变化，使得许多公司都要面对春节后离职率突然变高的问题。这也意味着，许多公司在春节前发放的一大笔年终奖，其实并没有起到鼓励员工来年努力工作的作用。

关于怎样降低员工离职率，学者和企业家们提出了诸如"实行有竞争力的薪酬福利政策""建立人才培养、人才保留与人才激励机制""提供优质工作环境和良好和谐的工作氛围""培养直接领导的管理沟通能力与亲和力"等多种建议。总的来说，对员工进行物质激励永远是排在第一位的。对员工的有效激励必须能让员工可以预见，而不是随便发红包。高收入，高压力，给一个人发一个半人的工资，让他去完成两个人的活，这是现在许多公司采取的激励方式。但金钱也不是万能的、唯一的，对自我意识很强的年轻一代员工，还应该让其有被授权、职位提升的机会，有弹性工作时间等激励制度。在激励的形式上，基层员工要以奖金和工资为主，中高层员工要以现金（短期）+期权（长期）为主。

但很多时候，在中国企业的现实情境之下，除了上述的激励措施，即除了"恩"之外，还需要一些"威"，要做到恩威并施，才可能真正降低员工的高离职率。这里，我们参照国内某知名制造业企业的做法，供创业者参考。相关措施已咨询过劳动关系方面的律师，它完全符合《中华人民共和国劳动法》相关规定。

就拿上例来说，为了减少在春节前发完大笔年终奖励，而过完春节后公司反而出现大规模离职的现象，除了采取上述的一些激励措施外，还可以加入一点惩戒制度：把除基本工资之外的各种福利尽可能都放入绩效奖。入职时就要与员工签好《绩效奖发放协议》，并对员工进行重点强调：干满 12 个月才能发放一年的部分绩效奖，入职后工作时间（含法定节假日）不满 12 个月的不享有任何绩效奖。

绩效奖发放的具体时间和操作步骤是：每年只在 12 月 30 日和 7 月 1 日两个时间节点发放相应的绩效奖。每年的 12 月 30 日发当年度绩效奖的 1/3，剩下的 2/3，要在第二年的 7 月 1 日发放。中途离职的员工将不享有。比如第二年 6 月 30 日前离职的、被辞退的，都不再享有上一年剩余的 2/3 绩效奖。但如果是今年 7 月申请离职，就可享有去年全年剩余的 2/3 绩效奖，但不享有今年前 1~6 月的。因为今年的绩效奖要等到明年的 7 月 1 日才能全部执行完毕。辞退员工时，同样执行上述规定（因违规、违法被辞退的除外）。到退休年龄时，绩效奖一次性全额发放，不再跨年发放。

四、 管项目的方法

公司一旦创建起来，就会有越来越多的经营项目和重大事务要去管理。高管管理各类事务时怎样才能高效迅速、切中要害、事半功倍呢？我们总结了管事四步法：

（一） 先问目的

做成此事的终极目的是什么？看看这个终极目的的"诱惑"是否足够大，然后反复问自己想不想要这个"诱惑"；针对这个目的（"诱惑"），自己（或团队）该不该去做，是否有违企业的价值观和战略方向，值不值得花大力气去做这件事。仔细问自己三遍之后，大多数时候会发现其实一大半曾以为很重要的事都没有必要做了。

（二） 再做推演

推演不能走过场，推演时要仔细，要把能否执行好考虑进去，先画出要做成这件事的大致流程图，再确定可分解为几个阶段性小目标，然后思考这些阶段性小目标的达成又需要哪些资源，再问问自己（或团队）有没有相应的资源来匹配这些流程上的目标节点。如果最终连纸面上的推演都无法进行，就不要浪费时间和有限的资源去开始了。因为连纸上谈兵都谈不下去的项目，现实中更不可行。实践中，要坚持三个"不做"——没有适合人选的项目不做、没有掌握主动权的项目不做、没法快速复制的项目不做。

（三） 亲手打样

如果方案通过了理论推演，在大规模投资之前，一定先要小范围进行实战测试，比如，先生产一些样品去试销一下，先用推演出的商业模式去建立一家小样板店试一试。如果样品、样板店证明这个商业模式确实可行，就要立刻整理出标准化操作手册，准备成规模地复制。将用于样板店都不成功的方案投入推广将是巨大的灾难。试点必须由高管亲自来抓，要量化出具体方案，要写出员工可复制、可快速上手的文字手册。

市场测试是把产品或服务拿到真实的市场中进行检验。市场测试与市场调查不完全相同。你询问一个消费者是否想购买（这属于理论意义上的市场调查）和这位消费者实际是否愿意去购买，很多时候是两回事。市场测试可以说是一种比较特殊的市场调查，是创业者的必修课程。仅靠理论模型、调查问卷来论证市场价值，寻找适合自己的创业机会，创业项目真正落地时不一定真会有顾客，更不敢说一定能创造出巨大的市场。

（四）及时复盘

只有总结出规律与教训，才能避免重蹈覆辙。要经常和团队一起复盘，重新回忆和分析当初是如何思考、如何决策的，对照最初的目标再来看现在真实得到的结果，分析这一路走来的得与失，总结成败，快速提升自己认知水平与实战能力。无论成败，都要保证自身与公司不断地取得进步。复盘永远是最好的学习方式，必须成为工作习惯。在试点的过程中要时时思考，事事复盘，做人做事都尽量不要在同样地方跌倒两次。大多数复盘以后依旧不知道该怎么办，是因为思考还不够深入。我们犯下的大多数的错误都是重复性错误。复盘的目的就是：看别人吃一堑，自己要长一智；自己吃一堑，必须长十智。

复盘的步骤有四步：①核查目标，对比目标的完成情况；②情景再现，回顾过程，将经历的过程划分为几个阶段以加深对过程的理解；③得失分析，分析每个阶段的得失，对事也对人；④规律总结，总结出规律性的东西或者同类项目的应对操作手册，把规律性的东西融入战术原则体系和知识体系，以提升团队的战术水平。

【创业提示】不要试图改变一个员工

永远不要试图改变一个人（员工）。作为领导，永远不要试图改变一个员工。一个人可能会因你的制度、喜好、奖惩在表面上来迎合你，获得你的认可或喜欢。但要想真正改变一个人，几乎是不可能的。对大多数平常人来说，任何说教与"鸡汤"基本没有用。基因决定个性，个性产生惯性，惯性导致惰性。个性常常表现为一个人的性格特征，而性格会决定一个人对关键机会的选择与掌控，即常说的"性格决定命运"。

一个人（员工）要发生改变，除非是因为自己的个性或惰性摔了非常大的"跟头"。这个"跟头"一定要是"大跟头"，要大到好了"伤疤"也无法忘记这个"痛"的程度。尤其是对于那些待人处世常常自以为是、自我优越感很强的人来说，只有当其亲身尝到了足够大的痛苦，并被迫进行了非常深刻的反思之后，新的光亮才有可能照进来，这一部分人才会真正停下长期的错误言行或思维习惯，认真审视自己，反思自己，批判自己。这时候的人，才可能慢慢发生一些有价值的改变。这种改变是由内到外的质变。

【实践案例】拉手网之败：IPO 冲刺冲出来的管理乱局

2012 年 6 月，拉手网正式撤销了上市申请。此时距其首次递交招股说明书已经过去了 8 个月。而在撤销上市申请之后，2011 年年初加入拉手网的 CFO（首席财务官）张俭从拉手网离职。不久之后拉手网创始人、CEO（首席执行官）吴波也被投资方架空，并在 2013 年年初正式卸任 CEO 一职。

拉手网是国内团购市场发展过程中非常典型的一家公司，从成立到递交上市申请不足两年半时间。拉手网经历了巨额的融资和高速的发展，但是却因为内部管理的混乱与完全靠烧钱扩大市场份额的做法在上市受阻后迅速陨落，跌出了国内团购市场的第一阵营。

作为国内最早的团购网站之一和市场份额曾经排名第一的团购网站，拉手网的发展深深影响了国内团购行业发展的格局。但是在团购行业的发展过程中，拉手网为了追求速度和规模犯了太多错误。

只为上市的野蛮扩张

拉手网第一单团购的上线时间为 2010 年 3 月，走在国内团购网站的前列。当时国内并没有几家团购网站，未来中国团购市场的"千团大战"尚未上演。但是从拉手网上线的那天开始，这家公司就开始了疯狂的扩张，并且将上市作为目标。

拉手网的创始人吴波曾是焦点房产的联合创始人，而拉手网在运营初期也以焦点房产的员工为主要员工。由于焦点房产经常需要和线下打交道，这些员工也为拉手网注入了线下基因。从这一点来说，拉手相比其他团购网站更有经验上的优势。

对于团购业务，吴波十分清楚最核心的就是销售人员，因为所有单子都需要销售人员做地推，所有执行最终都需要归结到销售人员身上。为了加速发展销售团队，拉手网不仅在招聘上非常粗放，还经常直接挖角同类网站的销售团队——当然，在团购行业发展初期，拉手网本身也是被其他同类网站挖角的对象。

2010 年年底，吴波从美团挖来了一个三四十人的团队，而这个团队的负责人孟岩后来成了拉手网的战略部总监。但是加入拉手网后不久，孟岩很快就被架空，这让外界非常不解。实际上拉手网的挖人策略分为两种：一种是从其他公司找到合适的人才，属于"损人利己"；另一种仅仅是为了削弱竞争对手的实力，即"损人不利己"。

从拉手网的这些做法就能看出，吴波并没有把长期发展定位为公司的首要目标，而是希望不惜一切代价做到国内第一，以便将来上市向投资人讲一个好故事。

除了挖竞争对手的团队，拉手网的招聘也是其成立初期的核心工作。因为团购需要大量的地面团队，拉手网就招募了很多原先房地产公司的中介甚至在路边发广告的员工。这些人的优点在于能吃苦，有狼性，有极强的执行力，但不足也非常明显：没有受过高等教育，做事不讲原则，没有底线。

在做本地服务的时候，这样的团队还能够胜任"扫街"的工作，为拉手网找来合作的餐馆、理发店等。但是这也为日后拉手网的管理埋下了一颗颗定时炸弹，因为当公司开始回归精细化运作、开始更讲规矩之后，对员工的要求会越来越高，而这些人则越来越难以适应企业的变革。

同时，拉手网早期招聘进来的团队江湖味道极重，善于抱团，在公司内部拥有极大的话语权。一旦利益受损，这些人往往能够排挤走后期加入的专业精英。这样的利益团体，在拉手网内部就有十多个。

怪圈：一管就死、一放就乱

拉手网出现乱象并不意外。2011 年，拉手网顶峰时期的员工数量约为 6 000 人，在一年多的时间里从十几人迅速膨胀到 6 000 人，这不得不说是一个奇迹。快速扩张也对公司文化和管理造成了冲击，但相当长的时间内，拉手网并未重视此事。

当种种问题爆发时，吴波才找来了一位专业的人力资源总监，开始组建高素质的管理团队，但为时已晚。专业人力资源总监对公司的管理方式和此前草莽的做法并不一致，这也遭到了很多早期员工的各种抵制。

于是拉手网陷入了一个怪圈：如果不改变管理，公司会越来越混乱以至引发严重的问题；如果改变管理，设立各种规章制度，又会对拉手网当前的战斗力形成很大的影响，从而影响拉手网的业绩，而这也是公司无法接受的。

疯狂扩张的另一个代价是：当拉手网出现问题后，裁员也来得非常猛烈。2012年年中，拉手网员工数量不到2 000人，仅为全盛时期的1/3。这种大幅裁员也让拉手网在面临困境的时候变得更加不稳定。

从拉手网的商品部就能很明显地看出拉手网在管理上的滞后。

拉手网商品部从事电商业务而非本地生活服务。长期来看，团购网站做商品团购并不合适，因为这其实是电商公司擅长的事情。虽然商品团购脱离了团购O2O的特性，但短期内能够带来更多用户和销量，能做大市场份额，因此拉手网在商品团购上有很大的投入。

2011年6月，拉手网组建了商品部，吴波希望这能成为拉手网发展的第二条"腿"。在拉手网成立早期就加入的陈业文，同时也是拉手网第一单团购的店主，成为该部门名义上的负责人，但他在当年9月就被吴波辞退。

在成立商品部的时候，吴波提拔了五六位销售团队的成员做品类总监。这些人都非常年轻，他们的消费眼光远低于主流消费者，对高质量的产品并没有太多理解。更要命的是，商品类业务涉及物流，需要具有专业物流、零售等知识，这些只会"扫街"的员工很难达到专业的要求。

曾负责服装品类管理的一位前拉手网员工介绍，很多在业内人士看来非常不错的服装品牌，这些品类总监都从未听说，并且因此不让这些服装品牌上线。而拉手网的员工也根本不会去购买在拉手网上线的服装。

最初拉手网对产品的上线并没有严格的规定，一些服装甚至没有水洗标识也能上线。一位拉手网员工曾这样向媒体描述拉手网选择服装品类的场景：在一个胡乱堆了一堆服装的会议室，品类管理人员三三两两地在会场里挑选服装，随意拿起一件，品类总监则坐在椅子上，只要自己看着顺眼的服装，就同意上线。因为之前做过食品的品类管理，会议室还有一些零食，他们有时就会边吃零食边选服装。

更严重的问题是，拉手网负责商品团购的一些草根领导不但缺乏专业知识，在职业道德上也被控有瑕疵：曾有负责家纺品类的拉手网员工让自己的表哥开了一家家纺店，然后把表哥店里的产品拿到拉手网上卖。有同为家纺销售商的人给拉手网所有高管群发了抗议邮件，但并没有任何效果。

事实上，吴波也耳闻了这些问题，但他只想着拉手网能够尽快上市，无暇顾及其他。在尝试上市之前，拉手网高管的每周例会最重要的议题就是距离首次公开募股（initial public offering，IPO）还有多少天，然后据此来制订工作计划，比如关闭某地分站、增加某种品类产品和裁员。

"人才"与"裁人"

为了能更快地扩大团队，吴波也像很多公司一样设立了"伯乐奖"，每成功推荐一人加入拉手网，就给予一定的现金奖励。但由于扩张的需要，在很长一段时间里，所有的推荐几乎从未被拒，每天都有很多人在排队等待入职。更加不可思议的是，级别很低的管理人员也能够把自己的很多亲戚朋友都推荐进自己的部门，并开出 1 万元的月薪。

但这也只是拉手网管理混乱的冰山一角。根据拉手网多位大区经理对媒体的描述，拉手网种种管理乱象中最致命、最主要的有两点：

一是吴波疑心病比较重。自从拉手网大区经理跳槽去窝窝团购网以后，吴波几乎不相信所有的人，他几乎认为身边所有的人都会背叛他，由此形成了拉手网权力过于集中的现象，决策流程变长。即便宣称权力下放，但吴波实际上还是会插手。

二是拉手网的内部管理让大区经理压力过大。拉手网实行的"政委制"让很多大区经理都感到压力非常大，而大区的员工也不知道谁是实际的领导者。吴波喜欢利用身边的人去监督各个大区经理的工作。名义上让他们去帮助各个大区，实际上就是安排了很多眼线在大区经理身边。

一位大区经理透露，在 2011 年 6 月之前，他们在拉手网干得还是很开心的，拉手网的业绩也做得很不错。转折点就出现在窝窝团从拉手网挖人尤其是挖走了拉手网某大区的整个团队。自从这件事后，吴波的疑心病加重，开始防范身边所有的人，并且开始下派"政委"。这让本来就乱的拉手网的权力和利益更加复杂，中层核心管理人员之间的信任也荡然无存。

事实上，之所以窝窝团能够多次挖走拉手网的整个分区团队，很大程度上也是因为吴波所给的很多承诺并未兑现——在鼓励下属的时候难免给出过高的承诺，但当公司以上市为目标要控制成本的时候，这些承诺却无法兑现。

2011 年 10 月，拉手网上市失败，有投资人给了拉手网管理层更大的压力，吴波也感觉到自己可能会被架空。在压力之下，吴波不得不对拉手网管理层作出调整，辞退了一批能力不符合拉手网发展规划的管理层员工，其中有很多是跟随吴波多年的老下属。这批裁员的赔偿金并不丰厚，但进一步稀释了吴波的凝聚力。

除了对管理层进行调整，拉手网上市失败后还进行了 3 次大裁员，很多员工也在这段时间内主动提出了辞职，包括拉手网副总裁宋黎明在内的多位副总裁和大区经理。一位离职员工表示，虽然他的离职没有和吴波有直接接触，但能感觉到吴波认为员工辞职都属于"背叛"，没有任何挽留和感谢，有时甚至会直接把员工推到公司的对立面。

对裁员和员工离职的处理不当让一些员工认为吴波"比较凉薄，不厚道"。这也让本身就处在困境中的拉手网的处境更加艰难，在职员工的斗志也因此受到了很大的影响。因此，拉手网陨落时并没有做到软着陆，而是变得更加快速。

拉手网创业的这几年，对员工而言就是从"人才"到"人裁"的转变过程，而作为拉手网的创始人，吴波也没能最终改变被"人裁"的命运。2013 年年初，吴波卸任拉手网 CEO 一职，拉手网由来自投资方的周峰全权管理。

潮水退去才知道谁在裸泳

上市失败意味着退潮的开始，不过实际上在准备上市的阶段，拉手网就开始缩减规模、控制成本，从这也可以看出拉手网早已发现过去的运营方式难以为继，知道自己在经营管理上的巨大问题逐渐暴露出来了。

从外部来看，拉手网上市失败后最明显的特征是广告的投放停止。在拉手网"烧钱"最厉害的时候，曾经非常粗放地投放过大量地面广告，并且由于对广告效果监测很弱，一些城市将拉手网投放的公交站牌广告设在了非常偏僻的站点。

在拉手网撤回上市申请之后，精细化运营成为其最常提及的一个词。这个时候，整个团购行业都已经开始回归理性，"烧钱"的行为已经不可持续。但是由于过去内部管理过于混乱，整个 2012 年拉手网都没有真正实践过精细化运营，拉手网内部的管理问题依然是转型的阻碍。

2012 年年中，拉手网武汉站的一单商品团购出现了问题。拉手网从商家处买断产品然后销售给用户，但是商家实际提供的数量跟承诺的有很大的差距，未能兑现应该交付的商品数量，拉手网武汉站负责人要求相关员工赔偿差额，遭到相关员工的抵制，员工集体给吴波写了匿名举报信，要求调查此事。

在这件事的处理上，拉手网总部采取的措施充满争议。总部直接派"政委"下来调查，他调查到匿名举报信的来源后，仅表示写匿名信的可以随时离职走人，不会有一分钱赔偿。这让很多武汉站拉手网老员工只能选择离开。

让员工走人已经成了拉手网在业绩下滑时期最常做的一件事，这实际上等同于用裁员来节省成本。而为了达到节省成本的目的，拉手网还开始延迟发放员工的奖金，将考核标准提高到几乎无法达到的程度。

相比曾经的突飞猛进，2013 年拉手网的规模已经比前两年小了很多，但是在经营层面已经基本上回归到正常水准，过去的各种混乱都得到了清理。"千团大战"的浪潮已经退去，团购行业已经是"剩者为王"的时候，拉手网的未来仍然很不清晰。

资料来源：腾讯科技频道.教训：互联网创业必须避免的八大误区［M］.北京：机械工业出版社，2014.

【思考与成长】

1. 拉手网上市失败的直接原因是什么？
2. 如果你要创办一家企业，该如何避免陷入拉手网的困境？
3. 总结一下管理的精髓。

第八章
商业计划书与创业大赛 ◆

 【导入案例】 **重庆工程职业院校的历史性突破**

重庆工程职业技术学院获"互联网+"大学生创新创业大赛全国决赛金奖！

2022年11月13日，第八届中国国际"互联网+"大学生创新创业大赛全国总决赛在重庆大学举行。经过激烈角逐，重庆工程职业技术学院代表队的《新系物联——工业互联网底层数据交互领航者》最终斩获职教赛道创业组金奖。这也是重庆代表团首次获得职教赛道的创业组金奖，实现了历史性突破。

第八届中国国际"互联网+"大学生创新创业大赛由教育部、中国科学院、共青团中央和重庆市人民政府等部门共同主办，重庆大学承办，入围此次"互联网+"国赛总决赛现场比赛的项目共有1 128个，包含高教主赛道中国大陆参赛项目502个和中国港澳台地区参赛项目25个、国际参赛项目150个，"青年红色筑梦之旅"赛道参赛项目150个，职教赛道参赛项目150个，产业命题赛道参赛项目90个，萌芽赛道参赛项目61个。

重庆工程职业技术学院的"新系物联"项目立足重庆，辐射西南地区，将汽摩配件企业作为主要客户，已经合作企业近160家。其主打产品是"探星者"和"智星者"两款设备，可以兼容电机、水泵等老旧设备。以"探星者"——数采模块为主、"智星者"——智慧网关为辅，解决了老旧设备数据采集难的问题，实现了工业互联网底层数据的采集，致力于推动工业互联网的研发与创新。

资料来源：汪应.历史突破！我院获得中国国际"互联网+"大学生创新创业大赛金奖. https://bdits.cqvie.edu.cn/article_26424. html.

商业（创业）计划书是一份全面说明创业构想以及如何实施这个构想的文件，是描述所要创立的企业是什么以及将怎样成长的纲领性文件。其主要意图是让风险投资商能够对企业或项目作出评判，从而帮助企业获得融资。商业计划书几乎要包含所有风险投资商感兴趣的内容，从企业的成长经历、产品服务、市场营销、管理团队、股权结构、组织人事、财务状况、未来战略到融资方案。商业计划书的质量对实现融资至关重要，只有内容翔实、数据丰富、体系完整、装订精致的商业计划书才能吸引投资商，让他们看懂你的商业模式，才可能让融资需求成为现实。

第一节　商业计划书的目的、用途及基本要求

【小案例】为什么要写商业计划书

在创业融资之前，商业计划书首先应该是给创业者自己看的。办企业不是过家家，创业者应该以认真的态度对待商业计划书。那么，做商业计划书有什么作用呢？一是帮助创业者自我评价、理清思路。通过制作商业计划书，把正反两方面的理由都书写下来，然后再逐条推敲，创业者就能对这一项目有更加清晰的认识。二是帮助创业者增强自信、有效管理。一份完美的商业计划书可以增强创业者的自信，使创业者明显感到对企业更容易控制、对经营更有把握。因为商业计划提供了现状和未来发展的方向，也为企业提供了良好的效益评价体系和管理监控指标，使得创业者在创业实践中有章可循。三是帮助创业者对外宣传、获得融资。商业计划书对即将展开的创业项目进行可行性分析的过程，也是在向风险投资商、银行、客户和供应商宣传企业的产品特色、营销策略、市场规模、人才储备、制度规范以及管理方式等各个层面的过程。它在一定程度上也是拟创建企业对外进行宣传和包装的文件。

资料来源：编者根据网络资料综合整理。

一、目的和用途

对于创业者来说，撰写商业计划书的目的有两个：对内，撰写商业计划书可以迫使创业者系统思考自己的企业，找准业务发展方向、明确企业战略，在明确组织目标后，号召创业团队一起去努力工作；对外，通过撰写商业计划书来实现融资。当企业初具规模时，创业者需要向投资机构介绍自己的创业项目。因此，撰写商业计划书的关键就在于对资本市场以及投资人心理的把握，看你在多大程度上能用文字与投资人进行沟通并达成共识，又在多大程度上迎合了投资人的投资喜好。

对于身处大学校园的大学生来说，写一份商业计划书的目的，最主要是参加挑战杯、"互联网+"等各种类别的创业比赛项目。大多数学生参赛的最直接目的是比赛获奖，而不是真的打算去创业。

以中部某省参加"互联网+"大学生创新创业大赛为例，2020年该省共有153所高

校的 66 737 个项目报名参赛。经过层层选拔，仅有 31 所高校的 84 个项目入围全国决赛，晋级比例仅千分之一，最终进入全国总决赛现场路演的项目只有 4 个，比例不足万分之一。从历年情况看，能够在全国总决赛现场路演之后注册公司、落地运营且能存活三年以上的公司基本上没有。全国各高校的情况大多如此，比赛结束即创业终点，很少有获奖项目真正落地，更少有项目落地后能长期存活下来。

但是对于在校大学生而言，积极去参加各类创业比赛，还是会有以下一些真实而有价值的收获：

（1）在比赛过程中能学习和运用各学科知识。撰写商业计划书要用到管理学、经济学、法学、心理学等相关背景知识，甚至需要参赛选手具备漂亮的文笔与流畅的表达能力，这些都是毕业走上工作岗位之后的必备技能。

（2）提升时间管理能力、沟通协作能力与执行能力。要在两三个月内准备好一份近百页的、高质量的商业计划书，团队成员需要强化时间管理、平时充分地协作沟通、对所分配的任务快速执行到位等。这些能力的锻炼，相当于职场中同事之间相互理解、支持和配合，共同完成一个公司的任务（项目）。大学生在写作商业计划书的过程中必然涉及人际关系处理、团队管理和一些基本的社交能力，而这些锻炼是非常有益于提升管理能力与综合素质的。

（3）有利于获得保研加分和招聘单位的认同。从过往经验看，获奖尤其是获得国赛大奖，非常有利于保研加分或求职面试。虽然这里会有一些自利因素，但对于一个愿意与同学合作并付出大量时间参与比赛的人，相较少数成天躲在宿舍里打游戏、追剧磨时间的人来说，努力之后获得一些合法、合理的荣誉回报，也是值得学习、值得肯定和值得尊重的。

二、 基本要求

根据大学生对创业比赛的现实需求，我们在这里分析一下商业计划书及国内大学生创业大赛的一些关键点。任何一个商业计划书都必须陈述清楚以下三个关键问题：团队、机会与融资。

团队有什么人才优势？为什么这个团队适合这个项目？团队有什么独特资源以把握好这个创业机会？

为什么这是一个有价值的创业机会？新产品或服务提供的基本社会和经济价值是什么？要卖给谁？如何开发、生产、销售新产品或服务？应对现在和未来竞争的总体计划是什么？

这次创业需要筹集多少资金？需要何种融资方式？融到的资金如何使用？创业者和其他人如何实现投资收益？

在内容设计与组织方面，各部分内容的组织要有逻辑，要以易读懂为原则。

在结构体例方面要细心，这也是团队成熟度的一种体现。如精心设计 LOGO（徽标或商标）；消除明显的语法和排印错误；字体、行距要适中，让阅读者感受到阅读的舒适；图与表的制作要紧凑，不能留有半页空白和表格随意跨页；更不要有漏页，忘记添加目录与页码；等等。

一般的商业计划书应按照如下顺序及格式来编排：

（1）封面页（包括公司名称、地址以及主要创始人的名字、联系方式等）；

（2）目录及核心内容（概括了商业计划书的各主要部分）；

（3）附录（把详细的财务计划、公司创建人和核心员工的完整简历及联系方式附在正文的后面），以便投资人进行尽职调查。

第二节　商业计划书的核心内容

【小案例】启迪控股副总裁张金生谈商业计划书写作

一份优秀的商业计划一定要回答清楚下面几个问题：第一，你为什么要做这个项目。是因为市场存在巨大需求？还是因为你们自己拥有强大的核心竞争力或者独特的资源？你创业项目的市场空间足够大吗？很多创业者都是在解决一些小需求，项目的市场空间并不大，而投资方只有看到你的目标市场有足够大的空间和容量，才会支持你。第二，你要提供什么样的产品或者服务，解决什么样的痛点，能否真正地解决迫切需要解决的某些社会问题。这是必须重点考虑的问题。不能凭空想象需求，要进行大量的社会调研与分析。第三，你要怎么做才能实现你的目标。这里涉及你对行业竞争的分析、你的商业模式等。第四，为什么只有你才能做好。你团队构成是什么？团队有哪些独特优势？团队是否能够坚持不懈，能否不断地学习进步？作为一个领导者你能否团结并调动整个团队的积极性？

总之，从投资人的角度上来讲，他们最关心两个问题：一是你找到社会痛点没有。二是看你找到的这个痛点所对应的市场空间是否足够大。

资料来源：编者根据网络资料综合整理。

一、商业计划书的基本内容

商业计划书的基本内容一般包括以下12个部分。当然，在具体的写作过程中，也没有必要一章一章比照着去写，可以根据自己的项目特色和团队优势，按自己的逻辑去展开，只要结构清晰、重点突出、文笔流畅、引人入胜即可。下面，我们对商业计划书的12个基本内容进行简要介绍。

（一）执行摘要

执行摘要是一种简短而热情洋溢的陈述。商业计划书必须从一开始就吸引人，所以要写好执行摘要。人们把摘要的作用比拟为"电梯推销"，即要在很短时间内就能激起投资人足够的兴趣，并使他们想知道后面更多的信息。

执行摘要应该对一些关键问题给予简短而明确的回答：这个机会为什么必须抓住？市场规模有多大？这个项目未来的发展趋势如何？团队的核心竞争力是什么？掌握的独

特资源是什么？以上这些将为我创造怎样的竞争优势？需要融多少钱？

一般执行摘要的篇幅要控制在 2~3 页。

（二）愿景与核心价值观

愿景指企业的立场与信仰。企业领导者对企业未来的设想，即我们希望成为什么样的企业，我们在社会经济生活中将担负什么样的角色。

核心价值观指企业在长期的生产经营活动中逐渐形成的，组织成员共同分享并认同的同一价值观念。

（三）新创意及产品的形成背景

解释新产品为客户提供了什么，新创意及产品为什么是独特的、有价值的，是否具有产生巨大利润的潜力。

这部分需要讨论企业的行业外部环境，可用 PEST（分析模型）进行分析。

这部分还包括企业的基本情况，即企业的法人组织形式、当前的所有权结构、目前的财务状况等。需要注意的是，没有人愿意对一个存在所有权纠纷或管理费用过高的公司进行投资。

（四）市场营销分析

市场营销永远是企业的核心工作。

必须说明的确存在着较大的市场规模并且这是非常适合你的目标市场。

在现实生活中，会有许多顾客愿意花钱购买你的这种产品或服务吗？为什么？你可以持续吸引消费者多久？这里要论证清楚"持续"二字。

市场规模是不是足够大？要估算出一个基本的销售预期状况。

你有什么可以持续提升销售额的渠道资源？

这部分内容可重点参见前述"创业机会"的相关描述。

（五）竞争者、竞争环境和竞争优势分析

通过识别当前竞争者、潜在进入者、替代者等，综合评价竞争强度，来构建你的竞争优势（可以用五力模型客观评价对手和自己的公司在技术与运营能力上的长处与不足）。

哪些竞争对手的产品或技术实际上已经弥补了你的部分缺憾？目前还剩多少空间可以利用？必须说明你的企业如何打破竞争对手已经树立起的壁垒，如何在没有大量现金流的创业初期与已经存在的大企业展开竞争。

（六）开发、生产和选址

企业的产品或服务处于该过程的哪个阶段：是仍处于头脑中的待开发状态吗（大学生参赛的项目大多数都处于这个阶段）？还是前期准备已经很充分，正准备投产或销售？如果已准备生产了，那么预期提供产品或服务的时间表是什么？

选址对于企业的生存和竞争有重要影响。你的开发、生产和选址越是有深入的进展，就会越受投资者的青睐。

（七）管理团队

投资人宁愿投资二流创意、一流团队的项目，也不愿投资一流创意、二流团队的项目。

你团队的协作能力如何？组织结构是如何搭建的？请客观识别管理团队能力的不足，企业是否希望增加新雇员来弥补这些不足。

确定董事会成员（如果要设立）、高层管理者、外部顾问，并提供相关个人背景资料。所有团队成员的个人简历都可以放在后面的附录中。

风险投资比较青睐的优秀高管团队的特征是：具备一些创业经历、能全职工作、有处理特定行业相关事务的经验。

（八）财务部分

通过编制资产负债表，提供新企业拥有的资产和负债等方面的估价。

编制预期的现金流量表，按未来一定年限来分析企业的现金流状况。它表明预期现金流入流出的数量和时间安排，强调进一步融资的需求和时机。

预编利润表，说明基于损益的预期运营成果。通过盈亏平衡，分析为补偿所有的成本支出公司需要的业务收入要达到多少。

投资人关心的是企业存活下来直至创造出价值需要多少钱及多长时间，由此投资人需要承担多大的风险，如果一切顺利又能获得多大的回报。

这三张财务报表所展现的内容，对于大学生参加的创业比赛来说，基本是以预估的方式来完成。

（九）风险因素

讨论新企业将面临的各种风险，以及管理团队为防范风险所采取的措施和步骤。表8-1所列示的新创企业可能面临的风险，创业者要在商业计划书中一一对应地提供解决或防范的具体措施。

表8-1 新创企业可能面临的各种风险

序号	新创企业可能面临的各种风险
1	与已存在的老企业展开惨烈的价格战
2	所提供的产品和服务在顾客的新鲜感消失后出现大规模的客户流失
3	企业没有完成预期的销售计划，新的融资又无法到位，现金流开始紧张
4	前期租房、装修、生产、运输、销售过程中产生的成本远远超出了预算
5	在原材料获取、企业选址、产品研发等生产进度上没能按期完成
6	由于高管团队缺乏经验产生问题（如缺乏与供应商谈判的相关行业经验）
7	不可预测的政策出台、经济衰退、突发疫情或技术重大变革

（十）收获或退出

在此部分要说明如果创业进展不顺利，创业者将如何被取代，如企业被并购或申请破产。

如果公司获得成功，投资者将如何套现以取得收益（如公司何时以何种方式在何地公开发行股票上市）。投资者也可能通过让创业公司溢价收回股权、对外转让股权或寻求被并购等方式来达到退出目的。

很多创业者都将上市作为发展的终极目标，风险投资也会积极推动企业上市，但上市只是创业企业的一个成人礼。企业发展到一定阶段，一般都会选择上市，上市可以倒逼企业完善治理结构、增加融资途径并加大市场影响力。但千万不要认为企业的目的就是上市，创始人的眼睛还要继续紧盯产品、用户和市场，这样才可能实现基业长青。

（十一）时间表和里程碑

对发展过程要制定明确的时间表和里程碑，包括但不限于：

新企业的正式组建（如果这还没有发生）、完成产品或服务设计、雇佣最初的员工（销售人员或其他）、与分销商和供应商达成协议、进入实际生产、初次收到订单、盈亏平衡点出现等。

要为团队和员工确定几个鼓舞人心的里程碑。

（十二）附录

附录包含详细的（也可能是预估的）财务规划。

创始人与高层管理团队其他成员的完整简历（个人照片、出生年月、工作履历、特长、联系方式）等。

二、创业大赛的种类

大学生创业大赛主要以提交商业计划书并参加现场答辩为主要模式，还有一部分是以计算机模拟比赛的方式展开。在本书附录中我们列举了"学创杯"全国大学生创业综合模拟大赛等。

提交的作品：一份完整、具体、具有可操作性的商业计划书。

比赛规格：一般分为校赛、省赛和全国决赛。

评审形式：书面评审+秘密答辩（或公开答辩）。全国决赛答辩将成为各队取得最终胜利的关键。每个决赛现场的评委一般有3~4名，分别来自学术界、实业界、管理咨询界和风险投资界。一般而言，企业家和风险投资人关注项目的盈利能力和商业模式是否符合逻辑，学者和咨询专家关注项目的创新性与社会经济价值。

目前已有的创业大赛有：

（一）"挑战杯"中国大学生创业计划竞赛、"挑战杯"全国大学生课外学术科技作品竞赛

"挑战杯"是由共青团中央、中国科学技术协会、教育部、全国学生联合会和省级政府共同主办，国内著名大学承办的全国竞赛活动。比赛最终通过书面评审和答辩方式来评出获奖者。

"挑战杯"有两个并列项目，一个是"挑战杯"中国大学生创业计划竞赛，简称"小挑"；另一个则是"挑战杯"全国大学生课外学术科技作品竞赛，简称"大挑"。两者在比赛侧重点上不同，"大挑"注重学术科技发明创作带来的实际意义，而"小挑"更注重市场与技术服务的完美结合，商业性更强，"小挑"设置为金奖、银奖、铜奖，而"大挑"设置特等奖、一等奖、二等奖、三等奖。"大挑"的发起高校可报六件作品，其中三件为高校直推作品，另外三件要与省赛组织方协商推荐，而"小挑"只能推荐三件作品进国赛。"大挑"有学历限制而"小挑"没有，"大挑"分为专本科组、硕士组、博士组分开评审；"大挑"国赛最多可以报八人，而"小挑"最多可以报十

人。"大挑"的比赛证书盖共青团中央、中国科学技术协会、教育部、全国学生联合会、举办地人民政府的章，而"小挑"证书只盖共青团中央、中国科学技术协会、教育部、全国学生联合会的章。

（二）中国国际大学生创新大赛

中国国际大学生创新大赛，是由教育部与地方政府、各高校共同主办的一项技能大赛（曾名为"中国国际'互联网+'大学生创新创业大赛"）。比赛的侧重点与"小挑"相似。"互联网+"以团队形式报名，核心成员不能超过五人。

（三）其他比赛

除"挑战杯"和"互联网+"的比赛外，中国高等教育学会发布的《2023 全国普通高校大学生竞赛分析报告》显示，每年已有几十项赛事可供大学生参加，详见本书附录。

第三节　参加创业大赛的注意事项

【小案例】　某团队参加创业大赛的失败原因

某大学生团队参加一场创业大赛，他们提交了一个在线美食订购平台的商业计划书。然而，他们却在比赛中遭遇了失败。失败原因如下：

首先，该商业计划书缺乏市场调研和分析。该团队没有充分了解、分析市场需求和竞争状况。他们只是简单地认为在线美食订购平台是一个热门领域，却没有做详细的市场调研。结果在比赛中，其他团队展示了更深入的市场分析和创新思维，使得评委对其他团队的项目更感兴趣。

其次，尽管该团队有一个有吸引力的创意，但他们没有充分挖掘和落地执行。他们的商业计划书缺乏详细的战略规划和财务分析，没有清晰地说明如何运营他们的平台。在比赛中，其他团队展示了更完整和可行的商业计划书，给评委留下了深刻的印象。

再次，该团队在比赛中的演示和表达能力也存在问题。他们在现场并没有清楚地传达他们的创意和价值主张，无法有效地吸引和说服评委。相比之下，其他团队有更好的演示技巧和表达能力，更能够生动地展示他们的项目。

最后，该团队的成员之间缺乏良好的协作和分工，导致项目的前期准备不足和团队执行效率低下。在比赛中，评委对该团队项目作出了负面评价，评委认为该团队在合作方面存在严重问题，无法有效地推动项目的发展。

资料来源：编者根据网络资料综合整理。

一、　参赛团队的构成

参赛团队应由不同专业的学生组成，团队一般应包括财会专业、工科专业和营销专业等背景的成员。最好能与大四的已经成功保研本校的同学合作，这样的同学知识储备较丰富，也有较充裕的时间来参加比赛。

二、 现场答辩评审标准之正式陈述

现场答辩一般会给团队 5 分钟的项目陈述时间，不得超时。

（一） 产品及服务介绍

全面客观介绍和评价自身产品/服务的特点、性质和市场前景。

（二） 市场情况分析

对市场进行细致的调查，并对调查结果进行科学严密的分析论证。

（三） 公司战略及营销战略

公司的短、中、长期发展战略及不同时期的营销策略。

（四） 团队能力和经营管理

对团队能力有清晰的认识，掌握并熟知本团队经营管理的特点，明确公司的组织结构情况。

（五） 财务状况

公司在不同经营时期的财务状况应清晰明了。

（六） 融资方案

符合实际，并进行了企业回报率的测算。

（七） 关键的风险及问题分析

对企业在经营中可能遇到的关键风险和问题进行前期分析，并提供了实质性的对策。

三、 现场答辩评审标准之回答专家提问

（一） 正确理解评委提问

对评委所提问题要点要准确理解，回答要具有针对性，而非泛泛而谈。

（二） 及时流畅作出回答

能在评委提出问题后迅速作出回答，回答内容连贯、条理清楚。

（三） 回答内容准确可信

回答的内容应建立在准确的事实和可信的逻辑推理上。

（四） 特定方面充分阐述

对评委特别指出的问题能作出充分可信的说明。

一些现场技巧：在 PPT 展示上要扬长，在具体答辩时要避短。尽量多图少文字，因为图片冲击力更强一些，甚至可加一些短动画在里面。言多必失，最好开门见山地直接回答，过分旁征博引反而会快速消磨评委的耐心。

四、 现场答辩评审标准之整体表现

（一） 整体答辩的逻辑性及清晰程度

回答提问时内容具有整体一致性、逻辑清晰。

（二）团队成员协作配合

团队成员在陈述时有较好的配合，能协调合作，彼此互补，对相关领域的内容能陈述清楚。

（三）在规定的时间内有效回答

在规定时间内回答评委提问，无拖延时间的行为。

五、 项目的优势体现

（一）创新性

其主要有产品创新、工艺创新、市场营销的创新。

（二）商业价值

合理分析市场需求、市场现状以及预测市场容量。

（三）有效的专利保护

这是维持创新性的法律手段。

（四）盈利模式

项目怎么运营才能获得持续不断的现金流。

六、 挑战杯大赛评分标准

挑战杯大赛现场答辩评分标准代表了国内大多数创业大赛的现场打分标准，可借鉴参考，如表 8-2 所示。

表 8-2　挑战杯大赛现场答辩评分标准

环节	项目	比重/%
陈述环节 （55%）	产品/服务介绍和市场分析	10
	公司战略与营销策略	10
	团队能力和经营管理	10
	企业财务状况	5
	融资方案和回报	10
	关键风险和问题分析	5
	陈述时间控制	5
答辩环节 （30%）	正确理解评委的问题	5
	及时流畅地回答	5
	回答准确可信	10
	对评委感兴趣的问题能作充分阐述	10
团队表现 （15%）	整体答辩逻辑严谨	5
	团队成员协作完成	5
	在规定时间内完成	5

七、 要注意的其他答辩细节

（1）笔记本电脑上的效果与投影仪之间往往存在色差，如黄底白字、蓝底白字用投影仪来观看时根本看不清。所以在 PPT 定稿之后，一定要拿到教室的投影仪去全部试看一下色彩效果。还有，很多 PPT 都存在着字号过小、字数过多的问题，让下面的评委看得非常费劲，会影响最终的评价。

（2）选择展示 PPT 的成员应熟悉专业知识，有着良好的气质和形象，口头表达清晰、应变能力强。站在一旁听的团队成员要认真倾听队友的陈述，并给予适当的点头、眼神交流、运用手势进行时间方面的提醒等。这样更能体现一个团队内部的团结与合作，这些都需要赛前反复模拟训练。

（3）要敢于真诚、实事求是地表明你在创业中遇到的困难，并证明你们正努力解决这些困难。赛前模拟的时候，团队或外请人员要进行充分的头脑风暴，尽可能地设想现场可能会问你的所有问题，然后集体商量每个问题怎么去回答。

（4）要时刻关注评委的表情、兴趣点及疑惑所在。要像真正的创业者一样，通过向风险投资（这里是各位评委）展示你的项目来争取认同与投资。要时时记着你是一个成熟、谦虚、自信的创业者，而不只是一个在校大学生。

（5）有的评委会问一些很刁钻的问题，争取以幽默和真诚来解决这些问题。要努力让该评委获得一些专业成就感，永远不能与评委有正面冲突，要保持微笑与镇静。

（6）帮队友作补充回答时，一般一个问题只补充一次即可，不要在一个问题上过多纠缠。自己把握都不大时，就不要去乱补充了。永远不能对评委用反问句，如"难道您不相信我们学校的技术实力吗"。

【创业提示】参赛团队　真正的创业是在路上

参加创业大赛最关键的一点就是要有一个优秀的创始人（发起人）。发起人做事要有激情，会整合资源，判断力和执行力要很强，还要善于处理团队内部矛盾与冲突。以发起人为中心，搭建一个志同道合、彼此欣赏的团队，基本事情就做成了一半。

从近些年创业大赛的评选结果看，最终斩获国赛大奖的项目大多是能表明你的创业正在路上的项目。比如，团队在参赛时已注册了实体，或已有了产品或服务的小样，或已有一定规模的营业收入，或已获得重大专利突破等。要能充分证明你的项目及团队已经在创业的道路上稳健前行。基本上，这样的参赛项目已经战胜了大多数还处于纯粹"臆想"阶段的项目。

【实践案例】全球创新大赛中国区总决赛冠军：何霆

何霆，男，2015 年在清华大学生命学院获得博士学位，毕业后创业，现为北京艺妙神州医药科技有限公司创始人兼 CEO。他曾获第三届清华大学"校长杯"创新挑战赛金奖、清华 x-lab"年度创新之星团队"称号。公司推出的最新一代免疫细胞疗法 CAR-T 已达国际水平，在治疗复发难治急性淋巴细胞白血病、淋巴瘤和复发难治多发性骨髓瘤方面临床效果显著，公司估值上亿元。以下是他参加创业大赛后的一些心得体会。

商业计划书的写作:

撰写商业计划书是一件非常有挑战的事。到目前为止,我们团队也在不断学习和进步。一个创业团队的第一份商业计划书至少应该包括以下四个要点:第一,你们项目的背景是什么。我们的项目是针对晚期癌症治疗技术的临床应用,所以我们要解释清楚癌症是什么,做晚期癌症治疗的市场有多大。第二,你们的技术背景是什么。我们要把CAR-T从哪来、它是什么意思、能做到什么程度这一系列问题回答好。第三,你们目前已经拿到的数据有什么。我们经过前期的研发已经通过相应的技术手段完成了对癌细胞的杀伤,也做了小鼠体内功能实验,抑制了肿瘤的生长。第四,你们的团队自我介绍。

我们在做A轮融资时翻看了一下一年多以前我们做天使轮融资时写的商业计划书。现在看来,我对自己那个时候的能力真是感到惭愧,也觉得自己非常幸运。可能是由于我们团队的技术比较新颖,或是我们创始人本身的一些特质起到了加分的效果,在不是那么"靠谱"的商业计划之下仍然拿到了天使轮融资。

我们之后作出的改进主要是以下几个方面。

首先在篇幅上我们把上述四个部分所占的比重作了非常大的调整,以更方便投资人翻阅。在背景方面更突出重点,比如一开始我们介绍癌症市场的篇幅占据了十几页,但后来这部分就被缩减到了一页。其实癌症这个市场的背景很好讲,比如多少人患癌症这个问题,大家即使不知道确切的数据,也都知道这些是很严峻的社会问题,所以为什么要治疗癌症就不用说太多。

其次是CAR-T技术相关的背景。这部分是可以弹性收缩的,我们会针对不同的投资者进行不同的介绍。如果这个投资人是生物领域的专家,那有关CAR-T的介绍我们就会缩短。如果你本身了解这个技术,我们做多了也是画蛇添足。但是如果你对这个领域知之甚少,那我们就把这部分的背景再扩充一下,为你量身定制,让你能够听懂我们的技术核心是什么。

再次是关于数据的讲述也是有弹性的,也要根据受众的专业程度来定。如果这些是投资人或者创业大赛评委的专业领域,那么我们就多讲一些数据,因为他们能够通过这类核心数据看到我们CAR-T技术的前景。但是对于那些没有相关行业背景的投资人,或者只是想大概了解一下我们项目的老师,这部分的数据就会放得比较少。

最后我们会增加团队介绍的部分,突出我们团队的重点。一开始我们觉得团队不需要详细介绍,直接写清华大学何霆就可以了。后来发现这有点太草率,所以我们又增加了一些发表过的文章。我们几个人虽然比较年轻,但在学术上确实还是有过一些研究的,也有了一些不错的成果,可以通过文章和专利的罗列来增强我们的核心竞争力,尤其是技术的核心竞争力。

现在很多投资人看完商业计划书或者在创业大赛中都会问你类似的问题:你跟竞争对手相比有什么优势?因为现在完全原创的、没有任何竞争对手的创业项目或者技术实际上是几乎没有,或者说极为罕见。大部分创业项目,多多少少都会有一些类似的可以竞标的企业或者存在一些有潜在竞争关系的对手。因此你与他们的比较是很重要的,无论优劣都应该给投资人或者评委真实地分析出来,这一点将会对他们产生比较大的影响。

现场答辩前的准备：

第一次呈现是在 2015 年年初"创办新企业"课程的启动仪式上。在活动结束之后，我拿了一张写满了我们技术介绍的纸，那是当天匆匆忙忙凑的一张纸。我把我们的项目简单介绍了一下，就把它拿给了高建老师。就在活动的现场，我站在台下问高老师：高老师您好，我是生命学院的何霆，我们正在研究白血病治疗的相关技术。我们一定要把它研究成功，请您看看如果我们这样创业的话，您能不能支持我们一下。大概就是说了这么一番话，交了一张纸。现在想想我觉得当时的自己非常不成熟，太过于随意。虽然这是一个非常认真的想法，但是我呈现的方式真的太简单了，并没有拿出一份合格的商业计划书。

我觉得我做得最棒的一次商业计划的演讲是在 2015 年全球创新大赛中国区的总决赛上。当时我发现这些同期参赛的选手的能力和项目都很强，我觉得跟他们相比我们好像没有什么优势。所以在大赛前一天晚上我自己练了很久很久，那天晚上所有的活动我都没有参加，从下午回去就开始大改 PPT，花了几个小时改好之后我又开始练习，也就是开始写稿，我把每一页 PPT 要讲的内容都写了下来。最后一直练到凌晨几点我忘了，但是大概练了一二十遍，其实就是不断重复自己的 PPT，然后按照大赛要求的时间来准备，不断地掐点，最后练到跟规定时间几乎完全吻合，熟练到我在每一页开始的时候都能想到下一页说什么，同时每一页之间承接的每一句话，也就是这一页结尾到下一页开头的那句话，以及在什么时候按翻页键，等等。每一个细节我都来来回回确认过好多遍，直到最后我觉得还算满意的时候，我才去睡觉。然后我设了一个特别早的闹钟，第二天早上起来我又练了大概四五遍。最终我的演讲还算比较流利完整，同时还搭配了一些比较生动的案例。不仅在科学技术上，同时也在情感上展现了我们团队的优势，尽可能地打动我们的观众和评委。最终结果证明我当时那一晚上的演练还是非常有效果的，我们拿到了中国区的第一名。

在演讲的呈现过程中，第一要把握好时间。很多创业大赛都是有时间要求的，我们平时见投资人可能是一些私下的场合，也会由于双方的日程安排等因素有一定的时间弹性，所以交流沟通起来时间会稍微宽松一些。但是如果你们需要更多时间来讨论的话，你在 PPT 上花的时间过长一定会影响后面你们更高效的沟通与交流。所以孰轻孰重，需要自己把握。但是总时间的管理一定是非常重要的。在创业大赛上是绝对不能超时的，如果是一个比较严格的创业大赛，主持人或者评委可能会直接打断你。如果后面该重点讲的部分你还没有讲，这是很糟糕的。第二要做好 PPT 之间的衔接，你必须对你讲的内容非常熟悉。每一页之间都要有一个流畅的承接，过渡不能太生硬。第三要注意你的语言，不能用一个声调从头讲到尾。这方面其实我做得并不是特别好，希望大家能做到在需要重点强调的问题上，在语调上有所停顿或加重。总之就是要与非重点内容有所不同，可以采用更醒目的表达方式。第四必须面向你的受众。不管是对一个人还是对几十、几百号人，我们都要面向观众，不要背对他们，要有足够多的眼神交流。这一点尤其是在小范围内的 PPT 讲述中是非常重要的。比如我们有时上投资决策委员会，会遇到四五个投资人同时坐在下面。此时你跟每个人都要有充分的眼神交流，让他们看到你是一个非常自信的人，而且势在必得，有坚定地把这个事业做下去的决心。这些要通过自己的肢体语言来表达。

这四个方面一定要作充分的准备，不要忽略任何一个细节。即使这个PPT你已经讲过很多遍，哪怕你早已对你们的技术或者产品了然于心，但是当你要去展现它们的时候，你面对的可能是不同的人，你面对的可能是修改过的PPT，所以一定要作充足的准备，想好怎样承接，怎样去针对投资人的问题作出解答。尤其是面对不同的受众，你要重点强调的问题可能并不完全相同。对于有的投资方，你可能需要强调你的团队。但是对于另一部分投资人，你要强调的是你的资源。总之就是尽可能把自己优秀的地方展现得更好。

商业计划书不要太长，可能你写了几十页的商业计划，但是内容比较简单，这个篇幅会让投资人和评委阅读起来感到乏味。尤其是在计划书本就营养不足的情况下，这个状态会更糟。总之，要控制篇幅，啰唆的话尽量不讲，越精简越好。

资料来源：露露君. 何霆：持续研发创新 CAR-T 疗法，让癌症不再是绝症（有改动）. https://news.yaozh.com/archive/31402.

【思考与成长】

1. 简要说明商业计划书的核心内容。
2. 组建一个团队，写一份完整的、有吸引力的商业计划书。
3. 扫下面的二维码学习商业计划书写作。

星空酒店项目商业计划书

善书法律诊所项目商业计划书

就业篇

第九章
就业流程和渠道

 【导入案例】大学生就业去向

2023 年我国高校毕业生人数达到 1 158 万人，毕业生就业情况广受社会关注。智联招聘发布《2023 大学生就业力调研报告》，围绕就业去向、就业期待、求职心态与行为、求职进展等维度，反映不同学历、专业、毕业院校学子的就业现状，为毕业生寻找理想工作、企业寻求合适人才提供参考。

调研显示，2023 届毕业生选择去体制内单位就业的比例从 2022 年的 50.4% 上升到57.6%，选择自由职业的比例从 2022 年的 18.6% 下降到 13.2%，选择在国内继续学习的比例从 2022 年的 9.3% 下降到 4.9%。分析发现，一方面，2023 年高校毕业生规模达1 158 万人，比去年增加 82 万人，2023 年研究生招生规模预计为 120 万人，比去年的124 万人并没有明显变化。因此，能在国内继续学习的毕业生比例下降。另一方面，在影响应届生就业去向的因素中，就业压力、经济形势、所学专业为 TOP3，比例分别为74.6%、57.9%、54.7%，较 2022 年分别上升 27、22、18 个百分点。相较个人因素，环境因素是影响毕业生就业去向的主要因素，且影响程度仍在加大。当前国内经济进入恢复期，在新的环境下，多数毕业生更倾向于抓住现有工作机会，同时，对传统体制内单位就业的偏好加强，而对稳定性相对较低的自由职业偏好开始减弱。

资料来源：李定. 应届生求稳心态持续上升，2023 大学生就业力报告出炉（有改动）. https://baijiahao.baidu.com/s? id=1765059354392992998&wfr=spider&for=pc.

随着我国教育体制的不断改革，高等院校数量的逐渐增多，每年的高校毕业生数量也在不断上涨，2024 年全国普通高校毕业生规模达 1 179 万人，比 2023 年又增加 21 万人，大学生就业已成为社会关注的焦点问题之一。受当前国际和国内形势影响，当前大学生面临着前所未有的就业压力和选择困境，大学生在选择就业渠道和方式时，往往会将自身兴趣、职业价值观、职业发展前景以及市场需求等多个方面的因素纳入就业决策的考虑范围，传统的专业与职业对口的就业模式已经无法适应时代变化，也不能满足大学生多元个性需求和职业发展追求，如何选择最合适的就业方式成为大学生们需要认真思考和权衡的问题。本章将探讨大学生就业的主要流程和渠道，希望通过梳理就业流程、介绍不同就业渠道和方式，帮助大学生更好地了解当前职业市场的现状，根据自身特质挖掘适合的就业机会，在就业时作出适当且满意的选择。

第一节　就业的一般流程

【小案例】　多渠道收集就业信息是成功就业的关键步骤

大三下学期，小李所在的班级被安排到外地集体实习两个月，正当班上其他同学都在准备未来两个月的实习时，小李却在准备其他的事情。他先找到不随同去外地的班主任，拜托班主任如有合适的单位帮忙推荐，并留下几份自荐材料。接着，他还找到一个低年级的师弟，请他帮忙关注学校就业信息栏，看到重要的招聘信息就通知他。最后，他仔细查询了实习的两个月中各地人才交流会的信息，并根据实际情况作了安排。然后他便去安心实习了，在实习期间他参加了几家单位的招聘面试。实习结束，他的工作也随之落实了。

一般来说，进入毕业季的大学生就业时大致会经历求职准备、获取信息、投递材料、笔试面试和签订协议这几个阶段，如图9-1所示。

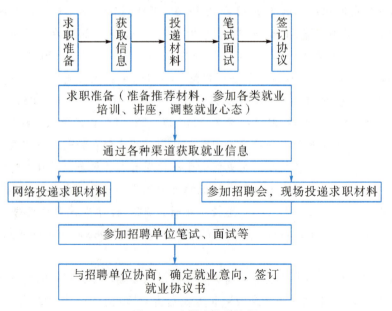

图9-1　大学生就业流程

资料来源：编者根据网络资料综合整理。

上述流程的时间节点和大学生的求职准备安排如下：

8月：校园招聘过程中的网上申请将相继开放，可关注心仪企业开展校园宣讲会的时间及招聘信息，并根据目标公司和招聘岗位实际情况修改完善个人求职简历，作好面试准备。

9月：校园招聘高峰期开始，同学们应积极参加企业校园宣讲会和双选会，同时利用线上资源查看"网申"（网络在线申请）信息，完成相关流程。

10~11月：招聘信息最密集时段，各大高校陆续举行现场招聘会，较早开始招聘的企业将开始笔试和面试。此时还是国家公务员考试报名开始的时间，有意向参加公务员考试的同学应该此时关注国家公务员局官网，在线查看考试报名信息。各地公务员省考的报名时间一般都在国考之后，从11月起到第二年的2月，可登录当地组织部或人事考试官网查看相关考试信息。

12月：笔试、面试高峰期，盯住目标企业针对性地参加招聘会；关注学校就业网站，充分利用网络渠道投递电子简历。国家公务员考试的笔试时间一般在11月底或12月初，参加公务员考试的同学也应在这之前作好行政能力测验和申论的笔试准备。

1月：大多数学校开始放寒假，此时可利用寒假准备与求职目标相关的实习或考试，修改完善简历内容，总结简历投递和面试经验，为节后的求职作更周全的准备。

2月：利用回家过年期间，主动了解家乡就业环境，拓展职场的人脉资源，在家人的帮助下，也可以寻找回家乡就业的机会。

3月：进入各个公司春季招聘时期和公务员省考笔试、面试高峰期，关注"网申"、招聘会和招聘信息，把握住"金三银四"的集中招聘机会。

4月：关注企业招聘信息、各类招聘会，积极投递简历，参与面试，抓住招聘季的尾巴。

5月：毕业前抓紧时间投递简历，寻求面试机会，对应届生的招聘会将进入淡季。

6月：完成就业与离校手续。

一、求职准备

大学生毕业后的第一份工作还是非常重要的。不能打无准备之仗，求职之前，要结合自身求职意愿，作好各个方面的准备。

（一）了解就业形式与就业环境

了解当前的就业形势是大学生就业准备工作的一个重要环节，影响大学生就业选择的方向以及大学生就业的成功率。认清宏观形势及目标行业的就业形势，能帮助大学生作出正确的判断，在就业时选择合适的就业岗位，做到有的放矢，提高就业的成功率。

（二）就业资源的开发利用

就业资源是指对大学生求职、就业有实际价值或帮助的政府政策、人际关系、职业经验等各类信息。但是，大学生在就业前能与社会接触的途径较少，获得的社会资源也相对较少，因此大学生的就业资源是相对有限的。大学生可利用的就业资源包括：

1. 家庭就业资源

在我国，血缘关系的延伸和扩展是社会关系的重要组成部分。家庭关系在社会关系中属于强关系。国内研究表明，这种强关系在大学生初次就业中发挥着重要的作用。因此家族成员中的每一个人都是大学生就业的重要社会资源。

2. 学校就业资源

学校是大学生获取就业资源的重要场所。由于学校的特殊地位，学校所提供的就业信息往往准确而成功率高。学校的社会资源主要分为教师的社会资源与其他校友的社会资源两类，大学生应重视并积极争取学校专业课教师、辅导员以及校友介绍的就业机会，这样的机会往往更符合学校定位和大学生的个人情况，成功就业可能性更大。

3. 社会就业资源

大学生要完成从在学校期间依靠父母到独立走向社会的转变，在这一过程中有较多与社会接触的机会，如专业实习、社会兼职、参加公益活动等。在参与这些活动、积累工作和社会经验的同时，可以部分弥补大学生社会关系薄弱的不足，这些社会关系也是大学生重要的就业社会资源。

二、 获取信息

在信息爆炸的时代，在海量的就业信息面前，如何获得对实用性和真实性俱佳的信息至关重要。获取信息的渠道有以下这些：

（一）关注国家、地方就业指导机构的信息

通过毕业生就业指导机构，掌握国家和地方有关就业的方针、政策，收集用人单位信息，这是毕业生获取就业信息的重要途径。例如，一些基层就业项目就是国家和地方政府大力支持的就业方式，了解这些政策能够增加就业决策选项，减少就业盲目性。

（二）利用学校就业指导服务机构获得信息

学校就业指导服务机构同地方各级主管部门和有关单位保持着广泛而密切的联系，并与用人单位在长期合作中建立了稳定的关系，了解和掌握大量的人才需求动态和信息，其获得的就业信息的针对性、准确性、可靠性较强，对就业政策掌握得比较全面、准确，并具有一定的指导性，是毕业生重要的求职信息源。

（三）参加地区、行业、高校举办的就业双选招聘会

为解决本地区、本行业、本校毕业生就业问题，解决用人单位对人才的需求问题，各地区人事部门和教育部门、各行业、各高校每年都会举办一些定期或不定期的就业双选招聘会。这类招聘会具有较强的供需针对性，毕业生在此类招聘会查询到的需求信息也比较准确、可靠，这对毕业生来说也是立足本地就业的一种重要信息渠道。

（四）有效利用网络获取信息

网上求职的特点是信息量大、更新快，用人单位和求职者交流便捷、迅速，这是目前最热门也是最快捷的获得就业信息的有效渠道。

毕业生随时可以通过人力资源网站查询有效信息，也可以直接把简历用电子邮件的方式提交给对方。求职者还可以经由网络了解公司的背景、运营状况等，甚至可以通过网络进行视频应聘。但需要注意的是，网络信息未经过筛选，面对海量就业信息，在搜集、加工、整理和使用过程中，还需要增强法律意识和安全意识，提高警惕，识别招聘骗局和各种虚假信息。

（五）利用家庭和各种社会关系获取信息

通过企业、亲戚、校友、好友和其他各种关系了解到的社会需求信息往往针对性更强，也比较准确、直接，就业成功率也比较高。因此，这是毕业生获取就业信息直接可靠的有效渠道。

（六）通过社会实践和各种教学实习获得信息

参加毕业实习或到企业参加社会服务、社会调查等社会实践活动，不仅能使毕业生将所学的知识直接应用于生产、服务于社会，而且能开阔毕业生的视野，帮助他们了解社会对毕业生素质的基本要求和对毕业生的需求情况，同时也有利于毕业生与用人单位进行前期沟通，这是毕业生主动适应社会、获取就业信息的又一途径。

三、投递材料

以下是常见的应聘材料投递渠道与方式：

（一）网络投递求职

"网申"的渠道一般包括两种：一是公司官方网站页面；二是第三方招聘网站开设的专门投递简历的页面。

"网申"的基本流程是：找到官方界面注册登记→选择意向岗位（注意区分平行志愿和顺序志愿）→在线填写个人基本信息→回答部分企业设计的开放性问题和进行性格评估测试。

在线招聘的基本流程是：招聘方通过"网申"页面（一般为公司官网）收集简历，并对求职者进行初步筛选。"网申"通常需要申请者填写一系列信息，这些信息通常通过机器筛选与人工筛选相结合的方式筛选。

（二）参加招聘会、现场投递求职材料

1. 了解参会单位情况

参加招聘会前，求职者需要尽可能多地了解参会单位的情况。首先，需要通过浏览招聘会主办方的网站或主动向主办方咨询等方式了解参会的招聘单位的情况，包括企业名称、岗位名称、工作要求、任职要求等信息；其次，需要根据自己的求职意向筛选并列出自己的目标单位；最后，将自己选定的目标单位的展位编号记下来，这样在参加招聘会时可以直接按展位编号快速地找到目标单位，节省时间和精力，提高效率。

2. 针对求职意向准备简历

很多求职者在参加招聘会时会犯"一份简历包打天下"的错误。事实上，越是针对性强的简历，越容易得到认可。参加招聘会时，需要根据自己的求职意向和应聘岗位的具体情况准备多个版本的简历。

3. 准备相关物品

求职者在参加招聘会前需要准备相关物品，包括身份证件、简历及其复印件、获奖证书、职业资格和技能证书、工作经验证明材料等。

4. 准备得体的着装

参加招聘会时求职者需要着装得体，保持良好的个人形象。最好是穿正装，既能体现出对用人单位的尊重，也能表现出你的专业气质。

5. 确认出发信息

在参加招聘会前，求职者还需要明确招聘会的时间、地点，确定合适的出发时间、交通方式和乘车路线。

【求职提示】 了解求职市场和目标岗位需求是求职前的重要准备

经常访问学校就业网站及各大招聘网站，关注学生就业指导服务办公室微信公众号，搜索、查询和自己专业紧密相关的单位信息。

向名企"网申"时，注意根据公司文化、用人理念、岗位要求等，突出自己的相关特点，要写出关键用词而不是一味堆砌文字。

四、 笔试和面试

大部分招聘都会要求求职者参加笔试和多轮面试。这里我们先对笔试和面试进行简单介绍，后面有专门章节来详述。

在招聘过程中，笔试是一种常用的考核办法，主要用于应试人数较多、需要考核专业知识面或需要重点考核文字能力的情况，是用人单位采用书面形式对求职者所掌握的基础知识、专业知识、文化素质和心理素质等综合素质进行的考查和评估，主要有专业考试、个性测试、命题作文、综合能力测试等。

面试是求职过程中的关键环节，其结果直接决定着招聘单位是否录用求职者。面试最为普遍的形式是在设定问题（题目）的前提下，由面试官提问，求职者回答。就用人单位而言，每一种面试中的交谈都是有目的性的，其本质是考察求职者是否具备任职所需的素质，而不是为交谈而交谈，这也是面试与交谈的根本区别。面试目前有很多种分类，有一对一（多）面试和小组面试。

五、 签订协议

当毕业生与用人单位经过"双向选择"，在具有一定了解和友好协商的基础上决定互相接纳、达成工作意愿之后，便以就业协议的形式将这种关系确定下来，也就是签约。就业协议是全国普通高等学校毕业生就业协议书的简称，是高校毕业生和用人单位在正式确立劳动关系前，明确毕业生、用人单位和学校三方在毕业生就业工作中的权利和义务的书面表现形式，能解决应届毕业生户籍、档案、保险、公积金等一系列相关问题。就业协议是高校毕业生和用人单位确立劳动关系的法律依据，是双方确立劳动关系的标志，与用人单位发给毕业生的 offer 有本质的区别。

（一）就业协议与 offer 的区别

1. 定义不同

offer 一般是单位提供的一个录用意向，要求高校毕业生在上面签字，表明接受对方的录用意向，愿意到单位工作，本质上是个人和企业签署的一个合同。这种形式一般在外资企业中比较常见，另外一些不能解决户口的单位通常也会与高校毕业生签署一个这样的 offer，等正式工作后再签署劳动合同。

2. 约束效力不同

offer 是毕业生和公司签署的一个录用意向，并不涉及学校，对毕业生的约束力不大，同样对公司的约束力也不大。即便拿到 offer，毕业生也可以不去，而公司也可以随时不录用该毕业生。而三方协议则不同，这是应届毕业生与用人单位、高校之间签署的正式协议，对用人单位、高校以及高校毕业生都有很强的约束力，也是正式的合约。如果违反三方协议，比如某学生已经签了三方协议而反悔不去，想要回已签订的就业协议，往往得向用人单位进行赔偿，才能重新签订新的三方协议。

（二）就业协议签订的程序

首先，由毕业生本人在协议书上以文字的形式明确表达自己同意到选定单位工作的意愿，同时签署本人姓名。其次，由用人单位人事部门负责人代表单位签署同意接收该毕业生的文字意见，并签字盖章。如果该单位没有人事权，则还需要报送其上级主管部门签字盖章，予以批准认可。最后由毕业生所在院（系）签署意见后，再到学校毕业生就业主管部门审核并签字盖章、纳入就业方案并将就业协议书反馈到各方手中。在完成上述程序之后，协议正式生效，被列入国家就业方案，下达到学校和有关部门、地区执行。

【求职提示】就业协议签订的相关问题

1. 个人人事档案回生源地是什么意思？

毕业生离校前未确定个人人事档案去向的，学校的学生就业指导服务办公室依据各省（市）当年政策由系统将自动个人人事档案迁回生源所在地就业主管部门。

2. 就业协议和劳动合同是什么关系？

就业协议由毕业生与用人单位协商签订，确定双方的关系，是学校编制毕业生就业方案的依据。劳动合同是毕业生与用人单位明确劳动关系中权利义务关系的协议，学校不是劳动合同的主体，也不是劳动合同的见证方，劳动合同是毕业生从事何种岗位、享受何种待遇等权利和义务的依据，其复印件也可作为学校编制毕业生就业方案的证明材料。

3. 户口和档案重要吗？

户口和档案是证明毕业生身份和经历的重要个人历史材料。出国、创业、考取公务员等，都需要开具户口证明或调档政审。毕业生离开学校后应清楚自己的户口和档案去向。

第二节　基层就业的项目

【小案例】耶鲁大学毕业后回国扎根农村

1985 年，秦玥飞出生在重庆市一个普通家庭，父母都是工人。在高中期间他就完成了托福考试，满分的成绩让所有人都惊美不已。当年耶鲁大学在中国只招收两位高中毕业生，而其中一位就是秦玥飞。他取得了耶鲁大学全额奖学金，赴美留学。

2011 年，秦玥飞从耶鲁大学毕业，他早已被标上了"精英"的标记。在这种情况下，留在美国发展应该是大部分人会作的选择，但是他却放弃了这个机会。回到了自己的祖国，去偏远山区工作。从此，他便过上了脚踏泥泞、俯首躬行、心系村民的平凡生活。初到山区，秦玥飞并不被村民信任，他所在的大学培养的早晨洗澡的习惯在村民眼中是浪费水的表现，这时他才明白：村民们需要的不是从什么耶鲁大学毕业的高才生，而是同他们一样的自己人。从那时开始，为了得到村民的信任，他常坐在地头与干活的人们闲谈，慢慢地拉近与村民的距离。时间久了，村民们慢慢地接受了这位外来的小伙子，在路上会同他打招呼，会找他帮忙，甚至有时候还会开他的玩笑。

秦玥飞也时刻没有忘记自己的使命，他经常去外面为村子拉投资、搞赞助，但经常灰溜溜地回来。慢慢地他开始明白，既然走出去不能实现，那么就让更多的人看到偏远地区的发展。于是在 2015 年，秦玥飞创办了"黑土麦田公益"。他修水渠，改造敬老院，做街道硬化和加装照明设施，为学校搭建信息化教学平台。他在的这几年中，村子的变化巨大。

2017 年 2 月 8 日，秦玥飞获得"感动中国 2016 年度人物"。这一刻，人们才知道他的决定没有错，被他的奋斗精神深深感动。同年 8 月，秦玥飞第二个任期结束，他再次婉拒了组织上的提拔，他说："这六年我过得很开心，我的价值在农村，这条路才刚刚开始走，还要继续。"

资料来源：新会共青团.【正能量】他是耶鲁中国高才生，年薪本可高达 6 位数，如今却沉到农村 6 年一贫如洗（有改动）. https://mp.weixin.qq.com/s? __biz = MzA4ODMyNzIxNQ == &mid = 2650472975&idx = 1&sn = c84d5080c3e9cfd6a6b8a411bfc9 a870&chksm = 8824774fbf53fe597102642a7cdad52d694d9248e75a24b2e8b9460b4cf86a915b8 39667f6da&scene = 27.

除了市场化就业方式之外，还有各地组织部门组织实施的优秀高校毕业生选调计划，中央各有关部门还组织实施的一些引导高校毕业生到基层就业的专门项目，包括中央组织部、人力资源社会保障部等八部门组织实施的高校毕业生"三支一扶"计划，团中央、教育部等四部门组织实施的大学生志愿服务西部计划，教育部、财政部等四部门组织实施的农村义务教育阶段学校教师特设岗位计划。

一、 优秀高校毕业生选调计划

选调生，是各省党委组织部门有计划地从高等院校选调品学兼优的应届大学本科及其以上毕业生到基层工作，作为党政领导干部后备人选和县级以上党政机关高素质工作人员人选进行重点培养的群体的简称。

（一）报名条件

主要选调身体心理健康的本科生、研究生中的共产党员（含预备党员）、优秀学生干部和三好学生。各省份情况差别较大，部分省份只要求满足学生干部、三好学生和中共党员三个条件中任意一个即可。2011 年以来，部分省份参加基层服务项目、符合选调生条件的往届高校毕业生（像"三支一扶"人员等）也可以参加报考。

（二）招募程序

选调生考试报名采用网上报名的形式进行，报考人员在规定时间内登录各地人事考试网进行网上报名。资格审查贯穿考录工作全过程。

（三）考核方式

部分省市的选调生考试科目开始慢慢地向国家公务员录用考试科目靠拢，比如湖北、山东等地，选调生考试科目为行政职业能力测验、申论两科。当然，还有部分省市的选调生考试还没有和国家的公务员录用考试完全一致，比如重庆、天津等地，选调生考试科目为综合知识、申论两科。

二、 高校毕业生"三支一扶" 计划

"三支一扶"，特指支农、支教、支医和帮扶乡村振兴。该计划的招募对象为适龄大专及以上学历毕业生。各地也可根据岗位需要，适当提高至本科及以上学历。在符合专业等其他条件前提下，职业院校（技工院校）预备技师（技师）、高级工班毕业生可分别对应报名应聘学历要求为大学本科、大学专科的岗位。

（一）报考条件

报考人员应符合以下条件：

（1）具有中华人民共和国国籍。

（2）自愿到基层工作，具有良好的政治素质和道德品行。

（3）具备正常履行职责的身体条件和心理素质。

（4）符合法律法规和招募岗位要求的其他条件。

凡有下列情形之一的，不得报名：

（1）曾受过刑事处罚的，曾受过开除中国共产党党籍、开除公职等党纪政务处分的。

（2）曾因严重违反纪律、规章制度等被单位依法解除劳动（聘用）合同的。

（3）考试违规违纪在禁考期内的。

（4）被依法列为失信联合惩戒对象的。

（5）正在接受纪律审查或司法调查尚未得出结论的。

（6）已参加过"三支一扶"服务的。

资格审查贯穿招募全过程。任何时候发现报考者有不符合报考资格条件、弄虚作假的情形，取消考试及招募资格，所产生的后果由报考者本人承担。

（二）招募程序

网上报名（6 月）→资格初审（6 月）→打印准考证（7 月）→考试（7 月）→体检→公示→签订协议→岗前培训→正式上岗（9 月）。

（三）考核方式

考试分为笔试和面试，笔试、面试成绩各占考试总成绩的50%。

（1）笔试：笔试科目为职业能力测验，网站于7月下旬公布笔试成绩及进入资格复审人员名单，进入资格复审人员名单于7月底由各市（州）人力资源和社会保障部门安排在相关网站公布。根据同一岗位考生笔试成绩，按照招募岗位名额的3倍，从高分到低分依次确定进入资格复审人员名单。拟进入资格复审的最后一名笔试成绩相同的并列人员一并进入资格复审。对进入资格复审人数达不到招募名额3倍的岗位，该岗位符合条件的笔试人员全部进入资格复审。

（2）资格复审及面试：资格复审及面试的时间、地点，由各市（州）人力资源和社会保障部门安排在相关网站公布。资格复审须查验考生有效居民身份证、毕业证原件及其他需要提供的证明材料。暂未取得毕业证的应届毕业生需出具本人学生证（无学生证的，出具所在学校主管毕业生就业工作部门开具的院系、学历层次和专业等情况证明）。暂未取得教师资格证的人员要出具有效期内的中小学教师资格考试合格证明或笔试合格成绩。签订服务协议前仍未取得毕业证及岗位要求相关资格证书的，视为不合格，取消招募资格。留学人员应持教育部留学服务中心认证学历、学位，参加资格复审，留学期间所学专业未列入国家教育行政部门颁布的学科专业目录的，可按有关规定进行第三方专业认定，认定与招聘专业为相似专业的视为专业条件合格。招募岗位专业条件涉及专业方向或专业认定有异议的，由招募单位负责审查认定。

因资格复审不合格或考生自动放弃出现面试人选缺额，在报考同一岗位的考生中，按笔试成绩由高到低的顺序依次递补（仅递补一次）。未在规定时限内参加资格复审的，视为考生自动放弃面试资格。资格复审或缺考出现空缺造成实际参加面试人数少于拟招募人数3倍时，面试正常进行。如招募岗位实际面试人员未形成竞争（即参加面试人数小于或等于该岗位拟招募人数），该岗位面试人员面试成绩低于其所在面试考官组使用同一面试题本面试所有人员平均成绩的，取消招募资格。

对有人参加笔试，无人参加面试的岗位，可在本县（市、区）报考同一项目、参加面试、符合岗位需求且同意调剂的考生中按考试总成绩从高到低进行调剂招募。

三、 大学生志愿服务西部计划

大学生志愿服务西部计划（以下简称西部计划）是指由团中央、教育部、财政部、人力资源社会保障部联合实施，由财政部、人力资源社会保障部给予相关政策、资金支持。按照公开招募、自愿报名、组织选拔、集中派遣的方式，每年招募一定数量的普通高等学校应届毕业生或在读研究生，到西部基层开展为期1~3年的教育、卫生、农技、扶贫等志愿服务。

（一）招募对象和报考条件

招募对象为普通高等学校应届毕业生、在读研究生。报考人员应符合以下条件：

（1）具有志愿精神，优秀学生干部和有志愿服务经历者优先。

（2）学分总绩点（或学业成绩）排名在本院系同年级学生总数前 70% 之内。

（3）通过毕业体检和西部计划体检。

（4）获得毕业证书并具有真实有效居民身份证。

（5）西部急需的农、林、水、医、师、金融、法学类专业者优先。

（6）入学前户籍所在地在西部地区者优先、已录取为研究生的应届高校毕业生和在读研究生优先。

（二）选拔流程

笔试、面试（5 月底）→体检（6 月初）→公示、录取志愿者（6 月中旬）→审定确认（6 月下旬发放报到说明书、9 月上旬公布名单）→岗前培训（7 月底）。

志愿者补招、信息确认和岗位调换：培训派遣期间，如出现入选志愿者流失，服务省项目办在本省派遣指标内，结合前期招募选拔情况进行补招。补招需严格按照相关选拔条件及体检程序执行，经培训后方可派遣。志愿者到达服务地后，须在 8 月 15 日前登录西部计划信息系统，填写确认服务岗位、服务地联系方式、发放补助个人银行卡号等有关服务信息。

（三）考核方式

西部计划需要进行考试。考试一般由推荐单位组织，考试分为笔试和面试。笔试主要考察报名学生的政治思想素质、学习成绩、志愿服务经历等情况。西部计划的面试主要考查考生的语言表达和临场应变能力：第一部分是个人综合陈述，第二部分是和考官面对面交流。

四、 农村义务教育阶段学校教师特设岗位计划

农村义务教育阶段学校教师特设岗位计划是中央实施的一项对中西部地区农村义务教育的特殊政策，通过公开招聘高校毕业生到中西部地区县以下农村学校任教，引导和鼓励高校毕业生从事农村义务教育工作，逐步解决农村学校师资总量不足和结构不合理等问题，提高农村教师队伍的整体素质，促进城乡教育均衡发展。

（一）招募对象和报考条件

（1）符合招聘岗位要求，具有相应的教师资格证书。

（2）全日制本科或高等师范专科毕业。

（3）年龄不超过 30 周岁。

（4）参加过西部计划、有从教经历的志愿者和参加过半年以上实习支教的师范院校毕业生在同等条件下优先录取。

以上只是大多数省份的要求，具体到不同省份，还应以各省公告细则为准。

求职者应取得相应学段的教师资格证书，且教师资格证书的任教学科与招聘岗位学科一致。报考音乐、体育、美术、信息技术岗位的，教师资格证书的任教学科应与招聘岗位的学科一致或相近。具体条件参照招聘公告。

（二）报考流程

公布需求（4、5月）→报名（4、5月）→资格审查（5、6月）→考试考核（5、6月）→集中培训（8、9月）→资格认定→签订合同→上岗任教（9月）。

（三）考核方式

笔试部分包括专业基础知识、教育理论知识（教育学、心理学、教材教法、教育法规、新课改等），有些地区还有文史、法律、数学、政治、时事等综合知识。面试和普通教师招聘大致相同。考生的笔试综合成绩由教育公共基础笔试成绩和专业知识笔试成绩共同组成，它们各占50%的分值。

面试部分包括试讲、说课、答辩和结构化面试。教师招聘结构化面试通常有10分钟面试和15分钟面试两种。10分钟面试回答两道题目，15分钟面试回答三道题目。从题目的内容来看，大多数都是围绕教师相关知识进行考察。

四种就业方式之间的差异见表9-1所示。

表9-1　基层就业的四种形式

区别	就业方式			
	优秀高校毕业生选调计划	高校毕业生"三支一扶"计划	大学生志愿服务西部计划	农村义务教育阶段学校教师特设岗位计划
选拔与考试	全省统一考试，常要求（预备）党员、学生干部	各省单独招录考试	志愿者，申请报名制	主要面向师范生
考试难度	相对于公务员的国考与省考，因选拔的范围小，难度稍小	考试竞争较大	比较简单	有些难度
岗位	两年选调期满，考核合格，作为优秀后备干部培养	支农、教、医、扶贫，两年期满可续一年	医疗、卫生、农技、教育等	农村中小学
组织关系	组织关系在组织部门	组织关系转至服务单位	组织关系可以转至服务单位	组织关系可以转至服务单位
编制	有编制，属公务员的一种招录方式	不确定，很多地区可落实原岗事业编	无编制，少数地区服务期满可入编	三年期满，考核通过后，大多直接入编
成长途径	可直接上调，或通过公务员考试等方式进入更高一级部门工作	为农村和基层带来人才，也可为个人发展提供一些机会	服务期满，三年内考研加10分，考事业单位有加分	通过服务基层教育的方式，为未来的职业发展铺平道路

表9-1(续)

区别	就业方式			
	优秀高校毕业生选调计划	高校毕业生"三支一扶"计划	大学生志愿服务西部计划	农村义务教育阶段学校教师特设岗位计划
待遇	享受同级别公务员待遇	一次性安置补贴,每月有生活补贴、每年有交通补贴	可享受学费补偿和助学贷款代偿	特岗教师服务期内买五险一金。可免试攻读教育硕士

【求职提示】用好高校毕业生就业创业补贴政策

高校毕业生就业关系民生福祉、经济发展和国家未来,国务院、人力资源和社会保障部相继出台了一系列推进高校毕业生就业创业的计划,其中有多项补贴,可供不同情况的高校毕业生申请。由于各地申请条件、补贴标准有差异,具体内容可查看当地人力资源和社会保障局官网。下面以2023—2024年度重庆市出台的政策为例,介绍几项常见的高校毕业生就业补贴政策。

★社会保险补贴

一、适用范围

(一)用人单位:招用登记失业离校两年内的高校毕业生,与其签订劳动合同并按规定缴纳社会保险费。

(二)在重庆市行政区域内实现下列灵活就业,并缴纳社会保险费的登记失业离校两年内的高校毕业生:

1. 为自然人及其家庭(近亲属除外)提供孕产妇新生儿照护、婴幼儿照护、饮食服务、保洁服务、老人照料、病人陪护的家政服务人员。

2. 个体工商户雇工。

3. 在城市管理部门规定区域和时间内,销售农副产品、日常生活用品的商贩(取得工商营业执照的人员除外)。

4. 网约车驾驶员。

二、补贴条件

按规定缴纳社会保险费,先缴后补。

三、补贴对象及标准

(一)用人单位:按其实际为招用人员缴纳的职工养老保险费、职工医疗保险(含大额医疗保险)及生育保险费、失业保险费和工伤保险费计算(不含个人应缴部分)。

(二)灵活就业人员:按个人实际缴纳职工养老保险费、医疗保险(含大额医疗保险)费的2/3计算。

四、补贴期限

不超过三年。

五、补贴申请

用人单位向所在地区县(自治县)公共就业和人才服务机构申请,灵活就业人员向就业登记地街道（乡镇）公共就业创业服务机构申请。

★公益性岗位补贴

一、适用范围

登记失业离校两年内的高校毕业生。

二、补贴条件

用人单位招用上述人员安置在公益性岗位，与其签订劳动合同并缴纳社会保险费。

三、补贴对象及标准

（一）补贴对象：用人单位。

（二）补贴标准：全日制为当地最低工资标准全额，非全日制为当地最低小时工资标准。

四、补贴期限

不超过三年。

五、补贴申请

用人单位向所在地公共就业和人才服务机构申请。

六、注意事项

（一）可同时申报社会保险补贴。

（二）招用的非全日制人员以个人身份参加社会保险，按灵活就业方式申报社会保险补贴。

★就业见习补贴

一、适用范围

就业见习基地招用以下人员：

（一）离校两年内未就业的高校毕业生、高校毕业学年在校生以及对口支援西藏等地区的高校毕业生；

（二）离校两年内未就业的台湾高校毕业生、台湾高校毕业学年在校生；

（三）离校两年内未就业的技师学院高级工班、预备技师班以及特殊教育院校职业教育类毕业生、毕业学年在校生；

（四）进行失业登记的16~24岁失业青年。

二、补贴标准

（一）1 300元/（人·月）（对见习留用就业率达到50%以上的，留用人员就业见习补贴标准按每人每月1 500元执行）；

（二）100元人身意外伤害保险。

三、补贴期限

1~12个月。

四、补贴申请

由见习基地向所在地区县人力资源和社会保障部门提出。

五、补贴申请

同一见习人员只能申报一次补贴。

★职业技能培训补贴

一、适用人群

毕业年度高校毕业生（含技师学院高级工班、预备技师班和特殊教育院校职业教育类毕业生，适用时间为毕业当年1月1日起12月31日止）

二、补贴标准

根据不同培训项目、职业（工种）及等级等确定。

三、补贴期限

每人每年参加补贴性职业技能培训不超过1次。同一职业同一等级或更低等级不可重复享受。

四、补贴申请

符合条件的培训机构为补贴性培训对象按规定开展培训后，由培训机构向批准开班的区县公共就业创业服务机构申请培训补贴。

【实践案例】李咏参加中央电视台面试

李咏，曾经是中央电视台的王牌主持人，中央电视台第二频道保证收视率的拳头栏目《幸运52》《非常6+1》《咏乐汇》的当家主持，也担任过中央电视台春节联欢晚会主持人。他的经历如此辉煌，但你知道他经历了怎样的面试吗？

1991年7月，李咏从北京广播学院毕业，参加了中央电视台的招聘考试。此次考试影响比较大，得到了中央电视台领导的高度重视。面试那天，中央电视台负责人安排把内部的闭路电视开通，这样台里所有的人都能看到面试考场的画面；考场的台下黑压压地坐满了考官以及观众，这一切让初出茅庐的李咏有点慌。

事已至此，李咏及时调整心态，随着面试开始进行，他逐渐适应了这种场面。当时中东正进行海湾战争，轮到李咏上场时，考官即兴提问："海湾都有哪些国家？"李咏搜肠刮肚说了一些后，台下就有人发问了："这些国家中怎么没有伊拉克呢？"李咏想都没想，脱口而出："联合国正在制裁呢，那是'敌'国呀！"一句话，台下的人全笑了，李咏因此给考官留下了深刻的印象。李咏从此进入中央电视台，为今后成就事业奠定了坚实的基础。

李咏对台下的发问并非答非所问、风马牛不相及，但为什么效果却出奇地好呢？这是因为当时中央电视台招聘的是综艺节目的主持人，不是新闻联播主持人，更不是地理学家。考官对这个职位要求的是处理危机时的镇静自若，答辩时灵敏的反应，至于问题的正确答案，反而不是那么在意。

资料来源：fulingfei. 峰回路转的名人求职. https://www.21ic.com/embed/career/200909/6792.html.

【思考与成长】

1. 成功的面试取决于哪些要素？应该如何提前准备？

2. 假如你是求职者，遇到考官提出"刁钻"问题时，应该如何根据应聘的岗位性质来调整回答策略呢？

第十章
就业决策与准备

 【导入案例】 中国大学生的就业选择变迁

近年来，中国大学生的就业观念发生了显著变化。一项覆盖 2015—2020 年的调查发现，大学生的择业标准变得更加务实。他们在选择工作时，更加重视发展空间和收入。尤其是在 "00 后" 大学生中收入成为评价工作好坏的一个较为重要的标准，表明这一代大学生对物质条件的重视程度在增加。

随着社会和经济环境的变化，大学生的就业偏好也发生了巨大的转变。2020 年的数据显示，42.9% 的大学生倾向于选择体制内的机构就业，如政府部门、事业单位和国有企业，相比于 2015 年这一比例有所上升。大量学生考公、考编在近年有愈演愈烈之势。这种趋势反映了大学生及其家长对稳定工作的偏好，尤其是在疫情等不确定因素的影响下。

此外，不同类型的高校学生在就业偏好上也存在差异。"211" 高校的学生更倾向于选择外资企业和高薪企业，而非 "211" 本科生则更偏好公务员岗位，专科生则对创业和 "互联网+" 等新兴职业的热情更高。此外，大城市尤其是北京、上海、广州、深圳等特大城市，仍然是大学生就业的首选地区。

这些数据反映了中国大学生在面临就业决策时的复杂考量，包括经济收入、工作稳定性、个人兴趣以及地理位置等因素。通过这些真实的案例和数据，可以更深入地理解当代中国大学生的就业决策过程及其背后的动因。

资料来源：李秀玫，向橄叶子，桂勇. 年轻人，真没法妥协了：追踪 5 年的真实调查. https://m.thepaper.cn/baijiahao_11449458.

在我们的生命旅程中，毕业和迈入职业生涯是一个重大转折点。对大学生来说，这个阶段不仅是校园学习的结束，更是职业探索的开始。下文王同学的例子是众多大学生面临的典型情景的缩影。他的故事展现了一个学业优秀、社会活动较多且热爱所学专业的学生在面对未来职业路径选择时的犹豫和迷茫。他的困惑不是个例，而是普遍存在于所有即将毕业的学生中，他们必须在多种可能性中作出选择，这些选择将深刻影响他们的职业生涯和个人发展。

我们必须认识到，就业决策不仅是选择一个职位那么简单，而是一个涉及个人价值观、职业目标和生活期望的复杂过程；需要在自我认知的基础上，理解和评估不同职业路径的利弊。这个过程需要深入思考个人的优势、兴趣和职业抱负，同时也需要考虑市场趋势、职业发展前景和个人生活。与王同学一样，每位学生都面临着诸多选择：是回到家乡创业，留在学习的城市工作，还是追求更高的学术成就。每一个决策都不仅仅是对未来职业的选择，更是一种生活方式的选择。在这一部分，我们将探讨这些决策的复杂并提供相应指导，帮助同学们在就业的旅途上作出明智的选择。

第一节　就业决策

【小案例】陷入就业迷茫的王同学

王同学，籍贯辽宁省沈阳市，目前就读于重庆某高校市场营销专业，大三学生，入学以来一直参加学校健美操社团。该社团经常外出比赛，也获得过多项全国荣誉奖项，在校内影响力也比较大。这个社团的训练一直比较多，而且王同学在业余时间爱好健身，所以他的业余时间很充实。他还在班级担任团支部书记一职，属于老师眼中比较好的学生。

王同学的父母在沈阳当地开了一家小店，他是独生子，父母一直以来都给予他无私的爱，对他的选择也是持支持的态度，他对现在所学的专业也很热爱，从大二开始就利用业余时间从事销售类兼职，现在的收入用于解决每月的生活费还绰绰有余，从他的言语和其他信息可以看出，他非常喜欢做销售类工作。

目前，王同学遇到的问题是在即将到来的大四如何确定自己的就业方向。他的想法很多：回家创业，和父母一起经营小店，逐渐做大；留在重庆就业，毕竟在重庆学习生活了四年，对重庆很有感情；去北京找机会，因为北京是首都且也在北方，离家近；继续深造，读完研究生或许未来有更大的发展。王同学对未来比较迷茫，希望明确目标，也寻求过一些帮助，比如上网和搜寻各种书籍，但是感觉帮助性不大。

资料来源：编者根据网络资料综合整理。

就业还是创业，是每个临近毕业的在校大学生在了解自我优点、缺点之后要作出的第一个理性选择。而且，选择就业或者创业，只是毕业生需要直面的一系列选项中的一个。决定就业之后，还需要反复考虑选择什么性质的单位，进入什么行业，在什么城市工作，从事什么职位，未来将如何发展。对于缺少社会经验的在校大学生而言，回答上述问题并不容易。倘若准备不足，任何一个选择都是踏出校园门前的难题。

作出选择，就意味着要快速付诸行动，并勇敢承担代价和后果。如何正确认识选择、作出选择，本就是一门值得大学生学习的"决策必修课"。围绕决策，我们可以将整个就业按照先后顺序划分为三个阶段：首先是酝酿阶段，主要任务是确定自己的就业倾向；其次是准备阶段，根据前期确定的就业倾向，搜索外部环境因素和信息，进一步明确自己的就业目标；最后是策划实施阶段，根据科学决策的步骤，选择最佳就业方案，制作就业策划书。

一、 酝酿阶段

酝酿阶段的主要任务是确定自己的就业倾向。在这个阶段，大学生要围绕自身情况做三个判断：兴趣判断、能力判断和价值观判断。这三个"判断"能够帮助大学生准确认知自身在就业市场中的定位，更好地作出就业决策。

(一) 职业兴趣判断

兴趣是人们探究某种事情或者从事某种活动的心理倾向。人对有兴趣的东西会表现出极大的积极性，并伴随产生肯定的情绪体验。歌德曾说过："如果工作是一种乐趣，人生就是天堂。"兴趣是一种强大的精神力量，可以使人集中精力主动去获得所喜欢的知识、信息，并创造性地开展工作。当一个人对某个工作产生兴趣时，必然会对这个工作保持高度专注，能全身心地投入其中，积极感知和关注与工作相关的信息，并主动参与学习。

职业兴趣是一个人想从事某种职业的强烈意愿。根据职业的种类，可以将职业兴趣分为很多类型，如表10-1所示。通过这种分类，在校学生可以比较容易地发现自己的兴趣与未来职业之间的关系。新时代的青年在就业、创业决策中更加呈现出兴趣主导偏好，兴趣因素在职业选择中的影响力日益显著。职业兴趣能够强化个体对某项工作的关注度和积极性，挖掘并培养在校学生的职业兴趣是当前高校教育工作者需要重点关注的任务。同时，对于缺乏实践经历的在校学生而言，更应该关注是否挖掘到真正的职业兴趣，职业兴趣是否能够长久坚持、是否转换过快等问题。具体而言，要在学校搭建职业体验平台，包括参观、实习等直接体验平台和职业信息库、仿真模拟实验室等间接体验平台，让学生在职业体验中审视、挖掘真正的职业兴趣，防止出现职业兴趣认知偏差导致的决策失误。

表 10-1　职业兴趣类型

主分类	子类	特点/内容
自然与农业类	农业兴趣	喜欢播种、耕地、观察庄稼生长，饲养牲畜家禽
	户外/自然兴趣	热衷露营、户外活动，喜欢饲养动物和培育植物
手工与制造类	手工艺术兴趣	使用颜料、黏土、织物等进行艺术创作
	机械操作兴趣	机械修理、设备驾驶等实操技能
STEM 领域类	工程兴趣	工程建筑设计与实施
	科学技术兴趣	电子技术、数学研究、科学探索
商业管理类	经济事务兴趣	商业贸易与企业运营
	行政办公兴趣	文档处理与数据管理
	组织管理兴趣	计划制定与人员监督
公共事务类	政治治理兴趣	关注社会民生，愿意为公共利益服务
人文服务类	医疗护理兴趣	疾病诊治与健康促进
	教育沟通兴趣	文学研讨与信息传播
	社会服务兴趣	人际交往与问题解决
文体艺术类	表演艺术兴趣	音乐演奏与戏剧表演
生活实践类	家务管理兴趣	烹饪、清洁等家庭事务
体育协作类	运动竞技兴趣	体育锻炼与赛事参与
	团队协作兴趣	具有强烈的团队意识和集体荣誉感
技术专项类	工程技术管理兴趣	综合性技术项目管理

注：STEM 是科学（science）、技术（technology）、工程（engineering）、数学（mathematics）四门学科英文首字母的缩写。

（二）职业能力判断

职业能力是指个体顺利完成某项工作在心理方面需要的基本条件，它会在具体工作中表现出来并直接影响工作效果，是个性心理特征的组成部分。职业能力是一个人能否进入某项职业的先决条件，是招聘单位最关注的问题之一。在招聘环节中，求职者常被问到"为什么你能胜任这份工作""你有哪些技能能适应这个岗位"等问题，这些都是对求职者职业能力的考察。每个人都具有由多种能力组成的能力群，在这个能力群中，常常有某方面的能力占优势。选择职业的关键是了解自己的能力倾向，认清自己的优势能力，选择最能发挥自己优势能力的职业。能力特征与职业匹配如表 10-2 所示。

表 10-2　能力特征与职业匹配

类型	定义	特征	匹配职业
语言能力	对词语及其含义的理解和使用的能力，善于清楚准确地表达自己的观念和向别人传达信息的能力	语言能力强，能准确表达自己的思想感情，善于学习语言，喜欢写作、讲故事和做文字游戏	作家、编辑、社会科学家、教师、政治家等
数理逻辑能力	能迅速且准确地运算，以及在准确的同时，具备推理、解决问题的能力	心算速度快，能清晰地进行逻辑推理	科学家、工程师、程序设计者、会计师等
空间判断能力	从三维空间观察环境，在头脑中构成形象并使之变形的能力	空间感强，能看懂几何图形，识别物体在空间运动中的联系，解决几何问题的能力强	建筑师、艺术家、工程师和城市规划师等
运动协调能力	个体对身体运动的控制能力和熟练操作对象的能力	喜欢体育运动和竞赛，与人谈话时手势较多，动手能力强，手工技能强	运动员、画家、装配师、演员等
人际关系能力	理解他人、尊重他人的能力	长于掌握人的心理，组织活动，善解人意	教师、营销人员、咨询人员、企业家等
艺术能力	运用艺术手段再现社会生活和塑造艺术形象的能力	喜欢演奏乐器，容易记住音乐旋律，能够辨别他人唱歌是否走调，节奏感强，学习时常有音乐伴随	设计师、画家、音乐家、建筑师等

在校学生职业能力的开发和培养可以从以下三个方面进行：第一，注重专业知识的学习和专业实践活动的开展。通过专业知识学习获得专业技能，是以后从事工作的重要基础。专业实践是培养人才的基本途径。参加实践活动，能很好地训练学生的自我学习能力、独立分析能力、决策判断能力和问题解决能力。第二，积极开展课题调研等探究型社会实践活动。可以尝试新的社会实践模式，即在专业老师的指导下，组成科研课题小组，经过实地调查研究，完成调查报告或提出解决方案。学生参与探究型社会实践活动，有助于培养交流与合作能力，同时也能培养管理能力和问题解决能力。第三，通过接受就业创业教育来培养职业能力。在科学的职业理想指导下树立正确的就业观念，形成正确的职业态度，培养就业所需的一般职业能力和专业技能。

(三) 职业价值观判断

价值观是个体对周围客观事物的意义和重要性的总体评价和看法，反映了个体的需要、利益、情感、愿望和追求。职业价值观则是在职业选择中对所有影响因素重要性的选择和排序，反映了个体在择业时认为什么是最重要的、什么是值得真正追求的。因此，职业价值观直接回答了一份工作"是否是我想要的"这一重要问题。

职业价值观对个体职业目标和择业动机起着决定性作用，甚至超过了职业兴趣和职业能力。大学生在回答"什么样的生活是我想过的"这一话题时，必须正视职业价值观这一问题。例如，选择稳定性高的体制内工作还是勇敢选择没有保护伞、需要不断打拼的工作？要权力还是要自由？家庭幸福和事业成功哪个更重要？诸如此类的权衡选择实质上是所有择业影响因素相对重要性的比较和排序，体现了个体对什么是好的、什么是重要的基本信念。求职者由于所受的教育、所处的环境不同，在择业影响因素相对重要性的排序（即职业价值观）上也相应呈现出很大的差异。心理学家马丁·凯茨曾归纳出九项与职业有关的价值观（见表10-3），大学生在求职前应将这九项通过两两比较进行排序，最终明确自己的价值观和职业价值观。这决定了哪些因素对于求职者而言是重要的，哪些是不重要的，哪些是需要考虑的，哪些是不需要考虑的。

表 10-3　九项与职业相关的价值观

职业价值观	释义
高收入	在足够生活的费用之外，还有可以随意支配的经费
社会声望	是否受到人们的尊重
独立性	可以在职业中有更多自己作决定的自由
帮助别人	愿意把助人作为职业的重要部分，帮助他人改善其健康、教育与福利
稳定性	在一定时间内始终有工作，不会被轻易解雇，收入稳定
多样性	所从事的职业要参与不同的活动、解决不同的问题，不断变化工作场所，结识新人
在感兴趣的领域工作	坚持所从事的职业必须是自己感兴趣的领域
休闲	把休闲看得很重要，不愿意让工作影响休闲
尽早开始工作	希望节省时间和不支付高等教育的费用

二、　准备阶段

新时代就业环境的变化较之以往加剧，我国经济结构、产业结构、科技结构和生产力总体水平的变化对就业、择业产生了极为深远的影响，如何正确认知外部就业环境，是这一阶段的重点工作任务。

（一）就业环境认知

中国劳动和社会保障科学研究院研究员刘燕斌指出，新时代就业环境有以下几个特征：

1. 广大劳动者期待更高质量的职业和更充分的就业

就业关乎劳动者及其家庭的获得感、幸福感、安全感。随着经济社会发展，劳动者对更高质量的职业和更充分就业的期待与日俱增。劳动者期待劳动报酬能够随着经济发展、社会保障更加完善持续提高，就业机会更加充分，职业发展空间更加广阔。同时，就业不能仅是谋生的手段，还应该是劳动者实现自身价值、融入社会、为后代带来希望的途径。

2. 经济转型升级对劳动者素质提出了更高要求

当前和今后一个时期，我国转变发展方式、优化经济结构、转换增长动力的步伐逐步加大。《中国制造2025》《新一代人工智能发展规划》等加紧实施，这必然会对劳动力供求关系产生重大而深远的影响，使得各类人才特别是高技能人才与市场需要的矛盾进一步加深，劳动力的供求矛盾更加突出。

3. 新经济拓展了就业空间

就业方式更加灵活多样，市场活力增加了，也对已有的劳动、就业、社保制度提出严峻挑战。随着新一代信息和网络技术的迅猛发展，新产业、新模式、新业态以及与之相伴的新就业方兴未艾，这是当今劳动力市场的鲜明特征。以互联网为基础的平台经济、共享经济的发展，提供了大量新的就业机会，涌现出电子商务、网络约车等新岗位以及新型自由职业、多重职业等多种新就业形态，有效地增加了新的就业增长点。新就业形态和创业带动就业的快速发展，一方面有效创造了新的就业机会，增加了劳动力市场的活力和灵活性；另一方面，也对已有的用工、就业、培训、社保等政策体制以及与之相适应的服务体系提出了巨大挑战。

(二) 就业心理准备

要正确认识自己，正确认识社会，克服各种心理障碍，积极参与社会竞争，正确对待求职挫折。面对新时代的就业环境和形势，毕业生更要清醒认识到社会对人才的需求变化以及自身素质与社会需求之间的差距，纠正各种错误心理，以良好的心理素质参与就业竞争。

1. 就业期望要恰当

就业期望过高会加大心理压力，影响正常水平发挥。临近毕业的大学生往往存在以下三个不当心态：一是有远大的理想，但不能正视现实。大学生在择业中追求美好生活的愿望尤其强烈，面对全新的职场，他们豪情万丈，准备放手一搏。然而，他们涉世未深，接触社会少，理想往往脱离现实，在择业中并未深入思考自己的兴趣、能力和价值观，导致理想和现实的严重脱节。二是想做一番事业，但缺乏艰苦创业的心理准备。很多大学生都准备轰轰烈烈干一番大事业，实现自己的人生价值，但又怕吃苦，不能从事条件较差的工作，也不愿意从基层做起，总想一蹴而就。三是有过强的自我观念，缺乏奉献精神。新时代的青年普遍有较强的自我观念，作选择和决策时更多考虑自我愿望的达成，以"我喜欢"作为衡量标准。他们敢想敢试，迫切需要社会认可，但由于自我意识过强，吃苦和奉献精神不足，不能正确地认识自我与评价自我，从而常出现自我评价过高的情况。

2. 要纠正错误心理

一是在就业过程中部分学生有攀比的习惯，与别人的生活水平相比，认为"我不能过得比别人差"。二是部分学生认为就业就一定要去大城市，而不考虑实际的能力水平和事业发展机会，更少考虑国家的需要。三是部分学生毫无主见、人云亦云，认为别人认为的好工作就是好工作。盲目跟随他人观点，忽视了自己的特长、兴趣和能力，没有结合自我价值判断进行择业，最终会丧失自我发展机会。四是部分学生仍有"非国有单位不予考虑"的错误认知。学生择业大多会受父母影响。对于当代大学生而言，其父母大多出生在改革开放前，对于政府机关、国有企业这类工作机会仍然持"金饭碗"的态度。个别家长甚至对此已达到痴迷状态，也影响了学生的选择，让学生错失大量的其他就业机会。高压之下，部分学生还出现了严重的心理问题和身体健康问题。因此，提高认知能力、拒绝跟风、丰富就业渠道是消除学生心理误区、缓解其就业压力的根本方法。

3. 引导学生正确对待挫折

事物的发展都是螺旋式上升的，没有人会事事顺利，不付出代价就轻易成功。面对挫折，首先是能够直面问题，正确认识挫折，养成面对挫折时保持冷静的习惯。其次是多作反省，不要逃避，勇敢地直面打击，逐渐培养面对挫折的耐心、勇气和坚持的决心。最后是要养成从挫折中总结经验教训的习惯，挫败并不可怕，可怕的是总是犯同样的错误，以不断复盘总结经验，通过自身努力，实现精彩的人生。

三、 策划阶段

就业策划阶段的主要事项是选择最佳就业方案，可以通过制作就业策划书来明确方案。每个人在就业时都会面对很多选择，每个选择均有利有弊，而无论作出何种选择都有相应的机会成本，若不能正确面对它，则会在多个选择之间纠结彷徨，无法抉择甚至错失掉很好的就业机会。因此，在就业策划前，要先了解科学决策的基本步骤和行动计划。

选择决定成败。决策需要严密的逻辑、精细的分析、仔细搜索最充分的资料。理性是良好决策的基础。理性决策有五个标准的步骤：

（1）识别和确定问题，判定现实状态和就业理想状态之间的差距。

（2）确认决策标准。求职者要根据自己的职业兴趣、职业能力和职业价值观判定什么是自己就业决策中最重要的因素，如工资福利、晋升空间、工作环境、生活城市、离家远近、休假时间等。求职者要评估每个选项的重要性，并在决策前按重要性程度进行打分排序。

（3）制订备选方案。这一步需要决策者制订出可以解决问题的所有备选方案，如满足自身需求的几个备选求职意向。

（4）评估每个备选方案，备选求职意向确定后，要对每个方案都仔细地分析和评估，通过和步骤（2）中的标准进行比对，对每个方案进行评分，从而发现每个方案的优缺点。

（5）选择得分最高的方案。通过综合分数，选择出分数最高的备选求职意向方案，这就是理性决策下最理想的选择。

总之，求职者在进行就业策划时应运用科学决策的五个步骤，在明确现实状态和目标状态差异的基础之上，根据自身特点确认与就业决策相关的影响因素，将这些因素按照对自己的重要性进行评分并排序，以形成一套就业决策评价指标体系，再用此评价指标对自己的几项就业意向分别评分，分数最高的那一项就是理性决策下最理想的就业选择。

第二节 就业准备

【小案例】 庞宇航的就业准备之旅

庞宇航，清华大学法学院的硕士毕业生，在新冠疫情期间面临就业挑战。尽管困难重重，他仍保持着"稳字当头、稳中求进"的心态，积极主动地准备求职。在疫情反复和校园封闭的情况下，他不得不在一个周末内辗转两个城市参加省考，面试也从线下改为线上。为此，他和同学们一起寻找符合要求的独立面试间，这在校园封闭管理下成为一个挑战。

庞宇航在求职初期就确定了自己的目标——到基层从事公共服务工作。他对此充满热情，并认为这是实现自己社会价值的最佳途径。他通过网络和学长学姐们的帮助，了解了基层工作的具体情况和挑战，并结合自己的法律背景，对应聘岗位进行了精心选择。

在准备面试的过程中，庞宇航遇到了不少困难。他需要适应线上面试的新形式，同时在内容上也要准备充分。他利用网络资源，参与了多个模拟面试和在线培训，提高了自己的应对能力。此外，庞宇航还积极参加学院组织的职业规划讲座和辅导，这些活动帮助他更好地理解了公共服务岗位的需求和期望。

面对疫情带来的不确定性，庞宇航没有放弃。他坚持不懈地准备，最终在一次省级公务员考试中脱颖而出，成功获得了一份基层公务员的工作机会。这个过程不仅考验了他的专业知识和应变能力，也锻炼了他的心理素质和抗压能力，让他增强了自信。

资料来源：严瑜．我找到工作啦（有改动）．https://www.tsinghua.edu.cn/info/1182/96232.htm.

一、就业材料

就业决策和策划完成之后，便要真正迈向职业市场了。此时需要准备一系列的就业材料。首先是制作与求职有关的材料，包括求职信、中英文简历、相关资质证明等，其中最重要的是准备和制作中英文简历和求职信。其次，是通过恰当的途径提交材料。在当今互联网技术深度融入用人单位招聘的时代，用人单位对求职者需要准备的求职材料也提出了诸多新的要求，而提交求职材料的形式和途径也发生了巨大的变化。

（一）求职信制作

求职信是自我推荐性质的信件，通过对求职意向、岗位任职要求的理解和对自身择业动机、能力素质的综合描述，达到引起阅读者对自己感兴趣、愿意进一步阅读材料的目的。要将求职信写得与众不同进而脱颖而出，求职者除了要文笔流畅、逻辑清晰之外，还应把握求职信的关键目的和主要内容，防止求职信流于自我鉴定、个人履历描述等一般性文字。

求职信一般包括在校情况、求职意愿、与应聘工作相应的才能和资格、自己对应聘工作的理解和认知等，以表明自身强烈的求职意愿。要注意内容简短清晰、文字用语富有特色、排版美观大方，并且重点突出自身胜任工作的能力和强烈的求职意愿。求职信的格式一般来说由开头、正文、结尾、落款四部分组成。

1. 开头

求职信的开头要写读信人的称呼，注意使用敬语，以示礼貌和尊重。对读信人身份比较清楚的，可直接写出对方的职称职位，如"尊敬的王经理""尊敬的李女士"等。如果对对方身份不清楚，则可称为"尊敬的贵单位负责人"。称呼之后用冒号，然后另起一行，写问候语"您好"，再接着写正文。

2. 正文

正文是求职信的核心部分。要在有限的篇幅内清晰明了地介绍自己的基本情况，为什么要应聘该职位，并简要阐述自己对职位的理解和认知，在此基础上说明自己为何是该岗位的最佳人选。可采用岗位任职要求分析和个人胜任力要点分析一一对应的方法，让用人单位清晰地了解求职者的岗位匹配性，从而在第一时间对求职者产生兴趣。

3. 结尾

可以"此致敬礼"的形式结尾。要注意"此致"另起一段，且"敬礼"也应另起一行顶格；也可以用"希望得到您的回复""祝您身体健康，工作顺利"之类的语言结尾，既表达祝福之意，又表明自己希望用人单位给予面试机会的心愿。

4. 落款

落款部分要署上自己的姓名，并另起一行写上信件撰写的年、月、日。

需要注意的是，现在越来越多的单位开始注重求职者的实习单位或有一定职业影响力的人士为其写的推荐信。这种信件的公信力比求职者自己写的求职信更有价值，也更能打动用人单位的 HR（人力资源管理人员）。建议大学生在平时学习和实习过程中注意用自身的良好表现赢得单位主管、学校教授和其他专业人士的认可，从而为自己获得一份强有力的职业背书文件。

（二）简历制作

简历是求职者求职目标和职业胜任力的集中体现，是叩开就业单位的敲门砖。简历不是个人履历，简历是个人营销推广的手段，其目的是争取到笔试和面试机会，因此要注意目的明确、用语简洁、客观真实的特点。

一般来说，优秀的简历要能够体现出三点：

（1）求职者很珍惜这次机会。求职者在制作简历时要注意体现自己很了解所应聘岗位的岗位职责和任职要求，并且熟悉用人单位的企业文化、价值观、人才理念等，以此表明自己提前对单位情况作了充分的了解，对单位提供的此次招聘机会极为看重。可在自我评价或者个人能力素质描述上尽量使用用人单位熟悉的词汇，让 HR 在阅读简历时感受到求职者的用心程度。

（2）求职者很适合这个岗位，并能够胜任这份工作。HR 在判断求职者是否适合且胜任某个岗位时，往往会从简历的各个部分中搜集提炼求职者的个性倾向性（求职动机、职业需要、工作态度、工作价值观等）以及个性心理特征（气质、能力、性格等），从基本面上判断该求职者是否满足岗位要求，从而决定是否给予求职者面试的机会。

（3）求职者能够为用人单位创造更多的价值。大学毕业生都面临着从学生到职员的身份转变，其过往经历都是在校经历，并不能直接论证将来是否能成为一名合格的员工。因此，在简历中表明自己具备可迁移的能力以及相当的潜力非常重要。可迁移的能力是那些能够从一份工作中转移运用到另一份工作中的、可以用来完成多类型工作的技能和能力。学习能力是影响可迁移能力的重要因素，因此，在简历制作中应重点突出自身学习能力强、适应性强、包容性强等特质，这对于 HR 判断求职者未来是否能为单位创造价值十分重要。

1. 简历的内容

（1）标题。标题的位置应在简历正文的顶端居中书写，字体字号以醒目和美观为主，可写为"个人简历""求职简历"，或者直接写出自己的名字和联系方式，以突出主题。

（2）个人基本信息。个人基本信息至少应包括姓名、性别、照片、电话、电子邮箱等。姓名中如有生僻字，最好加括号注明拼音，电话号码采用 3-4-4 国际惯例排列，照片一般为白底或蓝底的一寸免冠照，着正装拍摄。除此之外，个人基本信息最好还包括民族、年龄、身高、体重、籍贯、政治面貌、居住地等信息。个人信息越全面，越有助于 HR 判断求职者是否符合工作岗位的基本要求，越能提高求职应聘的效率和准确性。

（3）教育背景。教育背景一般从大学写起，高中阶段除非有特别优秀的经历否则不用在简历中赘述。介绍教育背景时，按照起止时间、学校名称、专业名称、学位类别四项逐一罗列，有双学位、辅修等情况要一一罗列，且学历按照由高到低排序。如果在校学习成绩优良，此处可列出最重要的几门主修课程并附上分数，最后再以 GPA（平均分绩点）或专业（班级）排名说明自身的学习能力和专业知识的掌握程度。

（4）校园和实习经历。撰写校园经历和实习经历时，要注意罗列校园内外经历与所应聘的工作岗位任职要求的契合度。体现"人—岗"匹配可以从以下三点入手：一是实习行业与目标行业相关；二是实习岗位与目标岗位相关；三是实习经历中所承担的任务与目标岗位的职责要求相关。在写作实习经历时也按照起止时间、实习单位（校园部门）名称、岗位名称三项逐一罗列，并运用项目编号一一梳理在实践实习经历中的各项工作任务。任务描述项应使用动词+宾语+结果的格式，如"组织部门成员做好校运会后勤服务的前期准备工作，以零过失的工作效果圆满完成校运会各项筹备任务"，并注意尽量使用数字量化说明具体的工作任务数量和任务完成的效果。

（5）所获荣誉及奖励。这部分主要涉及求职者在过往经历中获得的重要的、与求职职位相关的表彰、奖励等，用于佐证求职者具备各项能力素质。如果表彰、奖励过多，要注意分类梳理：证明学习能力和专业知识掌握程度的为一类，例如奖学金、优秀大学生、优秀毕业生称号等；证明组织管理能力的为一类，例如优秀团干部、优秀学生干部等；证明特长和兴趣爱好的为一类，例如征文大赛、舞蹈大赛、乐器演奏大赛、运动会获奖等；岗位所需的专业技能为一类，例如英语和计算机技能等。

（6）个人评价或兴趣特长。个人评价要综合反映求职者所具备的最主要的能力素质，例如语言能力、人际交往能力、演讲辩论技能、组织协调能力、团队协作精神、身体素质等。具体写哪些方面取决于求职者所应聘的工作性质。当个人兴趣爱好与工作岗位有关，可适当多进行一些描述，否则尽量只用短语或者名词撰写此栏，以免画蛇添足、本末倒置。评价自身能力素质强项时，注意内容不宜太多，最多罗列 3~5 项关键词。项目太多，反而会削弱自身真正的优势和强项。

2. 简历撰写的注意事项

一份优秀的求职简历要满足以下要点。

（1）版式美观、简洁大方。一般而言，简历一页纸就足够。特别优秀的求职者，可放宽至两页纸，但要注意简历内容的饱满度，若信息量不够饱满则尽量压缩到一页纸内。排版应追求美观、专业、规整，采用目前网上流行的简历模板和简历制作 App 撰写简历，可确保在版式上不出大的差错，也有利于 HR 快速寻找关键信息。如果所学专业是设计创意类，则可在简历版式创新上多下功夫，自己设计要能体现自身能力专长和个性特点的、能令人眼前一亮的简历。

（2）内容真实、重点突出。内容真实是简历撰写最基本的要求，不要为了吸引用人单位而夸夸其谈、过分渲染甚至造假。要知道，任何简历中的信息都会在接下来的笔试和面试中被反复测试，一旦 HR 发现简历造假，你会完全丧失任何获得工作机会的可能性，并有可能进入某些单位的招聘黑名单，无法再次参加该公司的招聘活动。此外要注意 HR 看简历的时间往往非常有限，他在短时间内如果无法看到关键信息，则可能失去详细阅读简历的耐心。因此，求职者应该先对应聘的单位、岗位性质进行必要的分析，有针对性地将自己具备的优势、岗位所需的能力巧妙地凸显出来。在文本编辑时可采用项目编号、加粗、大写、首字突出、变换字体等形式对重点信息予以标示。此外，要在突出优势的同时回避缺点，做到扬长避短。例如，应届毕业生往往不会有太多的工作实习经验，那么可以突出自己的学习能力强、适应性强、踏实肯干、能够从基层小事做起、能够频繁出差或外派等，这些也是自己的优势。

（3）用词准确、严谨、专业。首先要杜绝错别字和标点乱用的情况，否则会大大降低求职者的职业化程度，也会让 HR 怀疑求职者的求职动机和工作认真程度。其次是不要用生僻字句和拗口的词语，语句要以流畅、易读为原则。最后是简历的文风要平实、严谨，以叙述和说明为主，善用"动词+宾语+结果"的句式来阐述自己的实习工作经历。此外，还应注意适当引用应聘单位常用的习惯性用语和求职者所学专业的专业技术词汇，让 HR 在阅读简历时便能判断求职者的专业度。

二、 笔试阶段

笔试对大学生而言并不陌生，从小到大参加的各类考试都是笔试，但求职笔试与以往参加的笔试并不一样，求职环节的笔试应用范围更广，测试的内容更多，除知识测验之外，智力测验、心理测验等往往都可用笔试的形式进行，从而起到甄别选拔的作用。与面试相比，笔试具有标准化程度高、效率高、可复制性强的特点，因此，用人单位往往将笔试安排在面试之前，以最大限度地实现高效率的公平选拔。

（一）笔试的种类

1. 专业知识测验

这类测验类似于学生时代的考试，以求职者所学专业为基础，结合工作岗位所需的专业知识和技能，对求职者进行笔试测验。专业知识测验的成绩跟在校学生的考试成绩有一定的相关性，因此分数高低也能作为专业学习成绩的佐证。对专业技术要求较高的用人单位和岗位比较重视专业知识测验，其测试结果能决定求职者是否能进入下一关面试。

对于本科生而言，专业知识测验的难度不会太大，通常都是考察在校学习的专业基础课，例如，管理学原理、会计学、金融学、法律常识、电路分析、材料力学等。但研发类和技术性岗位在实际工作中会面临大量的技术性问题和专业性问题，则对专业技术的考察会更加严格。例如，IT 类企业（如 IBM、百度、微软等）在招聘技术类职位时，都会要求求职者参加技术类笔试，其笔试内容可能包括计算机语言、数据库编程等；机械类企业的研发岗位则可能在笔试中安排机械制图及机械设计等专业知识考察。此外，大公司和小公司的笔试内容差异很大，小公司一般注重实用性和综合性，对特别专业的知识考察较少，但对知识的综合应用考察较多；而大公司则更加注重求职者的专业基础知识和理论的掌握，对于知识和技能的应用，用人单位会在后面的面试环节单独设置相关的考察。

2. 个性测试

个性测试也称人格测试，测验方式一般是要求求职者完成事先编制的标准化量表或问卷，测试者再根据完成的数量和质量来判断求职者的心理水平或个性差异。通过心理测试，用人单位可以大致了解求职者基本的心理趋向或人格特质，继而确定求职者是否符合岗位要求。

3. 智商测试

智商测试主要为一些跨国公司所采用，这类公司对毕业生所学专业一般没有特殊要求，但对毕业生的综合素质要求较高。智商测试通常通过一些成型的测定工具来测试，依据成绩高低判断求职者智商的高低。

4. 命题作文

这种考试的目的在于考查求职者分析问题的能力、逻辑思维能力和文字应用表达能力。比如，要求求职者在限定时间内写出一份会议通知、请示报告或工作总结报告，也可能给出一个观点，要求求职者予以论证或批驳等。命题作文可以考查求职者的相关看法、观点，也可以考验求职者的写作能力。

5. 综合能力测验

综合能力测验顾名思义就是要测试求职者各方面综合素质及能力。有一类极具代表性的综合能力测验，就是行政能力测试（administrative aptitude test，AAT）。行政能力测试是国家公务员考试的第一关，也是最重要的一个环节，是用来测试求职者是否具备从事公务员工作所必须具备的一般潜能的一种职业能力测试。考试题型包括言语理解与表达、数量关系、逻辑推理、常识判断、资料分析等。除了国家公务员招录会采用行政能力测试之外，很多事业单位、银行、大型企业也常常采用与此类似的题型进行基本能力的测验。

（1）言语理解与表达。这类测试题考查书面理解和言语表达能力，侧重于考查求职者言语理解的正确性，言语表达的规范性、准确性与完整性等方面的能力。要求求职者正确理解字词、语句、段落、全文的含义，并准确地表达出来。常见题型有：词语替换、选词填空、语句表达、阅读理解。

（2）数理分析。这类测试题是考查求职者对数字的综合处理能力及数学素养。考题本身的计算量不是很大，但题型众多，灵活多变。常见的题型有：数学推理题，从一组数列中寻找规律并推理出下一项数字；计算题，给出一些看似复杂但又有技巧的数学计算题；应用题，题目难度不大，但考查的数学知识比较广泛，包括平面几何和立体几何。

（3）逻辑推理。这类试题考查的是求职者对各种信息的理解、判断、分析、综合、推理及类比等日常逻辑思维能力。即使不具备逻辑学专业知识，仍然可以有较强的日常逻辑能力来应对这类试题。该题型试图甄选出拥有这类能力的求职者。逻辑推理试题大致有以下四种题型（见表10-4）：

表 10-4 逻辑推理试题的四种题型概要

序号	题型	详细介绍
1	图形推理题	通过寻找一定的规律来找出相似的图形或者不属于同类的图形。这是一种形象思维能力和抽象思维能力的复合考核，而抽象思维的能力特别是将具体图形中的相同或者相似的共性找出来并将其元素化的能力是解题关键
2	语言类推理题	考查的本质是对于充分条件、必要条件和充要条件的理解和判断，但是题目的类型多以生活化的场景来演绎，并不拘泥于简单的数学表达形式
3	解难推理题	通常会给出很多有内部逻辑关系的条件，需要通过推理和分析，把所有条件串联在一起并找出答案。考查对复杂问题的梳理能力、解决问题的基本方法
4	数学（程序）推理题	是解复杂推理题的高级题型，不仅要求厘清给定条件中的诸多关系，还需要结合数学或程序的算法加以求解，在IT、通信类企业笔试中较常见

（4）常识判断。常识判断题是用来考核求职者知识掌握的范围和准确性的题目。这类题目涉猎相当广泛，且题目与题目之间并没有什么内在联系，求职者很难集中突击准备。这类试题重点考查求职者平时对时事政治、常识性问题和知识的关心程度，具体内容分布极为广泛，包括经济、政治、人文、物理、历史、生物、地理等方方面面，求职者需注意平时积累。

（5）图表分析及计算。这类题考查的是求职者对图表的理解分析能力和对大量数据信息的处理能力。题目会给出一组数据表或者数据图（包括折线图、扇形图、柱状图等），要求求职者根据题目要求，从图表中提取有用数据进行分析、比较及计算。越来越多的企业采用该题型对求职者加以测试，在金融机构的考题中，会给出商业图表，而在行政人员的考试中，会给出一些与国民生活相关的调查数据，应用场景十分广泛。

6. 英语测验

目前很多企业在笔试环节对求职者英语能力的测验越来越严格，要求越来越高。形式上不仅采用考卷的形式考查英语阅读、写作能力，还采用听力测验的形式考查英语听力水平。英语测验对于大学毕业生而言一点都不陌生，求职者应加强日常英语学习，想靠应聘前临时抱佛脚来通过英语测验是不现实的。此外，很多外企如宝洁等的英语测验即为托业（TOEIC）考试，有些公司也很认可雅思、托福和BEC（剑桥商务英语职级等级英语考试）考试成绩，求职者可在大学期间自行参加此类考试，以增加求职笔试的通过率。

（二）求职材料提交

在互联网深度影响企业招聘活动的新时代，求职材料的提交渠道和要求已发生深刻的变化。人才大市场和招聘会这类传统的招聘渠道已逐渐被微信、微博、小视频、QQ等媒体替代，尤其在招聘应届毕业生上大行其道，颇有占据主流招聘窗口渠道之势。而这些途径，由于不能直接面对面交谈，对求职材料本身的要求往往更高，除求职信和简历这些传统且必备的求职材料外，求职小视频、个人工作成果展示电子册、电子博客、个人公众号等能够展现个人专长和才华的形式也被求职者广泛采用。对于大学毕业生而言，应善用互联网求职这一渠道，顺应新时代对职业化的基本要求。

（三）笔试的应对策略

1. 研究用人单位和职位要求，找准测评要素，做到有的放矢

测评要素是用人单位针对招聘岗位所需的各项能力素质，对求职者罗列的一系列"考点"。根据掌握的信息推断笔试环节的测评要素和题目类型能够大大提高考前准备的效率和效果。接到企业笔试通知后，应首先通过企业官网、搜索引擎、微信公众号等详细了解公司的基本情况，尤其是主营业务、组织架构、企业文化、人才战略等，了解自己所应聘的岗位在整个组织中的地位和作用，推断在笔试环节可能的测评要点，并进行针对性的准备。例如，公务员招录考试主要准备行政能力测验和申论写作；技术类岗位要着重准备专业知识与技能测试，以及侧重智力考察的行政能力测验；销售类岗位侧重准备考察人际敏感度和心理素质的测验；文秘类岗位则侧重准备文书写作能力的测验；等等。

2. 熟悉各笔试题型，模拟真实笔试时的状态

备考期间应尽量寻找往年的笔试题目或题型，并尽量多地进行真实笔试状态下的模拟训练，以适应一些考场的特殊规定，如每类题型的时间限制、是否允许使用计算器等。对很多求职者来说，如果给予充足的时间，招聘的笔试题是能拿高分的，但很多情况下，用人单位设计的试题都是要求在时间极其有限的情况下完成大量题目，以深入考察求职者的时间管理能力、统筹计划能力和思维灵活性。因此，求职者应尽量模拟考试时间要求和环境要求，减少因进入考场后的紧张焦虑对自身真实水平的影响。

3. 注意心理调节

考前要注意休息，良好的睡眠可缓解求职者的情绪紧张状态。考试期间求职者一般容易受到考场其他情况的影响，例如，别人提早交卷等，此时更要注意把握自己的考试节奏，不要跟别人比较，保持镇定、冷静，杜绝慌乱、紧张，这样能够发挥出自己的最佳水平。

三、 面试阶段

面试是人才甄选测评中最常见的方法。所谓"百闻不如一见",面试无疑是整个求职过程中具有决定性意义的环节,也是求职者全面展示自身素质、能力、个性品质、态度动机的大好机会。然而,面试也有可能成为最难过的一道坎。有些毕业生能够写一份漂亮的简历,也轻松通过了相对更为熟悉的笔试环节,却在面试还未开始前就已紧张焦虑,加之缺乏面试经验和没有进行系统性的培训,最终在面试环节表现不佳、铩羽而归。因此,了解面试的基本原则、主要形式和应对技巧,对于应届毕业生顺利通过求职环节步入职场非常有必要。

(一) 面试的基本原则

人岗匹配是面试官甄选人才的基本原则,简言之就是要选拔合适应聘的人到合适的岗位上去。因此,对目标岗位的了解和对求职者的了解同等重要。求职者在准备面试时,尤其注意要把握用人单位对求职者的普适性要求。主要有以下几点:

(1) 要有良好的职业形象。得体的着装不仅展示了你对面试官的尊重,还可以成为接下来面试的良好开端。面试时的着装、妆容、发型都应该精心准备,不能太随意,也不要太正式严肃,总体上要给面试官以认真、职业和积极阳光的形象。

(2) 既脚踏实地又富有激情。风华正茂的年轻人,应该对自己未来的职业生涯充满向往和激情。面试中应尽量体现年轻人敢想敢干、不怕困难的工作热情和信念。同时也要注意克服许多大学生身上普遍存在的眼高手低、不愿吃苦的通病。尽早摆正心态,从基层做起,从小事做起,踏实打好自己职业生涯大厦的坚实基础。

(3) 认同用人单位的文化和价值观。不同性质和行业背景的单位的核心价值观差异很大,选拔人才的倾向性也千差万别。例如,有的单位拥抱开放创新,喜欢用锐意进取的年轻人;有的单位强调忠诚奉献,喜欢招本分可靠、吃苦耐劳的年轻人。在准备面试时务必深入分析目标单位的用人价值观和基本标准,判断自己是否符合该企业的人才选拔标准。

(二) 面试类型和应对技巧

面试类型有很多,下面对最常见的几种面试类型作介绍,主要包括一对一(多)面试、结构化面试、情景面试、行为面试和无领导小组讨论进行介绍。

1. 一对一(多)面试

该类型的面试在用人单位面试中比较常见,它有利于招聘人员和求职者进行深入交流,便于了解求职者的业务水平、性格特点、综合素质等个人情况。面试官所提问题可以是标准化的结构化面试问题,也可以是针对求职者特点的灵活提问。

2. 结构化面试

结构化面试也称标准化面试,是根据所制定的评价指标,运用特定的问题、评价方法和评价标准,严格遵循特定程序,通过测评人员与求职者面对面的言语交流,对求职者进行评价的标准化过程。

结构化面试的主要特点有三个:第一,可以根据岗位胜任力模型设计具体的面试问题。岗位胜任力是指特定工作岗位上员工个体必须具备的、能有效区分其工作绩效高低的素质和能力。一个岗位的胜任力通常包括5~7项，涉及知识、能力、品质、动机、气质等。尤其是有关职责和技能方面的具体问题设计，更能够保证筛选人才的成功率。第二，就有关胜任力向同一职位的候选人提同一类型的问题。常见的有效问题有两类：一是以经历为基础的问题，与工作要求有关，且针对求职者所经历过的工作或生活中的行为。二是以情景为基础的问题，在假设的情况下，针对求职者与工作有关的行为表现。第三，采用系统化评分程序，每个问题都有确定的评分标准，建立系统化的评分程序，保证评分一致性，以提高面试有效性。

应对结构化面试要首先判断分析目标职位的胜任力，如组织协调能力、演讲能力、人际敏感度、情绪稳定性等，再根据胜任力可能出现的题目做相应准备。在实际面试中，结构化面试常常与其他面试类型搭配使用，例如针对演讲能力这项胜任力，面试官可要求求职者当场抽题作即兴演讲，从而考察求职者是否真正具备这项能力素质。

3. 情景面试

情景面试是指招聘方提前设计好面试环境，随时对面试进行过程控制的面试方式。设置情景的目的，是让求职者在某个特定环境中自由表现，再通过其言谈举止来确定求职者的能力素质是否满足岗位需求。在这种面试中，由于周围环境和测试过程是提前精心布置设计的，求职者事先并不知情，全凭现场自由发挥和临场应变，因此更能将求职者最本质、最自然的一面展现和测评出来。

情景面试通常有两类：一类是在面试现场仿真模拟某种场景，以此直接测试求职者在该场景下行为表现背后的素质；另一类是让求职者假设遇到某种场景，告知其场景发生的背景，要求求职者就这种假设场景作出响应或回答。前者真实性强，更能测出求职者的真实素质，但模拟场景费时费力，面试成本较高；后者可直接用问答的方式进行面试，方便省事，但若只要求求职者口头回答在某种场景下"会怎么做"，往往测评信度和效度有限。能说不等于会做，口头表达和实际行动之间仍有相当距离。

4. 行为面试

行为面试是通过要求求职者描述其过去某个工作或者生活经历的具体情况，以了解求职者各方面素质特征的方法。其基本假设是：对于一个人未来业绩最精确的预测是基于其过去类似情形下的业绩表现。经实践证实，行为面试方法预测求职者未来业绩的准确度为55%，而传统面试方法的准确度仅为14%。因此，采用行为面试法，能够大幅提高面试信度，减少随机问题、无针对性问题等无效问题的使用。

行为面试法的特点为着眼于过去的具体事件，提出"面对这种问题，以前你是怎么做的"。这种题目没有固定答案，但需要求职者提供真实具体的细节信息。常见的题型有：

（1）过去经历型，如："请您描述下……方面的经历，讲述一下你当时的具体情况？"

（2）成功事件型，如："在您的学习、工作经历中，您曾经做过的超出他人对您的要求和期望的一件事情是什么，请简单描述一下当时的情形？"

（3）失败事件型，如："每个人在工作中都或多或少地经历过失误，请简单描述下这方面的经历，以及这件事对您的影响是什么。"

（4）故事（谚语）导入型，如："只有一块表，可以知道几点，拥有两块或两块以上的手表，却无法确定是几点。请您结合日常的管理工作，谈谈这种现象给您的体会和启发。""请用两分钟看看下面这段故事（图画、谚语等），然后结合自己的实践经历，用3分钟谈谈您的感受和启示。"

应届生主要围绕课程学习，集体活动，社会实践活动和家庭、朋友之间四个方面的生活事件来准备案例事件，并按照"STAR"法则来陈述事件。

"STAR"法则是指：

第一步，情形（situation），明确你的任务发生的背景，包括什么类型的任务、发生的时间和地点、涉及哪些人员以及其他相关条件等；

第二步，任务（task），明确你的具体任务，包括任务的目标、任务的计划和步骤以及任务完成的标准；

第三步，行动（action），陈述你采取的具体行动，包括行动的组织和方式、行动中遇到的困难和解决办法以及对一些特殊细节的描述；

第四步，结果（result），告诉面试官结果，包括事件处理的结果，以及在这个过程中你学到了什么。

回答行为面试题目要注意事件的真实性，不要用网上看到的、别人的故事来冒充自己经历的故事，否则会经不起面试官的追问，同时也要注意行为事例的完整性和清晰性，并在事件陈述过程中强调自己的作用，而不是只阐述在团队做了什么。

5. 无领导小组讨论

无领导小组讨论是在大学毕业生选拔中应用最广泛的测评技术，成为一种"海选"工具，受到各用人单位的青睐。实施过程中，无领导小组讨论一般分为六个阶段：

一是规则说明阶段，面试官用1~3分钟说明面试流程及规则；

二是自我介绍阶段，小组成员用1~3分钟分别作自我介绍；

三是审题思考阶段，求职者有3~5分钟的审题、思考时间；

四是观点陈述阶段，有约3分钟时间供小组成员分别阐述观点；

五是小组讨论阶段，其中讨论时间因问题的实际情况而有所不同；

六是总结展示阶段，该阶段需要推荐出一名小组代表，并由代表用3~5分钟就本组的讨论情况作总结发言。

无领导小组讨论常见的题型有开放式问题、两难问题、多项选择问题、操作性问题和资源争夺问题，其例题及主要考察要点见表10-5。

表 10-5　无领导小组讨论常见题型和测评要点

类型	例题	考察要点
开放式问题	你认为什么样的领导是好领导？	有针对性、思路清晰、见解新颖
两难问题	你认为以工作为取向的领导好，还是以人为本的领导好？	分析能力、语言表达能力、说服力
多项选择问题	某信息中心收集20条信息，只能上报8条，请讨论出结果	问题分析能力、洞察力

表10-5(续)

类型	例题	考察要点
操作性问题	给求职者一些材料，要求他们相互配合，构建一座铁塔或其他模型	主动性、合作能力、愿意承担的工作角色
资源争夺问题	让求职者担任各个分部门的经理，并将有限数量资金进行分配	分析问题的能力、概括总结能力、积极性、反应灵活性、组织协调能力

无领导小组讨论作为一种大学毕业生常见的群体测评方法，有其独特的优势和作用。大学生在面对这种测评方法时可注意以下的应对技巧：第一，在规则说明阶段，应首先仔细聆听面试官陈述的规则，并记录相应的规则程序，防止在后续讨论中出现违反规则的情况。第二，在自我介绍阶段，若程序中设置了该环节，应保持情绪稳定，介绍时要声音洪亮，表达清晰流畅；通过肢体语言、微笑以及自信的目光和面试官、团队成员进行交流；介绍自己名字时可以有自己的特点，同时仔细聆听小组成员的介绍。第三，在审题思考阶段，在该阶段要注意边阅读边思考该问题属于哪种类型，材料的主要含义是什么。第四，在观点陈述阶段，求职者要保持轻松镇定，发言时注意条理和逻辑顺序，遇到观点相同，可先进行总结，再补充建议。第五，在小组讨论阶段，要注意根据自己的个性和能力特点找准自己的角色定位，承担起相应的职责，在团队中起到相应的作用。要尽量推动团队目标的达成，做到有礼有节、进退有度。团队的角色分工和相应职责描述见表10-6。

面试考场示意图

表10-6　团队的角色分工和相应职责描述

角色定位	职责描述
领导者	思路引领、团队协调等
时间控制者	时间划分、管理时间、推荐讨论、协助领导者等
建议者	熟悉某个知识领域，有灵感，能提出自己的建议和见解
记录员	记录所有成员的观点与发言，并整理给总结发言的组员
总结者	将小组讨论的结果向面试官陈述，或代表小组做方案展示等

【求职提示】做好笔试、面试前的准备

对现场招聘会要做好体力和脑力双重准备。除精心制作简历外，还要准备自我介绍，并注意根据个人特质和用人单位性质，选择适合的面试着装。

接到笔试、面试通知后，多查阅网上的"笔经""面经"，也可向师兄师姐或者已找到工作的同学请教。

注意言语谈吐和礼仪举止，避免过分紧张，同时不断总结经验教训，提升面试能力。

赴外地面试时，注意安全，防范求职诈骗。

【实践案例】真诚才是所有沟通与信任的基础

王鹏是众多求职者之一，和别人一样，他面试之前查过不少资料，问过几个师兄。反馈回来的信息五花八门，无奇不有，反而把他弄得有点不知所措。特别是那些"经典特例"更是让他觉得很玄乎：难道面试真的像故事里写的一样吗？王鹏设想了好几套方案，决定灵活应对，以"巧"取胜。

他要去的这家公司自己向往已久，因此做的准备也相当充分、仔细。通过复杂的笔试环节后，终于有资格面试了。轮到他进入面试室，人事部里只坐着两位考官。一位中年人先开口："你的资料，我们大致看了，你在学校各方面似乎并不太突出，我们的看法正确吗？"怎么也没料到，考官上来就问这样的尴尬问题。王鹏镇定一下后回答："是这样，也许过去我还不够努力，未来我一定会努力工作。"连他也没想到自己回答得如此之"笨"。接着年长者发问："你为什么来应聘我们公司？其实出色的公司有许多，为什么不去别的地方试一试？"可能王鹏还没从刚才的"口误"中回过神来，王鹏答道："我大三时就看上你们公司了，非常适合我。听师兄说，公司工资虽不算高，但员工的发展空间很大。如果不能被录用，我当然也只能到别处去碰碰运气。不过我还是特别想进贵公司的。"

年长者示意王鹏可以离开了，请下一位进来。王鹏离开时颇感失落，因为他对自己今天的表现极其不满，没想到自己会如此怯场和笨拙，所有的"设计回答"都没展示出来。当然他也没料到面试的话题这么简单。看来，希望已微乎其微。

半个月后，王鹏收到了这家公司的录用通知，他当时的感觉如同天上掉下了馅饼。后来，他才知道年长者是公司总经理，是总经理执意要录用他，理由很简单：这个小伙子人很朴实、单纯，人品端正，不会撒谎，符合公司的人才观，可以培养一下。

真诚有时就是职场面试的"法宝"，不少求职者缺乏的或许正是这种最简单的品质。

资料来源：绘丹. 真诚是面试的法宝. https://www.searcheasy.net/shiyongfanwen/zonghecailiao/1706384177392787.html.

【思考与成长】

1. 你认为当前中国社会最需要的人才是什么样的？为什么？

2. 当前中国不断涌现出新的职业，你如何看待这些新职业？

3. 你认为未来十年内有哪些职业领域会有显著的增长，这对当前的教育和学习有何启示？

第十一章
就业手续与劳动合同

 【导入案例】 三方协议与就业的法律风险

在校生张伟和某科技公司、学校签订了三方协议，协议约定小张毕业后到某科技公司报到，某科技公司要做好接收工作。7月，张伟毕业后到该科技公司报到。工作了一段时间，张伟以公司一直未为其缴纳社会保险为由提出辞职，并申请劳动仲裁，要求公司支付经济补偿和未签劳动合同的双倍工资差额。该科技公司辩称，双方已经签订过三方协议，该协议对岗位、工资、工作时间等事项进行了具体约定，包含了劳动合同所必需的基本内容，因此无须重复签订劳动合同，不同意支付双倍工资差额。仲裁机构最终支持张伟关于支付未订立书面劳动合同的双倍工资差额的请求。因为三方协议的作用仅限于对学生就业过程的约定，毕业生到用人单位报到后，三方协议即自动失效，故三方协议的法律效力终止于毕业生报到之时，三方协议不能代替劳动合同。

资料来源：庄德通. 以案说法：法官解读"三方协议"签订过程中的法律风险应届生怎样面对就业"江湖"？https://m.thepaper.cn/baijiahao_20345721.

就业协议与劳动合同作为用人单位录用毕业生时所订立的书面协议，关系着毕业生的切身利益。大学毕业生在正式工作之前，都会与用人单位签订三方协议和劳动合同，一般签订三方协议在先，签订劳动合同在后。不明白自己签协议后应负有何种法律责任，这种情形在应届大学毕业生求职者中普遍存在。怎样签订就业协议与劳动合同，签订时要注意些什么，类似这样的问题有必要全面学习和了解。

就业协议仅仅是确立了毕业生和用人单位之间的劳动关系，而劳动合同能更进一步确立双方的权利和义务。因此，毕业生到用人单位报到后，应及时与用人单位签订劳动合同。为了更加明确双方的权利和义务，毕业生可在签订就业协议时先了解劳动合同的内容，尤其是工作年限和待遇等条款，也可向招聘人员索要样本或复印件。

大学毕业生应该认识到，在踏入社会之前加强对就业协议、劳动合同、就业法律和法规、就业权益保障等内容的学习十分必要，这是实现顺利就业的一个重要保证。开篇案例中的张伟进入企业工作，与企业建立了劳动关系，就应当订立书面的劳动合同。企业为降低人力资源成本，逃避与张伟签订劳动合同，张伟就可以拿起法律武器维护自己的合法权益。

第一节　就业手续办理

【小案例】就业协议能够强制履行吗？

蒋凡是成都某高校毕业生，毕业时与一家自己比较满意的公司签订了高校毕业生就业协议。协议签订以后蒋凡就没有再找别的工作，开始撰写毕业论文以及做一些其他的毕业和入职准备工作。到了4月份，蒋凡接到签约单位通知，说由于该公司经营策略上的变化，原本计划招收的20名应届毕业生现缩招为5名。该公司打算与蒋凡解除就业协议，并提出愿意按照三方协议的约定承担违约责任。蒋凡认为自己因为和该单位签订了三方协议，失去了其他的就业机会，现在该公司给一笔违约金就和自己解除协议，自己再去找工作在时间上很仓促。无奈之下，他找到就业指导老师咨询可不可以通过诉讼或其他方式强制该单位履行三方协议。你认为就业协议能够强制履行吗？

资料来源：编者根据网络资料综合整理。

一、手续办理程序

一个完整的就业程序包括了就业信息收集、自我与职业环境评价、确定就业目标、就业准备、求职、签订协议、入职报到等一系列的步骤。当大学生过五关斩六将，凭借实力通过了面试、获得了用人单位的橄榄枝之后，就要面对一系列的就业手续和流程规定。本小节将介绍一下这些就业手续的办理程序与相关规定。

（一）签订就业协议

顺利通过面试后的下一步，就是毕业生、用人单位以及学校签订就业协议。就业协议就是常说的三方协议，是在高校毕业生与用人单位正式签订劳动合同、建立劳动关系之前，通过协议指向性地确立三方的权利义务。一方面，就业协议是国家通过学校管理高校毕业生的依据；另一方面，它也是学生将来与用人单位签订劳动合同、建立劳动关系的凭据。就业协议的内容主要包括以下几方面：①高校毕业生的基本情况，如姓名、性别、身份证号、专业、学制、毕业时间、学历、联系方式等；②用人单位基本情况，如单位名称、组织机构代码、单位性质、联系人及联系方式等；③双方的权利义务；④补充协议。

（二）相关证件的转移

按照传统，高校毕业生离校后到用人单位之前还需要办理"五大件"。这里所说的"五大件"是指毕业生在离校前必须拿到的证件：毕业证与学位证、学籍档案、户口迁移证、报到证、党组织关系介绍信。按照最新的规定，报到证已经退出历史舞台。教育部印发的《关于做好 2023 届全国普通高校毕业生就业创业工作的通知》明确从 2023 年起，不再发放全国普通高等学校本专科毕业生就业报到证和全国毕业研究生就业报到证，取消就业报到证补办、改派手续，不再将就业报到证作为办理高校毕业生招聘录用、落户、档案接收转递等手续的必需材料。因此，毕业生在办理证件转移时除了拿到毕业证和学位证，只需要关注学籍档案、户口迁移和党团组织关系转移的问题。下面将详细介绍学籍档案、户口迁移证和党组织关系介绍信的具体情况。

1. 学籍档案

学籍档案在毕业后一般称为人事档案。这份档案会记录你一生的经历，上面有你的基本个人信息、学历以及工作经历等。如果你未来打算考研、考公务员，在报考、聘用、晋级、考核的时候都会用到人事档案，可见这份档案的重要性。一般来说，毕业后学籍档案有四个去处：一是在一段时间内暂存学校。二是退回毕业生原籍或者毕业生参加高考所在地。三是跟随毕业生到相应的工作岗位。四是官方的档案部门，如人才市场等。

不同的单位，档案的处理方式也是不同的。高校毕业生到具有档案管理权限的机关、事业单位、国有企业就业的，由单位直接接收、管理档案。到无档案管理权限的单位如民营企业、外资企业等的，可由各地公共就业和人才服务机构负责提供档案管理等人事代理服务。

2. 户口迁移证

如果高校毕业生在入学时将户口迁入学校的集体户口，在迁出户口时则需要注意两点：一是办理前要携带本人身份证、毕业证、证件照片、证明等相关材料；二是在签协议时用人单位应当提供户口迁移的地址和派出所名称。

3. 党组织关系介绍信

高校毕业生党员在离校时应及时办理党组织关系转移手续。转移党组织关系由党的基层委员会及其上级党委组织部办理，统一使用中国共产党党员组织关系介绍信，并加盖党组织公章。

党组织关系的凭证有三种，即中国共产党党员组织介绍信、中国共产党党员证明信和中国共产党流动党员活动证。党员转移和接受正式组织关系，应当以中国共产党党员组织信作为凭据。

除了上面讲的就业协议签订和相关证件转移外，就业时还需要签订劳动合同，相关内容将在后面章节中作详细介绍。

二、　就业协议特点

（一）签约时间特殊

毕业生签订就业协议在前，签订劳动合同在后。就业协议在毕业生到单位报到、双方正式建立劳动关系之后自行终止。这里要注意，如果毕业生去了工作单位但是还没有签订劳动合同，只要双方已经形成了事实上的劳动关系，那么违约方承担的仍然是违反劳动合同的责任。

（二）签约主体特殊

就业协议的当事人一般是高校毕业生、用人单位和高校三方。就业协议需要校方进行鉴定、校对，三方均参与才可生效。因此，就业协议是涉及学校、用人单位、学生三方的求职意向合同，只要其真实有效，就受《中华人民共和国民法典》的制约，订立方都要按合同履行相应的权利、义务。

（三）签约内容特殊

就业协议只是双方愿意雇用与被愿意雇用的意向表示，并不涉及劳动合同中必备条款的约定。在内容拟定时尤其注意两点：一是关于违约金的约定。毕业生与用人单位签订就业协议时要关注违约金约定的问题，既要践行自己的承诺，避免随意毁约而赔偿违约金；也要确保自己的权益不受损，避免因不确定的录用意向而错失其他工作机会。二是关于档案转寄、户口迁移等问题的约定。当与用人单位尤其是与需要实行人事代理的单位签订就业协议时，要了解清楚日后自己人事关系的去向，并将档案转寄地址（户口迁移地址）在协议书的相关条款中填写清楚，以方便毕业派遣。

三、　签约注意事项

签订就业协议是一种法律行为，协议书一经签订，便视为生效合同，具有法律效力。签订就业协议是确认签约双方权利和义务的必要程序，也是处理就业纠纷的主要依据，毕业生应正确认识和严肃对待就业协议，慎重签订就业协议。现行的高校毕业生就业协议书一式四份，协议签订以后：一份由毕业生本人收存；一份送毕业生所在院系备案；一份交学校主管部门，作为学校进行毕业生就业管理、编制就业方案的依据；一份交用人单位，作为接收毕业生就业的凭证，用人单位依此作好相应的人事及其他安排。为了保护毕业生在就业过程中的权益，避免不必要的纠纷，毕业生在签订就业协议时要注意以下几个事项：

（一）全面了解用人单位

签订就业协议的用人单位必须具备合法的主体资格。一般而言，用人单位必须具有从事各项经营或管理活动的能力。毕业生要明确单位有无录用指标和录用自主权，对无用人自主权的单位，要进一步明确人事关系代理的其他事宜，如委托什么单位来管理，是自己办理还是单位统一办理，代理费用是多少，等等。由于就业市场的招聘单位类型多样，不乏鱼目混珠的情况，毕业生在与用人单位签约时应慎重。择业前，要正确地进行自我分析，了解自己到底适合从事什么样的工作，要结合自身情况充分考虑单位的一些客观现实，如所在地、可提供薪资、单位性质以及所属行业等，并通过各种途径仔细了解即将签约的用人单位的基本情况。在条件允许的情况下，必要时可以到单位进行实地考察。同时，建议事先征求父母和其他有关亲人的意见，再作出决定，以避免浪费其他的就业机会，造成一些不必要的损失。

（二）认真审查协议书和补充协议书的内容

现行的三方就业协议一般为教育部或各省市毕业生就业主管部门规定的统一格式，但考虑到单位的情况不尽相同，就业协议设有备注一栏，为双方添加一些附加条款提供便利。毕业生和用人单位要实事求是地填写就业协议上所列的统一条款，字迹要工整。需要注意的是，要填写好联系方式，以便今后联系。同时，双方可以将经过协商都能接受的一些约定条款，如薪资福利、毕业生就业单位的具体工作部门和岗位、毕业生是否考研究生或公务员以及考取后的处理办法、违约责任等在备注栏注明。特别值得注意的是，当前毕业生中报考研究生或公务员的比较多，由于存在一定的时间差，有时可能会与就业发生冲突。因此，准备或已经参加过研究生入学考试的毕业生，应当事先与用人单位就此进行沟通，对如果考取了研究生如何处理达成一致意见之后再签订就业协议（最好在协议中对此作出明确约定），以免考取研究生后和签订就业协议的单位发生纠纷。

（三）严格按照规定的步骤进行

就业协议一般是毕业生与用人单位双方签好后，再由学校签署意见。之所以这样进行，是因为多数学校在整个协议的签订过程中既是签约方又是见证方，有利于保护毕业生和用人单位尤其是毕业生的合法权益。毕业生要等用人单位填写完毕、盖章后再到学校就业指导中心签字盖章。切忌自己填写完毕后就直接到学校毕业生就业指导中心要求盖章，以免如单位后填写的工资待遇等与过去承诺的大相径庭，此时会因为毕业生已经签字盖章而无法挽回。

（四）注意与劳动合同的衔接

就业协议是我国现行毕业生就业制度下毕业生从学校走上工作岗位的一种过渡凭证。一般情况下，毕业生和用人单位签订劳动合同后，就业协议自动终止。重点是毕业生签订就业协议在先，为避免日后订立劳动合同时产生纠纷，应尽可能将劳动合同的主要内容体现在就业协议的约定条款中，并明确在今后订立劳动合同时予以确认。否则，当双方日后就劳动合同有关内容达不成一致意见且事先无约定时，如果毕业生表示不愿在该单位工作，用人单位有可能反过来要毕业生承担违反就业协议的责任。因此，毕业生在就业过程中应就劳动报酬、试用期、住房、服务期限等劳动合同的主要条款与用人单位事先协商，并将相关内容体现在就业协议中，将协议结果书面化，而不应只作口头约定，避免今后发生纠纷时无证可查。

（五）违约责任要明确

违约责任是指协议当事人因过错不履行或不完全履行协议规定的义务而应承担的法律责任，是保证协议履行的有效手段。现实中毕业生和用人单位违约的情况都时有发生，因此，在协议内容中应详细表述当事人双方的违约情形、违约后应负的责任，以及通过何种方式、途径来承担责任，以便双方履行协议和解决纠纷。

最好与用人单位双方当面签订就业协议，提交申请前需仔细核对填写内容，学校审核盖章后，就无法直接修改协议内容了。如果发现错误，则需要由用人单位将就业协议退回，毕业生才能修改并重新提交。如果提交就业协议后，毕业生或者用人单位想解约，则需签约双方协商一致（主要是如何赔偿等问题），方可重新申请新的就业协议。

第二节　劳动合同订立与变更

【小案例】王又彬能够维护自己的权益吗？

　　几个月前，王又彬所在的汽车装配公司开始陆续整体搬迁至另一个工业园区，王又彬和他的工友将被安置到新厂区上班。但王经理代表公司通知员工时，王又彬等十余员工表示，"送孩子上学不方便、上班路太远太折腾"，不同意到新厂址上班。他们还向公司递交了一封信，表示公司迁厂属于《中华人民共和国劳动合同法》规定的劳动合同订立时所依据的客观情况发生重大变化，在协商不成的情况下，公司可以解除劳动合同，但应支付经济补偿金。正为搬迁忙得焦头烂额的王经理却没耐心和他们沟通，并且很强硬地要求他们去新厂址上班。在遭到员工拒绝后，厂方将王又彬等人认定为旷工并作了开除处理。王又彬等人一怒之下申请仲裁，要求公司支付违法解除劳动合同的赔偿金。你会支持王又彬等人的主张吗？

资料来源：编者根据网络资料综合整理。

一、劳动合同的订立

　　劳动合同是用人单位与劳动者之间确定劳动关系、明确相互权利义务的协议。《中华人民共和国劳动合同法》（以下简称《劳动合同法》）第十条规定："建立劳动关系，应当订立书面劳动合同。"签订劳动合同，是毕业生离开高校正式就业的重要标志。

（一）有效劳动合同的三个要件

　　一般来说，有效劳动合同的订立需满足以下三个要点：

1. 主体适格

　　主体适格是指劳动合同的签订主体符合法律法规的规定，具有合法性。首先是用人单位要合法。根据《中华人民共和国劳动法》（以下简称《劳动法》），用人单位是指与劳动者建立劳动关系的中华人民共和国境内的企业、国家机关、事业组织、社会团体和个体经济组织，而在《劳动合同法》中，"用人单位"的范围除以上之外，还包括民办非企业单位。国务院颁布的《中华人民共和国劳动合同法实施条例》还把合伙组织、基金会等都纳入用人单位的范围。无论范围如何扩大，我们要注意，与劳动者签订劳动合同的用人单位必须是依法成立的机构，同时也是符合法律规定的机构，自然人不能作为用人单位与劳动者签订劳动合同。其次是劳动者要合法。法律意义上的劳动者特指达到法定就业年龄，具有劳动能力，从事雇佣性、职业性劳动的自然人。尤其需要注意法律对年龄资格的要求，《劳动法》第十五条规定，禁止用人单位招用未满十六周岁的未成年人，同时其第二款也规定文艺、体育和特种工艺单位招用未满十六周岁的未成年人，必须遵守国家有关规定，并保障其接受义务教育的权利。

2. 内容和程序合法

劳动合同的内容、条款要合法，当事人不得订立内容违法或对社会公共利益有害的劳动合同。例如，有的用人单位在劳动合同中约定"996"工作制，这是否违法呢？《劳动法》第三十六条规定，国家实行劳动者每日工作时间不超过八小时、平均每周工作时间不超过四十四小时的工时制度。如果用人单位要求每周都是"996"的工作方式，这就是明显的违法行为。

劳动合同订立的程序也要合法。只有双方当事人就合同的主要条款达成一致意见，合同才能生效成立。如果用人单位在劳动合同中用格式条款写明"双方协商一致不缴纳社保费"等内容，而劳动者也在签署劳动合同时签字同意，这能算是合法吗？我们要注意，参加社会保险是双方的法定义务，用人单位不能通过双方约定来免除自己的法定责任，排除劳动者的权利，因此即便合同中列出双方同意的"违法"条款，也会导致劳动合同部分条款无效。

3. 平等自愿

"平等"指用人单位和劳动者在缔结劳动合同时要依法协商一致并达成协议。有的用人单位为了提升士气和绩效，跟劳动者签军令状，例如"若项目没完成要赔偿公司20万元"，这样的做法是不可取的。用人单位不得借助劳动力市场供大于求的现实，在订立劳动合同时对劳动者提出明显不平等的附加条件。

"自愿"指劳动合同的订立必须是双方真实意思表示，他人不得强迫对方完成这种意思表示。

（二）劳动合同的必备条款

《劳动合同法》第十七条对必备条款作了明确的规定，具体如下：

1. 明确合同双方的主体资格

明确合同双方的主体资格包括用人单位一方的名称、住所和法定代表人或者主要负责人，以及劳动者一方的姓名、住址和居民身份证或者其他有效身份证件号码，这些内容都要在合同中写清楚。

2. 劳动合同期限

这是指双方经过协商一致而确定下来的劳动的起始和终止时间；劳动合同依据期限不同可分为固定期限劳动合同、无固定期限劳动合同以及项目型劳动合同。

3. 工作内容和工作地点

工作内容是劳动者从事什么具体的工作、在什么地点劳动等，工作地点就是为劳动者提供劳动的具体工作场所，包括位置、环境、条件等。

4. 工作时间和休息休假

工作时间是劳动者为用人单位提供劳动的具体时间段。《劳动法》规定的工时制度包括三种：标准工时制（即 8 小时工时制度）、综合工时制和不定时工时制。休息休假是劳动者的一项基本权利，是国家规定的法定工作时间外劳动者可以自行支配的时间，包括每天休息的时数、每周休息的天数、节假日、年休假、探亲假等。

5. 劳动报酬

劳动报酬包括劳动者的工资、奖金、津贴和补贴等内容，关于工资的约定不能低于当地最低工资标准。

6. 社会保险

社会保险常常指"五险"，即医疗保险、养老保险、工伤保险、失业保险和生育保险。

7. 劳动保护、劳动条件和职业危害防护

劳动保护、劳动条件和职业危害防护主要包括劳动安全卫生设施、设备及防护措施，女工和未成年人的特殊保护，以及为劳动者提供的保证工作任务顺利进行的各种物质条件和工作环境。

（三）劳动合同的约定条款

除以上规定的必备条款外，劳动合同当事人还可以通过协商订立约定条款。劳动合同中的约定条款也称为协商条款，是由当事人根据具体情况自愿选择是否在合同中约定，经过协商双方取得一致意见并纳入合同条款的内容。当事人一般会考虑约定的条款通常来说有以下内容：

1. 试用期条款

双方可以在劳动合同中就试用期的期限和试用期的工资等事项作出约定。

2. 培训条款

如果用人单位为劳动者提供了专业技术培训且支付了培训费用，就可与劳动者签订培训条款，约定服务期和违约金。

3. 保守商业秘密及竞业限制条款

为保障企业的利益不受损，防止商业秘密外泄，企业可与劳动者约定保守商业秘密或竞业限制的条款。

4. 补充保险条款

用人单位可以根据自身情况为劳动者建立或购买保险。例如，企业年金就是一种常见的补充养老保险。

5. 福利待遇条款

福利待遇条款主要包括交通补贴、住房补贴、医疗补贴、通信补贴等，这些福利待遇也成为衡量一家用人单位是不是"好"单位的重要标尺，往往也是劳动者收入的重要来源之一。

在协商约定条款时要注意合法性，不得违反相关法律法规对约定事项的规定，否则所约定的条款也会被视为无效条款，没有法律效力。

二、劳动合同的变更

劳动合同订立之后，如果一切条件、环境都没有变化，那么如约履行合同并不是难事。可常言道"计划没有变化快",当今时代,易变性、不确定性、复杂性和模糊性逐渐成为时代的主题,快速响应、敏捷迭代是组织在市场竞争中立于不败之地的一大法宝,而劳动者的个人情况也会因为突发状况或者环境变化而变得不适应原有的合同约定了。因此,劳动合同所约定的内容发生变化也时有发生。

(一) 劳动合同变更的概念及法律依据

劳动合同的变更是指劳动合同依法订立之后,在合同尚未履行或尚未履行完毕之前,经用人单位和劳动者双方协商一致,对劳动合同内容作部分修改、补充或者删减的法律行为。

《劳动合同法》第三十五条第一款规定:用人单位与劳动者协商一致,可以变更劳动合同约定的内容。此规定说明,当事人可以变更劳动合同,但要以双方协商一致为前提。前面我们学习过,工作岗位是劳动合同的必备条款,如果调整员工的工作岗位地点,用人单位应当与员工协商,双方达成一致之后才可以变更,用人单位不能单方面擅自变更。开篇案例的情况适应用《劳动合同法》第四十条第三款的规定:劳动合同订立时所依据的客观情况发生重大变化,致使劳动合同无法履行,经用人单位与劳动者协商,未能就变更劳动合同内容达成协议的,用人单位可依法与劳动者解除劳动合同。但公司不理睬劳动者的协商请求,甚至认定劳动者旷工,这就不仅理亏,而且违法了。因此,王义彬的主张是有法律依据的。后来,经过调解,双方最终达成一致,公司撤销旷工处理决定,并在支付了王义彬等员工经济补偿金后与他们解除了劳动合同。

(二) 劳动合同变更的类型

1. 自愿协商变更

劳动合同本来就是用人单位与劳动者在协商一致的基础上,双方平等自愿而订立的,自然具备双方合意的性质。要变更劳动合同,也需要经过双方当事人协商并达成一致。所以,协商是劳动合同变更的最佳方式,既可避免劳动争议,又可降低劳动用工管理的法律风险。

2. 依据法定情形协商变更

根据相关法律规定,协商变更劳动合同主要有三种情形:

一是劳动者患病或者非因公负伤,医疗期满后不能从事原工作的合同变更。劳动者在患病或者非因工负伤医疗期满后,由于身体原因不能从事原来工作的,用人单位可以为其另行安排适当的工作;如经调岗仍不能胜任工作的,单位也可以选择依法解除劳动合同。所以这种情况下对劳动者的调岗调薪,是一种依法变更合同的行为。

二是劳动者不能胜任工作的合同变更。如果劳动者不能按要求完成劳动合同中约定的任务或相应的工作量,那么用人单位对其进行岗位调整就是法律赋予的权利,属于用人单位的用工自主权,也是一种合法的单方面变更合同行为,不需要与劳动者协商。当然,这种情况下的调岗,也要考虑合理性的问题,不能将员工安排到无法胜任或完全不合适的岗位上去。

三是劳动合同订立时所依据的客观情况发生重大变化的合同变更。前面的案例就是这样一种情况,此时用人单位可以先行协商变更劳动合同内容,这也是法定程序,只有协商不成时方可解除劳动合同。

3. 依据劳动合同的约定或内部规章制度变更

如果劳动合同中明确约定了调整工作内容、劳动报酬、工作地点等有关内容的，可以按照约定履行。虽然约定了，但约定的调整指向不明确的，用人单位应先提供充分证据证明其调整的合理性，才能变更。

调整时也应该合情、合理、合法，将技术人员调整至保安岗位，将财务人员调整为操作工人岗位，这是明显不合理的调整，劳动者可以提起仲裁甚至诉讼，主张自己的权利。

（三）劳动合同变更的程序

协商一致是劳动合同变更的前提条件，因此，要做到"协商并达成一致"这一法律要求，实际操作中可以分为三个步骤：

第一，一方及时提出变更劳动合同的要求。提出变更劳动合同的主体可以是企业，也可以是劳动者，无论哪一方，都要及时向对方清晰准确地提出变更诉求和理由。

第二，按期向对方作出答复。接到对方的变更诉求后，当事人应该在规定的期限内作出答复。

第三，双方达成协议。双方就变更内容协商并取得一致意见后，应当达成变更劳动合同的书面协议，经双方签字盖章生效，并报企业主管部门或上级劳动人事部门备案。

值得注意的是，没有书面协议只是口头协商的变更也可能是有效的。根据《最高人民法院关于审理劳动争议案件适用法律问题的解释（一）》第四十三条，如果双方是以口头协商的方式约定好了变更劳动合同的内容，并且已经实际履行了变更的内容超过一个月，而变更的内容并不违反法律法规、国家政策和公序良俗，当事人以未采用书面形式为由，主张劳动合同变更无效的，法院不予支持。

第三节　劳动合同的解除与终止

【小案例】支付经济补偿金就能解除劳动合同吗？

小张像往常一样到公司上班，他像平时一样亲手做了一杯美式咖啡，打开电脑正准备开始一天的工作。此时，公司人力资源部王经理突然来到小张所在的部门，当场宣布公司因效益不好决定裁员，并告知小张被列入了裁员名单，限他两小时内离开公司，同时承诺公司将按高于法定标准的"N+2"方式支付经济补偿金。所谓"N"，就是给予每工作一年补偿一个月工资的经济补偿。小张在这家公司工作了将近 5 年，前 12 个月平均工资约为 5 000 元，照此计算可获得经济补偿金 35 000 元。但这突然的变故还是让小张无法接受。

资料来源：编者根据网络资料综合整理。

企业和员工之间劳动关系的终结有两种方式：劳动合同的解除和劳动合同的终止。两者虽同为劳动合同的终结，但实质上存在很大的不同。接下来将分别作介绍。

一、 劳动合同的解除

劳动合同的解除是指劳动合同订立后尚未全部履行前，出于某种原因劳动合同一方或者双方当事人提前终止劳动关系的法律行为。

从分类上看，劳动合同解除可以分为两大类型：协商解除和单方解除。

（一）协商解除

《劳动合同法》第三十六条规定：用人单位与劳动者协商一致，可以解除劳动合同。也就是说，用人单位与劳动者在双方自愿的情况下，通过协商的方式，在达成一致意见的基础上可以提前终止劳动合同。

现实生活中经常会碰到《劳动法》规定不能解除劳动合同的情况，比如职工工伤、患病或非因工伤员工处于医疗期、女性职工处于三期（孕期、产期、哺乳期）内等员工要求解除劳动合同应该怎么处理。协商解除是最好的方法，风险低、成本少、影响也更小。

（二）单方解除

单方解除劳动合同也可以分为两类：一是劳动者单方解除，二是用人单位单方解除。

关于劳动者单方解除劳动合同，法律规定得比较宽松。如果用人单位存在过错，劳动者无须提前通知即可随时单方解除劳动合同。用人单位的过错形式在《劳动合同法》第三十八条中有明确的规定，如果出现了规定的六种违法行为中的一种，劳动者就可以立即解除劳动合同。这六种违法行为包括：未按劳动合同约定提供劳动保护或劳动条件；未及时足额支付劳动报酬；未依法为劳动者缴纳社会保险费；用人单位的规章制度违反法律法规的规定，损害劳动者权益；劳动合同无效；用人单位强迫劳动或违章指挥。

法律赋予了劳动者单方解除劳动合同的权利，无须任何法定理由，也无须用人单位批准。但如果用人单位无过错，劳动者需要履行提前通知义务，即提前三十天通知，试用期内则需提前三天通知。这便于用人单位通过内外部招聘安排适当人选，而不至于影响工作的连续性。劳动者主动结束劳动关系的，用人单位无须支付经济补偿金。

用人单位单方解除劳动合同，因涉及劳动者的就业权，要十分谨慎，不可挟嫌报复，也不能为了规避解除劳动合同的法律风险而故意找茬等。用人单位单方解除也可以根据劳动者是否有过错分为过错性解除和无过错性解除两种。

1. 过错性解除

如果劳动者出现法律规定的过错情况，用人单位就可以即刻单方解除劳动合同。《劳动合同法》第三十九条规定了劳动者出现六种过错情形之一时，用人单位可以单方解除劳动合同且不必支付经济补偿。这六种过错情形是：①在试用期间被证明不符合录用条件的；②严重违反用人单位的规章制度的；③严重失职、营私舞弊，给用人单位造成重大损害的；④劳动者同时与其他用人单位建立劳动关系，对完成本单位的工作任务造成严重影响，或者经用人单位提出，拒不改正的；⑤以欺诈、胁迫的手段或者乘人之危，使对方在违背真实意思的情况下订立或者变更劳动合同的；⑥被依法追究刑事责任的。关于过错性解除劳动合同，有两点需要注意：一是用人单位以劳动者存在过错为由解除劳动合同的，需对劳动者的过错承担举证责任，如果理由不充分或者证据不成立，就有可能被认为是违法解除劳动合同；二是用人单位单方解除劳动合同时，要注意程序合法，也就是应当事先将理由通知工会。

2. 无过错性解除

法律也赋予了用人单位在无过错的情况下辞退员工的权利。《劳动合同法》第四十条规定了三种情况，由于劳动者的某些原因或当客观情况变化时，用人单位可以依法单方解除劳动合同。这三种情况是：①劳动者患病或者非因工负伤，在规定的医疗期满后不能从事原工作，也不能从事由用人单位另行安排的工作的；②劳动者不能胜任工作，经过培训或者调整工作岗位，仍不能胜任工作的；③劳动合同订立时所依据的客观情况发生重大变化，致使劳动合同无法履行，经用人单位与劳动者协商，未能就变更劳动合同内容达成协议的。此时要注意三点：第一，用人单位行使该权利应当提前30日通知，或者额外支付一个月工资（即代通知金）替代提前通知义务。第二，由于劳动者被动结束劳动关系，根据《劳动合同法》第四十六条第三款，用人单位需支付经济补偿金。第三，要注意"客观情况发生重大变化"指的是企业迁移、被兼并等，这条规定只适用于少数员工的解除，否则就需要适用《劳动合同法》第四十一条的经济性裁员解除情形。

二、 劳动合同的终止

劳动合同终止是指由于出现法定情形使得劳动合同的法律效力消失，即劳动关系由于一定法律事实的出现而终结，劳动者与用人单位之间原有的权利义务不再存在。

如果跟用人单位签订的固定期限劳动合同到期了，劳动关系自动归于结束，这种情况就属于劳动合同的终止。如果劳动合同到期，用人单位不想续签，劳动者就只有"卷铺盖走人"了吗？当然不是。根据《劳动合同法》第四十六条第五款，劳动合同到期了，劳动者有续签意愿，用人单位不愿意续签的，要给劳动者补偿金。

（一）终止和解除的区别

终止和解除都是劳动合同终结的方式，但两者在很多方面存在不同，现实中应该要加以明确的区分，否则将承担相应的法律后果。二者的区别主要体现在以下四个方面：

1. 性质不同

解除是当事人的主观意思表示所致，也就是基于用人单位或劳动者一方或者双方的主观意志而终结正在履行的劳动合同，因此，解除是"主观为之"；终止则是基于某些客观情况的发生而终结正在履行的劳动合同，可以说终止是由"客观导致"的。

2. 事由不同

解除的事由，可以是双方协商一致，可以是某一方有过错，可以是某一方情况发生重大变化，也可以是劳动者无理由地提前30日通知解除。总之，解除的事由是严格法定的。而终止的事由，则是劳动合同期满，或用人单位或劳动者一方主体消亡或丧失主体资格。

3. 程序不同

解除是主观为之，因此在程序上法律要求比较严格，比如提前通知、告知工会等；而终止是客观导致，在程序方面要求比较宽松，相关法律没有对其作出明确规定。

4. 后果不同

主要涉及经济补偿金的支付。解除的法定条件严格，处理不当则可能导致违法解除且承担双倍经济补偿金的风险，而终止的规定较为宽松。

无论是解除还是终止，只要满足支付经济补偿的法定条件，算法都是一样的：根据《劳动合同法》第四十七条，经济补偿按劳动者在本单位工作的年限，每满一年支付一个月工资的标准向劳动者支付。六个月以上不满一年的，按一年计算；不满六个月的，向劳动者支付半个月工资的经济补偿。此外，《劳动合同法》还对高薪劳动者的经济补偿作了封顶规定，劳动者月工资高于用人单位所在地区上年度职工月平均工资三倍的，支付经济补偿的标准按职工月平均工资三倍的数额支付，支付经济补偿的年限最高不超过十二年。

（二）劳动合同终止的事由

根据《劳动合同法》第四十四条以及《劳动合同法实施条例》第二十一条，终止劳动合同的法定事由有三类，分别是劳动合同期满、劳动者主体资格消失和用人单位主体资格消失。

1. 劳动合同期满

劳动合同期满是劳动合同终止最常见的事由，这种情况只发生在有固定期限劳动合同和以完成一定工作任务为期限的劳动合同上，无固定期限劳动合同不存在这种情况。

2. 劳动者主体资格消失

之前我们学习过，合同签订双方必须具备主体资格，如果缺失一方，劳动合同只能终止。根据《劳动合同法》第四十四条，导致劳动者主体资格消失主要有三种原因：一是劳动者已开始依法享受基本养老保险待遇（《中华人民共和国劳动合同法实施条例》第二十一条对此还进一步明确，劳动者到达法定退休年龄的，劳动合同终止）；二是劳动者死亡；三是劳动者被人民法院宣告死亡或者失踪。后两者意味着劳动者身份以及法律意义上的主体资格消亡或者暂时丧失，劳动合同因此自然终止。

3. 用人单位主体资格消失

用人单位主体资格消失同样会导致劳动合同终止，主要有以下三种情形：

（1）用人单位被依法宣告破产。

（2）用人单位被吊销营业执照、被责令关闭、撤销。

（3）用人单位决定提前解散。

以上三种情况将导致主体资格消失，劳动合同随之终止。

（三）劳动合同终止的后果

劳动合同到期，劳动者希望续订，用人单位若不愿意续订则需支付经济补偿金。前面分析了劳动合同终止有多种情形，在不同的情况下终止劳动合同有着不同的后果，如表 11-1 所示。

表 11-1　劳动合同终止的情况与经济补偿对应（节选）

劳动合同终止的情况		经济补偿
劳动合同期满	用人单位不同意续订	需要
	用人单位降低劳动条件续订劳动合同，劳动者不同意续订	需要
	用人单位维持或者提高劳动条件续订劳动合同，劳动者不同意续订	不需要
劳动者主体资格消失	劳动者开始享受基本养老保险待遇	不需要
	劳动者死亡	不需要
	劳动者被法院宣告死亡或者失踪	不需要
用人单位主体资格消失	用人单位被依法宣告破产	需要
	用人单位被吊销营业执照、被责令关闭	需要
	用人单位决定提前解散	需要
法律、行政法规规定的其他情形		需要

　　表 11-1 罗列了部分劳动合同终止的情形是否需要支付经济补偿。从这张表可以看出，用人单位在维持或提高劳动条件的情况下续订劳动合同而劳动者不同意的、劳动者主体资格消失而导致劳动合同终止的三种情形，用人单位不支付经济补偿，其他导致劳动合同终止的情形都是需要支付经济补偿的。这也体现了法律对于无过错劳动者应有的保护。

【求职提示】注意入职时签订的保密协议和竞业限制协议

　　两种协议的定义：保密协议是要求员工在工作期间需要就工作内容和公司商业秘密对外保密。竞业限制协议是公司和员工约定若员工离职，则员工在多长时间内不能到同类型的公司工作，这段时间公司会支付给员工一定的经济补偿。

　　两种协议的约束力：保密协议一般是在员工未离职期间有效，竞业限制一般是在员工离职后生效。实践中，也有一些公司会选择在保密协议中附加竞业限制条款，而不单独签订竞业限制协议。如果这样操作，该保密协议的有效期就覆盖了离职前后。

【实践案例】网络主播与文化传播公司之间是否存在劳动关系？

一、基本案情

　　李某于 2018 年 11 月 29 日与某文化传播公司订立为期 2 年的艺人独家合作协议，约定：李某聘请某文化传播公司为其经纪人，某文化传播公司为李某提供网络主播培训及推广宣传，将其培养成为知名的网络主播；在合同期内，某文化传播公司为李某提供整套直播设备和直播室，负责安排李某的全部直播工作及直播之外的商业或非商业公众活动，全权代理李某涉及直播、出版、演出、广告、录音、录像等与演艺有关的商业或非商业公众活动，可在征得李某同意后作为其委托代理人签署有关合同；李某有权参与某文化传播公司安排的商业活动的策划过程、了解直播收支情况，并对个人形象定位等事项提出建议，但一经双方协商一致，李某必须严格遵守相关约定；李某的直播内容和时间均由其自行确定，其每月获得各直播平台的礼物累计价值 5 000 元，可得基本收入 2 600 元，超过 5 000 元部分由公司和李某进行四六分成，超过 9 000 元部分进行三七分成，超过 12 000 元部分进行二八分成。从事直播活动后，李某按照某文化传播公司要求入驻 2 家直播平台，双方均严格履行协议约定的权利义务。李某每天的直播时长、每月的直播天数均不固定，月收入均未超过 3 500 元。2019 年 6 月 30 日，李某因直播收入较低，单方解除艺人独家合作协议，并以公司未缴纳社会保险费为由要求某文化传播公司向其支付解除劳动合同的经济补偿。某文化传播公司以双方之间不存在劳动关系为由拒绝支付。李某向仲裁委员会申请仲裁，仲裁委员会裁决双方之间不存在劳动关系。李某不服仲裁裁决，诉至人民法院。

二、原告诉讼请求

请求确认与某文化传播公司之间于 2018 年 11 月 29 日至 2019 年 6 月 30 日期间存在劳动关系，某文化传播公司支付解除劳动合同的经济补偿。

三、处理结果

一审法院判决：李某与某文化传播公司之间不存在劳动关系。李某不服一审判决，提起上诉。二审法院判决：驳回上诉，维持原判。

四、案例分析

本案争议的焦点是某文化传播公司对李某的管理是否属于劳动管理？

在传统演艺领域，企业以经纪人身份与艺人订立的合同通常兼具委托合同、中介合同、行纪合同等性质，并因合同约定产生企业对艺人的"管理"行为，但此类管理与劳动管理存在明显差异：从"管理"的主要目的看，企业除安排艺人从事演艺活动为其创造经济收益之外，还要对艺人进行培训、包装、宣传、推广等，使之获得相对独立的公众知名度和市场价值；而在劳动关系中，企业通过劳动管理组织劳动者进行生产经营活动，不以提升劳动者独立的公众知名度和市场价值为目的。从"管理"事项的确定看，企业对艺人的管理内容和程度通常由双方自主协商约定，艺人还可以就自身形象设计、发展规划和收益分红等事项与企业进行协商；而在订立劳动合同时，单个劳动者与企业之间进行个性化协商的空间一般比较有限，劳动纪律、报酬标准、奖惩办法等规章制度通常由企业统一制定并普遍适用于企业内部的劳动者。此外，从劳动成果分配方式看，企业作为经纪人，一般以约定的分成方式获取艺人创造的经济收益；而在劳动关系中，企业直接占有劳动者的劳动成果，按照统一标准向劳动者支付报酬及福利，不以约定分成作为主要分配方式。综上，企业作为经纪人与艺人之间的法律关系体现出平等协商的特点，而存在劳动关系的用人单位与劳动者之间则体现出较强的从属性特征，可据此对两种法律关系予以区分。

本案中，从艺人独家合作协议的内容及履行情况可以看出，某文化传播公司作为李某的经纪人，虽然也安排李某从事为其创造直接经济收益的直播活动，但其主要目的是通过培训、包装、宣传、推广等手段使李某成为知名的网络主播；李某的直播时间及内容由其自主决定，其他相关活动要求等由双方协商确定，李某对其个人包装、活动参与等事项有协商权，对其创造的经济收益有知情权；双方以李某创造的经济收益为衡量标准，约定了"阶梯式"的收益分成方式。因此，双方之间的法律关系体现出平等协商的特点，并未体现出《关于确立劳动关系有关事项的通知》（劳社部发〔2005〕12号）规定的劳动管理及从属性特征，应当认定为民事关系。李某提出确认劳动关系并支付解除劳动合同经济补偿的诉求，与事实不符，不予支持。

五、典型意义

近年来，随着网红经济的迅速发展，大量网络主播经纪公司也应运而生。与传统演艺业相比，网络主播行业具有更强的灵活性、互动性、可及性和价值多元性，经纪公司的造星周期和投资—回报周期也相应缩短。一些经纪公司沿袭传统方式与主播建立民事合作关系，以培养知名主播、组织主播参加各类商业或非商业公众活动为主业，通过平等协商确定双方权利义务，以约定的分成方式进行收益分配；但与此同时，一些企业招用网络主播的主要目的是开展直播带货业务，以网络直播手段推销各类产品，主播对个人包装、直播内容、演艺方式、收益分配等没有协商权，双方之间体现出较强的从属性特征，更加符合确立劳动关系的情形。因此，在仲裁和司法实践中，应当加强对法律关系的个案分析，重点审查企业与网络主播之间的权利义务内容及确定方式，综合认定双方之间的法律关系性质。

资料来源：中国就业网. 案例：如何认定网络主播与文化传播公司之间是否存在劳动关系？（有改动）. https://chinajob.mohrss.gov.cn/c/2024-03-13/399418.shtml.

【思考与成长】

1. 随着平台经济、零工经济的兴起，我们在这些领域求职时，在劳动关系上应注意哪些问题？

2. 劳动者签订劳动合同时有哪些关键点？

第十二章
职场适应攻略

 【导入案例】初入职场的诸多难处

2023 年，毕业生刘星（化名）成为一名英语教师。初入职场，她曾感到过不适应："主要是身份的转变，之前自己是学生，是吸收知识。工作后需要去教学生，是传授知识。这个过程的转变让我觉得有点费力。"调查显示，初入职场，91.6%的受访职场青年感到过不适应。75.5%的受访职场青年表示不知道如何处理职场人际关系。

"95 后"李可欣（化名）现在在西安某跨境电商公司做人事专员，平时负责招聘和办理员工入职和离职工作。作为一名人事专员，少不了和各种人打交道，"筛简历、约面试、谈薪资、办入离职，每个环节都需要大量的沟通，有时也会产生误会和不被理解的情况，感觉处理好人际关系比较难"。

受访职场青年感到不适应的内容还有：缺乏工作所需要的技能（50.3%），不了解企业的文化和氛围（47.2%）、难以适应工作节奏（30.8%）等。在陕西工作的"95后"申乐乐（化名）觉得，从学校到职场，最大的变化是更需要讲规矩、守规则，"在学校是相对更自由的，可以按照自己的节奏来，甚至天天打游戏、躺平摆烂也无人管。但工作后就不一样了，平常会有 KPI 考核，做项目必须有团队配合，要生存下去，就得守规矩、按规则办事，适应工作的规则和节奏"。

调查显示，70.1%的受访职场青年在半年内能够顺利适应职场，20.9%的受访职场青年需要半年至一年，7.2%的受访职场青年需要一年以上。在北京工作的"90后"乔欣欣（化名）回忆起刚入职的场景，那段时间需要参加各种培训，每个月还有考评，每天都忙到很晚，压力很大。"这段经历让我觉得工作十分不易，算是给我这个职场小白上了重要一课。"虽然顺利通过了考核，但她觉得真正适应大概是在半年后，"能够自如地应对工作任务，才意味着真正适应"。

　　为了能够顺利度过职场适应期，64.7%的受访职场青年认为要做好职业规划，提前了解行业或岗位，62.6%的受访职场青年期待公司开展岗前培训，帮助员工迅速熟悉公司的文化和业务，61.0%的受访职场青年认为应摆脱学生的散漫心态，尽快适应工作节奏。

　　资料来源：中国青年报. 初入职场 91.6% 的受访职场青年感到过不适应. https://baijiahao.baidu.com/s? id = 1710374316612473269&wfr = spider&for = pc.

　　根据社会心理学的角色理论，人的一生面临着多种角色的转换，同时必然伴随着角色冲突、角色学习和角色协调等一系列过程。对于大学毕业生来说，从学生角色到职业角色的转换是职场适应的第一步，也是关键性的一步。不同于宁静单纯的校园，社会是一个大熔炉，更加复杂和喧闹。在角色转换的过程中，许多毕业生常常感到心理上、人际关系上以及工作技能上的不适应。这种不适应并非意味着自身缺乏能力，更多是因为职场与校园存在着本质的差异。因此，为使自己的职业生涯有一个良好开端，大学生要有心理准备，要以积极的态度理性认识职场、增强职业角色意识、提高角色适应能力。

　　优胜劣汰，适者生存，是这个世界的法则。在当下激烈的市场竞争中，职业成功不完全取决于学历的高低、专业能力的强弱，还会受到市场需求、社会资源、性格特点、社交能力、团队合作能力、心理承受能力等因素的影响。初入职场的毕业生，需要不断调整和改善自己的习惯、行为、思维和技能结构等，培养和提高自我的职业适应力，为今后的职业发展奠定良好的基础。

第一节　进入职场

【小案例】职场新人要尽快适应角色转换

角色转换

　　公司来了一名学室内装修的大学生，领导安排老李带带他。第一天，老李带他到员工宿舍的工地，让他自己看。回来问他，有什么想法没有。他说，没有，和其他装修差不多。下午叫他看别墅，回来又问他有什么感想没有。回答是：幢幢都差不多，没什么特别的。第二天，老李又带他去了别墅工地，一边走一边问他大学究竟学了些什么，才知道他学的方向是装修设计。来到一栋别墅，老李问他如果叫他设计这栋别墅的内装修他会怎么做。他低头没有回答。再到样板房，老李让他进去再看看。出来后，老李又问：你有没有想过，这个样板房的内装修为什么要这样设计？他依然答不上来。老李继续问：昨天上午你看的员工宿舍工程是由一般工人在装修，你有没有看他们是怎么施工的？知不知道他们哪些地方做得不合要求？一连串的问题，彻底将这名学室内装修的大学毕业生弄晕了，因为他从来就不习惯去主动思考一些问题。

资料来源：编者根据网络资料综合整理。

有些大学生在学校和家庭生活中非常习惯于依赖老师和父母，习惯于长辈对一切都做好事先的细致安排，被动地听从支配，思维与行为都欠缺独立性和主动性。在工作岗位上，领导与老员工都喜欢主动发现问题、主动学习、主动思考的新同事，那种"捅一下，动一下"的人，是不受欢迎的。这种人做什么事都是回答"都差不多吧、没什么不一样的"，给领导的印象就是一个"百无一用"的书生。

一、 适应角色转变

经历了十多年的求学，大学生踏入职场的第一步便是调整自己的状态，以面对全新的环境和社会舞台。这要求大学生适应从学生身份转型成为职场新人的身份。身份不同，所承担的社会角色和职责定位也大不相同。认识到角色差异和不同角色对人的内在要求，是大学生面对人生转折点、适应新环境首先要做到的。

（一）社会角色的含义和构成

1. 社会角色的含义

社会角色是指由人们拥有的特定的社会地位和身份所决定的一整套规范和行为模式，是人们对具有特定身份地位的人的行为方式的共同期待。社会角色主要有三种含义：第一，社会角色是一套社会行为模式；第二，社会角色是由人的社会地位和身份所决定的，而非自定的；第三，社会角色是符合社会期望（社会规范、责任、义务等）的。因此，任何一种角色，只要符合上述三点特征，都可以被认为是社会角色。

2. 社会角色的构成

一个完整的社会角色由三个部分构成：角色权利、角色义务和角色规范。角色权利是指角色扮演者履行角色义务时所具有的支配他人或使用所需的物质条件的权利。工资、奖金、福利、实物等属于物质报酬，表扬、荣誉、称号等属于精神报酬，角色义务是角色扮演者应尽的社会责任。角色义务包括角色扮演者"必须做什么"和"不能做什么"两个方面，角色规范是指角色扮演者在享受权利和履行义务过程中必须遵循的行为规范或准则。角色规范包括不同的形式，从范围上可以分为一般规范和特殊规范；从具体要求上可以分为正向规范（即扮演者可以做、应当做和需要做的行为规范）和反向规范（扮演者不能做、不应当做的各项行为规范）；从表现形式上可以分为成文规范（法律法规、制度等）和不成文规范（风俗习惯等）。

（二）学生角色和职业角色

学生角色和职业角色是完全不同的两种社会角色。在校学生和进入社会的职业人，两者的社会权利、义务和规范都不尽相同，这种转型既深刻又彻底，因此也成为很多刚毕业的大学生无法适应新环境、新身份的根本原因。

1. 学生角色

大学生处在青年时期，是人生中知识增长最快、智力水平发展最迅速的时期，其主要任务是通过学习通识课程增加个人修养和见识，通过学习专业知识和专业技能增加未来职位的胜任力和适应性。大学生作为成年人，已经可以享受绝大部分的社会权利，因此要履行相应的社会义务，遵守高等院校的教育管理规定，其行为应符合社会主义核心价值观。可以这样界定学生角色：在社会教育资源的保证和家庭经济的资助下，学习知识、培养能力、全面提高自身素质，努力使自己成长为合格的高素质专业人才。

2. 职业角色

职业角色是特指在工作场所和工作环境下个体需要承担的一系列义务、权利和规范的集合。随着社会的发展，职业角色作为一个最重要的社会角色越来越受到人们的关注。职业角色作为社会角色的一种类型，除具有社会角色的一般特征外还具有专门性、营利性、相对稳定性、合法性和社会性等特征。

（三）学生角色和职业角色的差异

从社会角色的角度看，二者在角色权利、角色义务、角色规范三个方面有很大的差别。在角色权利上，学生角色依法获得受教育的机会和资格，而职业角色是依法行使职权，开展工作，并获取相应的报酬。在角色义务上，学生角色的义务是学习相关专业知识技能，成为一名合格的劳动者，而职业角色的义务则是遵守用人单位的规章制度，完成岗位分内的工作，用自己的尽责履职来完成组织目标和计划任务。在角色规范上，学生首先要遵守国家制定的大学生行为准则和各高校制定的学生手册，而职场人士则要遵守与用人单位签订的劳动合同、雇佣协议，以及员工手册、企业各项规章制度和工作规范，充分履行职业职责。

从管理环境的角度看，学生在校园学习生活中有很大的自主权，大学的学习也是首先强调自主性和主观能动性，对于迟到、早退、旷课等现象，学校一般也采取说服教育为主。而职场人士则很少有这样大的自由空间和灵活度，如果出现迟到、早退、旷工等现象，处罚是相当重的。总体来说，对大学生的管理相对松散自由，而对职场人士的管理则更加严格规范，甚至规定到每一步工作开展的要求和标准，而且对工作结果都有规定时间内不同严格程度的考核，这也是很多大学生初入职场不适应的主要原因之一。

从人际关系的角度看，大学校园被誉为"象牙塔"，首先学生之间的人际关系相对要简单得多，主要是处理好同学关系、师生关系；其次是处理一些兼职时需要面对的短时工作关系，人际关系要比职场轻松、容易很多。进入职场后，职场人士面临的环境一般为竞合关系，同事之间、合作伙伴之间既有合作又有竞争，处理好这些关系是顺利开展工作、追求职业生涯发展的前提。

（四）角色转变的要求

1. 要正确定位

大学生不是传说中的"天之骄子"，而是与别人一样的工作者，要放下架子，不要好高骛远，要摆脱精英心态，先做普通劳动者，从最基础的工作开始，老老实实做人，踏踏实实做事。

2. 要学会适应

不要像在学校里一样，以对待老师和同学的方式与同事、上司、老板相处。千万不要试图去改变别人，要学会适应与不同的人和谐相处，求同存异，适者生存。

3. 要控制情绪

要自觉地意识到校园文化和职场文化的不同，学会控制自己的情绪，不要把喜怒哀乐全表现出来，更不能随便发脾气，影响工作。

4. 要热情主动

对刚参加工作的毕业生来说，更要热情、主动，要尽快、尽可能地让上司、同事和周围的人愉快地接受自己。这一点不仅大学生不太会，很多人即使工作多年或终其一生，都不太会解决这个问题。如果我们能使自己充满正能量，能激励、感染、影响、愉悦身边的人，那将会达到超越工作的境界。

5. 要不断学习

大学里学到的各种知识并不是职场的救命稻草，再多的专业知识也不足以解决不同行业、不同工作岗位中遇到的实际问题。要树立活到老、学到老的终身学习理念，多向同事、上司、朋友学习，不断学习政策理论，学习法律法规，学习专业知识和工作方法，以及怎样为人处世，只有这样，才能不断提高自身素质、工作技能和职业素养，满足自身职业发展的需要。

6. 要时刻反省

要有自省、自知、自觉的意识和理念，要学会通过工作和为人处世来发现自己的不足，使你今后能针对性地、更加积极主动地弥补自己的不足，提高自己的素质和技能，使自己更快、更好地融入团队。要永远记住：失败本身不是成功之母，复盘与改进才是成功之母。

7. 要付诸行动

要树立在书本知识之外的另一种学习观念：行动化的学习。社会化、职业化或者说改变个人习性的最好方法，就是将社会化、职业化的要求落实到日常生活工作中，通过改善自己的日常行为来改变自己，顺利实现角色转变。

8. 要管理时间

凡事预则立。时间管理能力的培养与提升有助于提高工作效率、缓解工作压力。高效利用时间可以从以下几个方面入手：明确目标、制订计划、分清主次、立刻执行、复盘改善。完美的时间计划和高效的工作方法能够最大限度地节约人的资源和精力，帮助自己在繁杂的工作中保持清醒的头脑，充分发挥自己的能力。

二、 做好本职工作

初入职场的人大多都充满激情和幻想，有干大事业的热情和冲动，有不切实际的远大理想和抱负，人在地上还没有站稳，思想却已经飘在云端上。对于初入职场的人，必须清楚地认识到，现在自己还不是一颗珍珠，还不能苛求立即被别人承认。要得到别人承认，先需要做好自己的本职工作，努力使自己由一粒沙子变成一颗珍珠。成长的道路是痛苦的，但一旦冲破了茧的束缚，实现了蚕蛹化蝶、鱼跃龙门，就能得到真正的自由和快乐。做好本职工作，可以从以下三个方面着手。

（一）强化责任意识

大学生在从学生角色转向职业角色的过程中，要认识到社会角色的改变在权利、义务和规范上的深刻变化，这种变化集中体现在新角色对责任意识的强化上。具体而言，要做到：第一，明确人生目标，找准自我定位。职业生涯规划是一个长期的系统工程，大学期间就有职业生涯规划课程，引导大学生认识自我、找准自己的人生目标和定位，从而制订自己的学业计划、职业规划。进入职场是对自己之前做的职业生涯规划的检验和阶段任务的总结，职场是未来人生和职业发展的新起点。在新的工作岗位上，要结合现实情况和个人目标，制订既有可操作性又有价值的规划方案，以进一步明确自己的人生目标和职业目标。第二，要承担角色义务，履行角色责任。角色转变意味着承担的义务和责任有本质的改变，从完成学习任务到完成工作任务，是个人自我成长过程中最重要的一个转变，意味着需要独立承担社会、组织赋予的职责，并且承担未履行角色责任的代价和后果。

（二）提升职业精神

爱岗敬业是对职场人士的第一要求，也是岗位意识的具体表现。不热爱岗位、对岗位采取敷衍态度的人，必将被用人单位淘汰出局，也势必影响其下一份岗位。大学毕业生必须转变观念，树立岗位意识，提升热爱岗位、敬业奉献的职业精神。热爱岗位是指在其位做其事，干一行爱一行。敬业精神是钻技术、精业务、会管理，对自己所从事的工作精益求精，不满足于现有成绩，高标准、严要求，不断把自己培养成行家里手和组织不可或缺的专业人才。奉献精神是不计回报、不计得失，埋头苦干、任劳任怨地为组织发展贡献自己的力量。对自己所从事的职业倾情奉献，是职场人士职业精神的集中体现，更是执行自己职业生涯发展规划的基本表现。

（三）增强主动意识

主动意识也叫主动性，是指人在完成某项活动的过程中，驱动自己去主动行动的程度。在日常工作中，主动意识起着特别大的作用，成为决定和调整人们行为不可缺少的重要因素。主动意识要求人们自愿地为集体利益服务，反对一切消极等待和被动态度。拥有主动意识的人一般有如下行为特征：一是坚持，面对障碍与困难也不放弃；二是拥有了解及把握机会的能力；三是做出超出工作要求的绩效表现；四是面对一个特殊机会及问题时能先做好准备。工作中的主动意识体现在勤学好问、积极主动找活干以及乐于承担工作中的一些琐碎小事。

第二节　新手攻略

【小案例】"职场菜鸟"的社会化过程

每年毕业季后，都有一大批毕业生迈入职场。从校园人变成社会人，有些不适应是难免的。一则新闻的标题颇有意思："叫姐还是叫姐姐？喊哥还是喊老师？'职场菜鸟'

第一课竟是如何喊人"。如何称呼都是个大学问，遑论其他。大概"与领导眼神的交流频率""会议上说话分贝的大小""食堂打饭要不要帮同事递盘子"等，都可纳入"职场学"范畴。

面对如此复杂且细微的职场学问，不少毕业生很难适应。或许在一些毕业生眼中，这些职场规则与"虚伪""无聊"画上了等号。有些同学会抱怨职场规则，选择辞职深造、跳槽挪窝的人也不少。

可以说，职场的一些或明或暗的规则与默契，在某种程度上构成了与学生时代经验的反差，它代表着另外一种游戏规则。这个规则不是努力学习—成绩优异—前途远大的线性逻辑，而是一种通盘考虑的复合逻辑，好的能力固然重要，但人脉有时更为关键；工作成绩一骑绝尘，但有时还要迁就整体方案；自己表现极为突出，但还要平衡团队利益……对这种新规则的接纳，或许就是学生"社会化"的过程。"社会化"是一个大前提，在任何单位都有自己的表现。这种社会化的人生体验，对于理想主义者来说总是有些丧气的。或许在他们眼中，世间万物总是要分出个正负黑白，哪能有"65%的白色+35%的灰色"呢？

但有时又不得不承认，理想虽然高远，但人终究要在现实的路上前行。《红楼梦》里有句话："世事洞明皆学问，人情练达即文章。"这句话，启发我们换个角度来看待"社会化"的意义。这并不意味着让理想妥协，它其实展示了一种人生的多义性，一种人生价值实现的多种可能，一种"成功"的多重定义。

资料来源：编者根据网络资料综合整理。

一、 顺利度过浮躁期

对于初入职场的毕业生来说，刚进单位的试用期是跳槽最快和最频繁的时期，这个阶段被称为职业浮躁期。这种现象在某种程度上是正常的，要看自己如何处理。如果只是盲目的浮躁，找不到方向和目标，则对自己的发展是相当不利的。要平稳度过浮躁期，尽快进入工作角色，可以从以下四方面着手：

（一）在大学期间做好职业规划

今天的处境是由当时的选择决定的，选择可能比努力更重要。很多大学生毕业后步入职场，发现其实不喜欢自己的工作或认为这种工作不适合自己。这说明很多人的职业选择是盲目的，没有做好职业规划，才会出现这种情况。工作一段时间再跳槽到其他单位，意味着你前期的工作对今后的工作没有什么太大帮助，而且过于频繁地选择，机会成本就会越来越高，所以，为了避免这种情况的发生，在大学期间一定要做好人生职业规划。可以收集一些专业机构、老师和朋友给自己提供的建议，更关键的是自己通过对自我真实而深入的分析，清楚地知道自己到底喜欢什么，追求的终极目标是什么，自己适合干什么。把自己的目标和自身的职业兴趣有机地结合起来选择工作，达到两者的统一，无论是对企业还是个人都是双赢。

（二）培养职场思维模式

很多时候，我们能一眼分辨出一个人是职场新人还是职场达人，两者之间的差异不仅仅是能力和经验，职场新人还不具备成熟的职场思维模式。职场思维模式能够将能力催化、放大，让人发挥出最大潜力。所谓的职场思维模式，具体包括团队思维、结果导向思维和非线性思维。

1. 团队思维

跟学校里自学的方式不同，工作是依靠公司的平台和资源、上级的支持以及各个部门同事的配合与协同才能完成的。因此，进入职场后，一定要改变个人单打独斗的风格，学会利用平台和资源，紧跟团队，积极沟通，向结果看齐。

2. 结果导向思维

对学习来说，不管最终有没有获得想要的结果，努力了就会有收获；但工作不同，工作看的是最终产出，不管你中间经历多少挫折困难，如果没有产出，你的经历就没有价值，更不会被认可。只有保证产出，你的价值和努力才会被认可。

3. 非线性思维

跟惯性认知不同，在职场中并不是有付出就必定有收获，也不是努力了结果就一定是好的，工作的结果取决于很多因素，有些并不是自己能控制和改变的，你所能做的就是不断探索和反思，厘清工作中错综复杂的因素和交织的关系，努力下好职场这一盘棋。在工作中团队合作非常重要，不妨利用合作与竞争人格倾向表等工具测一测自身的合作竞争倾向，预估自己的表现，以进行针对性的调整。

（三）了解公司的发展战略和企业文化

只有从更高层次去了解公司，才会找到自己的定位和今后努力的方向，这样个人目标和公司目标就会有机融合到一起，让自己与公司共同成长。刚参加工作时，不要把眼光只局限于公司的现状、眼前的利益，要多和领导沟通，深刻了解公司的发展战略和规划。此外，每家公司都有各种成文和不成文的制度和规则，它们加在一起，就构成了公司的精髓——企业文化。想迅速融入环境，在公司里如鱼得水，就要对这些制度、规则烂熟于心，严格遵守。初来乍到，切记莫逞英雄，天真地想去改变公司现有的文化，这样你只会给自己惹来麻烦。

（四）创造良好的人际关系环境

对于新员工来说，在短期内离职很大程度上是因为在公司工作不快乐。工作的快乐是决定很多年轻员工去留与否的关键因素。所以，一个快乐的人际交往环境的重要性就开始凸显出来。那么，快乐和谐的交际环境应该如何创造呢？一方面，公司要尽量给新员工创造一个良好的交际环境，让新员工和老员工尽快融合，让新员工在与老员工的交流中慢慢融入公司，更好地体会公司一些深层次的东西。另一方面，新员工要主动地去和老员工沟通，在最短的时间内成为这个大家庭中的一员，体会和大家相处的快乐，为自己搭建一个良好的人际平台，有利于今后工作的开展。只有当新员工融入企业，才能创造出一个快乐的环境，才能在这种环境中体会到快乐。

二、 尽快熟悉职场规则

从职场新人到职场达人是一个不断提升、实现自我价值的过程，但想要在职场发光发热，一个关键的前提是你不能被淘汰，这就意味着作为新人，必须懂得一些职场规则。

（一）尽早融入公司

职场新人到一家公司后应尽量花最短的时间了解公司的各个方面，包括公司的基本信息、业务信息、组织架构、人员信息、财务信息以及企业文化等。其中最重要的是业务信息、人员信息和组织架构（尤其是本部门的），了解它有助于今后工作的开展。在了解公司的基础上，要注意观察公司或部门的职场文化（如开放、封闭等），在外形、着装、人际交往、行事风格等方面要尽量做到与公司和部门统一协调。不可忽略的是，融入新环境是一个由外向内的过程，在这一过程中，个人的主动性起主导作用，主动性越高，融入就会越快。

（二）快速熟悉每位同事

突然进入一个完全陌生的圈子，要从中找到几位兴趣相投、价值观相近的同事，与之建立友谊，尽快打造自己在公司里的社交圈。这样一旦在工作中遇到困难，就会有人对你加以点拨；遭到恶意刁难时，也不至于没人出手援助。不过要注意，与同事搞好关系应把握一个度，千万不要钻进某个狭隘的小团体，拉帮结派只会引起"圈外人"与你的对立情绪，有百害而无一利。同时也要注意，职场是用来工作的，不是用来交友的。因为情绪、喜好、性格排斥某个合作对象，这是不够职业化的表现。顾大局、就事论事，是每一个职场人必备的素养。如果做不到，哪怕再才华横溢或是天赋异禀，组织也没办法用你。职场有其规律和规则，你的所有个性都应该在职场规则的高压线之下，不要带个人情绪办事。

（三）不要滥用幽默，注意礼貌

幽默被誉为现代人为人处世的重要法宝之一，也是衡量一个人智慧的标准之一。但幽默要注意场合、对象，把握一定尺度，切不可生搬硬套瞎"幽"一气。最不可取的是无事不"幽"、无话不"幽"，且不分场合、不分对象，弄得大家不胜其烦，只能把你当个活宝，你就成了茶余饭后的笑料。滥用幽默可能会冲淡你真正的工作成绩，反而得不偿失。不恰当的幽默也是有失礼貌的表现。礼貌是多方面的，包括语言、行为、举止，甚至包括暗示性、职级性的礼貌。对于礼貌的考虑，在校大学生们还比较欠缺，然而，这些却是职业里需要的，没有哪位领导希望培养提拔一个不懂礼貌的员工。

（四）学会写邮件

虽然当面聊或者用微信等即时工具更快捷，但是邮件内容是书面凭证，一旦出现扯皮现象可以用以分清责任，查清楚问题出现在哪里，有助于团队的清晰分工和高效执行。即使当面沟通通过了，回头通过邮件进行备忘也是很有必要的。很多新人在写邮件的时候在正文直接标注"见附件"，然后后面附一大堆文件，完全没有考虑收件人下载打开很麻烦的情况。更妥当的做法是把附件里面的重点内容贴到正文里方便别人快速浏览，有需要再下载附件去查看详情。应该具备产品经理的思维，时时刻刻注意跟自己交互的每一个人的体验，是职场人士起码的职业精神。另外，要学会用 Excel 来记录自己的规划，不论是会议纪要还是工作计划，都可以制成清晰的表格。按照优先级顺序从上到下，让看邮件的人一目了然。

（五）个人能力并不能确保自己的安全

很多公司在招聘员工或对外宣传时会说公司注重员工能力，提倡员工发挥主观能动性。对于刚入职的员工来说可能都会有一种心理，那就是向同事或领导展示你的才华、能力。但请注意，公司或你的领导希望先看到你的忠诚。你的目的是什么，这个并不重要，如果一直只展示你的能力，很有可能会让上司觉得你卖弄小聪明，或者认为你是一个不值得信赖的人。所以，刚入职或刚调到一个新部门的时候，千万不能自作聪明，要做的是熟悉环境、熟悉上司和同事的性格，先放低姿态。当然，关键时刻需要显示出自己的能力，让别人觉得你能胜任这份工作并且有足够的能力获得进一步提升。

（六）不要越俎代庖

在工作中如果滥用热情，很容易好心办坏事。谁的事情谁负责，你可以在他主动请求你帮忙时提供必要的帮助，但不可以指手画脚，甚至自己接过来替人家做，尤其是涉及经费、资源等敏感问题时更要慎重。当然提意见是可以的，妥当的做法是在人相对较多的工作群里大家集体讨论，采用的人会感觉自己是从谏言池里把你的建议和想法给主动识别出来的，而不会有被"指使"的感觉。

（七）用数据说话

很多人认为数据很难精准并且也会骗人，但是真正骗人的应该是统计方法而不是数据本身。在当前数字化和智能化时代，我们更需要学习如何利用正确的方法对手边的数据进行分析处理，通过数据观察现象、分析原因，不断地修正我们的错觉和主观臆断。新人最爱说"我认为"，然而真正应该常说的是"根据数据结果来看"。要学会使用 Excel、SPSS 等数据统计和呈现软件，以更好地厘清数据间的逻辑关系，挖掘数据背后的故事，为你的观点、想法提供支撑，彰显你的实践能力。

很多职场新人都会因为"这份工作跟我想象的不一样"而跳槽，甚至有职场新人认为第一份工作不满意就休息一年，再找下一份工作也无妨。但无论从哪个角度来说，这样的做法都不可取。首先，所有的工作技能都是从"干中学"获得的，"赋闲"在家（或者是啃老）既不能增长才干，又容易消磨斗志。加之当前各个行业变化加快，脱离行业一段时间意味着需要花费大量的时间重新学习，实在得不偿失。所以跳槽到新的行业，即便你的专业知识足够丰富，但是对新的行业、产品和商业模式不熟悉，不同的行业有不同游戏规则，隔行如隔山，也意味着你将从零开始。其次，很多公司会把升职加薪的机会优先给内部员工，试图通过跳槽来升职，难度相对会比较大。一个人能得到的待遇，需要通过自己的努力和成绩来争取，所有的职业都需要有一定的经验与资历的积累，与其跳槽，不如在自己熟知的领域、熟知的岗位深耕，用自己的工作业绩提升自己的收入。

【求职提示】在职场，你必须长大

大学毕业后进入职场，就意味着你长大了。要对自己、对职业、对领导、对同事承担起该承担的责任，有成绩会被奖励、有失误就要被惩罚。你不能靠着拖沓和偷懒混职场，这也不可能混得下去。在职场，你与所有同事都是公平竞争的关系，每个人都有自己要完成的 KPI，完不成甚至会被开除，没有人会像父母、老师或亲戚那样处处宠着你，也没有人有耐心去听你撒娇。面对困难，任何牢骚都无助于解决问题，一切只能靠你的智慧与努力。作为职场人，你必须长大了。

【实践案例】比尔·盖茨的 11 项人生建议

比尔·盖茨在某个大学毕业典礼上的演讲中对毕业生提出 11 项人生建议。

（1）人生是不公平的，习惯接受吧。

（2）这个世界并不在乎你的自尊，只在乎你做出来的成绩，做成后再去强调你的价值。

（3）你不会一离开学校就有百万年薪，你不会马上就是那个拥有公司专车的副总裁，两者你都必须靠努力得来。

（4）如果你觉得你的老板很凶，等你做了老板就知道，老板是没有工作任期保障的。

（5）在快餐店打工并不可耻，你的祖父母对煎汉堡有不同的看法：机会。

（6）如果你一事无成，不是你父母的错，所以不要对自己犯的错发牢骚，从错误中去学习。

（7）在你出生前，你的父母并不像现在这般无趣，他们变成这样是因为忙着付你的各种啃老开销，洗你的衣服，听你吹嘘你的所谓梦想。所以在你吹嘘要去拯救被父母这代人破坏的热带雨林前，先去整理一下自己的房间吧。

（8）在学校里可能有赢家、输家，在人生中却还言之过早。学校会不断给你机会找到正确答案，真实人生中却完全不是这么回事，你的痛苦，可能永无答案。

（9）人生没有寒暑假，人生不是学期制，没有哪个雇主有兴趣帮你寻找真实的、快乐的自我，请用自己的时间来做这件事吧。

（10）电视上演的并非真实人生。现实生活中每个人都要离开咖啡馆去工作。

（11）对书呆子好一点，你未来很可能就会为其中一个打工。

资料来源：佚名. 比尔·盖兹在某个大学毕业典礼上的演讲中，对毕业生提出十一项极为睿智的人生建议. https://www. cnblogs. com/hardrock/archive/2008/02/15/1069486. html.

【思考与成长】

1. 相对于校园，职场中的人际关系处理有什么不同？

2. 你预期将来就业后会遇到哪些困难？你将如何应对？

附　录

附录 A　税务筹划

税务筹划是指通过对涉税业务进行策划，制作一整套完整的纳税操作方案，从而达到节税的目的。对初创企业来说，合理节税就意味着有充裕的现金流、赚取的净利润更多，企业生存发展的可能性增强。

在税务筹划的过程中，应及时系统地了解国家的最新政策，主动与税务部门沟通，熟悉有关纳税工作的程序，以便更好地开展税务筹划，实现企业的最大效益。需要明确的是，税务筹划是需要成本的，具体可以分为显性成本和隐性成本。显性成本是税务筹划中实际发生的相关费用，包括纳税成本、财务成本和管理费用等。隐性成本是一种机会成本，是纳税人因采用某一种税务筹划方案而放弃的其他潜在利益。例如，一些税收优惠政策对企业有一定的范围限制，企业为了符合该优惠政策的范围，可能需要更改经营范围，最终付出的筹划成本可能高于筹划收益，反而得不偿失。此外，还需了解相关税收优惠政策的时效性，对时效短的政策需要谨慎对待，虽然短期内为企业节省了一定税负，但可能会对企业未来发展带来一定风险，企业应认真考虑机会成本，谨慎对待。

一、 税务筹划具体操作

（一）增值税

我国现行纳税制度将纳税人划分为小规模纳税人和一般纳税人两种，两者的区别详见表 A-1。中小企业在生产经营时应根据企业自身状况，选择合适的纳税人身份，到税务部门进行税务登记，再根据自身的纳税人身份确定合理的税务筹划方案。

表 A-1　小规模纳税人和一般纳税人对比

项目	认定标准	计税方法	转换规定	会计核算方式	报税格式	报税时间
小规模纳税人	年应征增值税销售额在 500 万元及以下	不抵扣进项税额，应纳税额＝销售额×征收率	符合规定的可以办理一般纳税人登记	需在"应交税费"科目下设置"应交增值税"明细科目	见增值税及附加税费申报表（小规模纳税人适用）	按季申报
一般纳税人	年应税销售额超过规定的小规模纳税人标准的，应办理一般纳税人登记	应纳税额的计算公式为：当期应纳税增值税额＝当期销项税额－当期进项税额	除国家税务总局另有规定外，纳税人一经认定为一般纳税人，不得转为小规模纳税人	增值税为一般纳税人的会计核算方法较为复杂	见增值税及附加税费申报表（一般纳税人适用）	所得税按季度申报，增值税、附加税及个税等按月申报

对小规模纳税人而言，如果增值税率不高且产品销售对象主要为一般纳税人，经决策若成为一般纳税人对企业税负有利，但经营规模一时难以扩大，可联系若干个相类似的小规模纳税人实施合并，使规模扩大而成为一般纳税人。

（二）所得税

在筹划企业所得税的过程中，固定资产的折旧、存货的计价等方面有着较多的筹划空间。

1. 选择合理的固定资产折旧方法

企业在选用固定资产折旧方法时，可以在不违反税法等法律法规的前提下，通过对固定资产折旧的筹划，获得最大的收益。固定资产折旧方法中的加速折旧法常被税务筹划使用。这种通过在固定资产使用初期加快提取折旧而后逐渐递减计提折旧的方法，不仅能较为迅速地为企业收回固定资产的投入，而且能加快企业对于固定资产的折旧速度。将前期较多的折旧成本计入产品生产成本，能减少前期的企业所得税应纳税所得额。

2. 选择合适的存货计价方法

不同的存货计价法带给企业的成本计算结果不同，利润和税负的结果自然也不同。这种方式通过市场不同时期的价格变动来达到税负减少的效果。企业可以合理选取存货计价方法进行税务筹划。

存货计价方法一共有三种，分别是个别计价法、先进先出法和加权平均法（特殊加权平均法）。当进货价格因市场价格变动而呈上升趋势时，加权平均法较其他两种存货计价方法处于明显的优势，可以通过加权的方法，利用物价上涨的趋势相应提高产品的相关成本费用，合理地降低计税利润；当存货价格受市场价格变动影响而呈下降趋势时，先进先出法具有相对明显的优势，采用先进先出的原则可避免存货因物价下降而计价降低，可将产品的成本费用保持在一个相对较高的水平，从而有利于企业在短期内减轻税负。

3. 选择合理的融资方式

一般来说企业的资金来源有两种：内部融资和外部融资。融资渠道可根据股权与负债分成两类。企业进行债权融资时，可将贷款利息的支出在税前扣除利润，减轻企业的税负成本。而企业以股权融资方式进行融资所支付的股利，不能作为税前扣除部分。从节税的角度来讲，中小企业应考虑利用融资资本结构变动对税收的影响优化融资配置，实现税后利益最大化。

4. 通过达到费用扣除上限进行所得税筹划

业务招待费、广告费和业务宣传费作为期间费用筹划的基本原则是：在遵循税法与会计准则的前提下，尽可能加大据实扣除费用的额度，对于有扣除限额的费用应该用够标准，直达规定的上限。

设立独立核算的销售公司可提高费用扣除额度。按规定业务招待费、广告费和业务宣传费均是以营业收入作为扣除标准计算的，将集团公司的销售部门设立成一个独立核算的销售公司，再将集团公司的产品销售给销售公司，由销售公司实现对外销售，这样就增加了营业收入，在整个集团公司的利润总额未改变的前提下，费用限额扣除的标准可获得提高。

（三）消费税

消费税是以消费品的流转额作为征税对象的各种税收的统称。消费税实行价内税，只在应税消费品的生产、委托加工和进口环节缴纳。

1. 纳税环节策略

充分利用纳税环节节税，应尽可能地避开或者推迟纳税环节，从中获益。第一，企业可以将低价销售的产品做"以物易物"，也可改变和选择某种对企业有利的计算方式以推迟缴税。第二，自产的应税消费品用于连续生产另一应税消费品的不纳消费税，企业可以充分利用这一点节税。

2. 关联企业转移定价

消费税的纳税行为发生在生产领域，如果将生产环节的价格降低，可以直接达到节税效果。关联企业以较低的价格将应税消费品销售给独立核算的销售部门，可降低应纳税额。而独立核算的销售部门将产品卖给最终消费者时，只纳增值税，不缴消费税。这样做就能使集团公司的整体消费税额减轻，保持增值税不变。

3. 成套销售筹划

纳税人可以将应税消费品与非应税消费品以及适用税率不同的应税消费品组合成一套消费品销售。比如，工业企业销售产品都采用的是先包装、后销售的方式进行。如果改成先销售、后包装，不仅可以大大降低消费税，还可以使应纳增值税保持不变。

二、 税收优惠政策

税收优惠政策是指税法对某些纳税人和征税对象给予鼓励和照顾的特殊规定。为了配合国家在一定时期的政治、经济和社会发展总目标，政府利用税收制度，按预定目的在税收方面采取相应的激励和照顾措施，减轻纳税人的纳税负担。

（一）增值税优惠政策

1. 小规模纳税人

小规模纳税人，月度销售额不超过 10 万元的，按月申报；季度销售额不超过 30 万元的，按季申报，免征增值税（小规模纳税人一般都是季度申报）。因为增值税专用发票可以抵扣，所以针对小规模纳税人开出的增值税专用发票不能免增值税。小规模纳税人增值税的适用税率是 3%。

小规模纳税人在判断是否符合增值税免税政策时，需将专票、普票、通用机打发票以及未开票收入的合计金额作为销售额进行判断。对于差额纳税的小规模纳税人，应以差额扣除后的销售额作为判断依据。在预缴地实现的销售额未超过标准，则当期不需要预缴税款。

2. 一般纳税人

一般纳税人发生应税销售行为或进口货物，增值税税率为 13%；建筑行业的增值税税率为 9%；邮政业的增值税税率为 9%；交通运输业的增值税税率为 9%；基础电信服务的增值税税率为 9%；现代服务业的增值税税率为 6%。

一般纳税人购进国内旅客运输服务，取得注明旅客身份信息的航空运输电子客票行程单、铁路车票、公路和水路等其他客票，都可以计算抵扣增值税进项税额。

（二）"六税两附加"优惠政策

1. 减半征收

小规模纳税人的资源税、城市维护建设税、房产税、城镇土地使用税、印花税（不含证券交易印花税）、耕地占用税、教育费附加、地方教育附加六个小税种、两个附加费减按 50% 缴纳（部分地区有不同，由各地政府根据当地实际情况，在 50% 的税额幅度内减征）。例如，当期计算房产税 100 元，选择享受该项税收优惠政策后，当期房产税仅需要缴纳 50 元。

2. 免征优惠

按月纳税的企业月销售额不超过 10 万元，按季纳税的企业季度销售额不超过 30 万元，免征教育附加、地方教育附加、水利建设基金，且小规模纳税人、一般纳税人都可以享受此优惠政策。同时，小规模纳税人可以叠加享受减半征收和免征优惠的优惠政策。

3. 企业所得税优惠政策

小微企业年应纳税所得税不超过 100 万元的部分，减按 25% 计入应纳税所得额，并按 20% 的税率缴纳企业所得税（即实际企业所得税负为 5%）。例如，A 企业 2020 年的应纳税额所得额为 100 万元，一般所得税为：$100 \times 25\% = 25$ 万元；而享受优惠后所得税为：$100 \times 25\% \times 20\% = 5$ 万元。优惠大致就是应纳税额所得额在 100 万元以内的税负为 5%，100 万元到 300 万元为 10%，300 万元以上为 25%。

4. 地方性总部经济税收优惠政策

以注册在开发区或者工业园区的企业为例，某些园区对注册企业的增值税以地方税收留存的 50% ~ 70% 返还，对企业所得税以地方留存的 50% ~ 70% 返还；个人独资企业（营改增）小规模的可以申请核定征收，核定个税税率为 0.5% ~ 2.19%；增值税率为 3%，附加税为 0.36，总税负最高 5% 左右。但目前按核定来征收税款的已很少。

【小案例】亚马逊巨额收入却零税负

2017 年，亚马逊的营收为 1 778.7 亿美元，利润为 56 亿美元，联邦税率为-2.5%，纳税为 0，政府退了 1.37 亿美元税款。

2018 年，亚马逊的营收为 2 582.2 亿美元，利润为 112 亿美元，联邦税率为-1.2%，纳税额为 0，政府退了 1.29 亿美元税款。

怎么做到的？具体看。

1. 美国—卢森堡经营主体—卢森堡壳公司：规避欧洲税收

2005 年之前，美国是全球征税，联邦税率为 35%，境外所得须向美国纳税，亚马逊便开始发展欧洲业务，以降低境外税，并将利润留存境外，这是亚马逊以及所有美国跨国公司搭建避税架构的主旋律。

卢森堡壳公司先与亚马逊美国签署成本分摊协议，向亚马逊美国支付少许费用，获得亚马逊欧洲的相关知识产权。卢森堡经营公司再与卢森堡壳公司签署独家许可协议，向卢森堡壳公司支付大量费用（约为经营收入90%以上），获得亚马逊欧洲知识产权的使用权。两个卢森堡公司均是由亚马逊集团全资控股，并最终由美国母公司亚马逊控制。

之所以能避税，是因为：①对于卢森堡经营公司，即便根据卢森堡税法，需要向卢森堡支付所得税，但由于卢森堡经营公司支付了大量费用给了卢森堡壳公司，所得税税额极少。②由于卢森堡经营公司是有限合伙企业，而卢森堡经营公司的合伙企业本身不纳税，仅在合伙人一方征税，而合伙人又位于美国，所以壳公司在卢森堡根本就不是纳税主体。但根据美国税法（税改前），壳公司又是外国公司，外国公司产生的利润汇回美国前无须向美国纳税。

因此，亚马逊通过两个卢森堡公司，将欧洲的销售利润的税率降至1%以内，远低于美国的原法定税率35%。由于经营公司支付了大量费用给壳公司，所得税税额极少。

2. 股票期权+亏损抵免：规避美国收入税

亚马逊一边规避着欧洲收入税，一边也在想方设法规避美国境内收入税。

对境内收入，亚马逊主要是通过两种方式避税。

（1）股票期权：对高薪高管，以发放股票期权替代工资薪酬，而对应股票期权的价值则可作为公司的成本抵扣，因此，公司股价越高，可抵扣成本就越大。2018 年，亚马逊成为继苹果后第二个破万亿美金市值的公司，而仅当年，股票期权这一项，就为亚马逊抵掉了 10 亿美元的联邦税。

（2）从 1994 年创立至 2024 年，亚马逊亏损了数十亿美元，仅上市后的 8 年里就亏损了 30 亿美元。亚马逊的最近一次亏损是在 2014 年，当年一年就亏掉了 2.41 亿美元。亏损的好处是可以向后结转抵免税款。

因此，通过高管期权和亏损抵免以及其他各种税收抵免，亚马逊美国的境内收入有效税率也远低于法定税率。

据称，至今亚马逊还有约 15 亿美元的联邦退税额没有用完。

资料来源：Amy 姐的跨境金融圈. 巨额收入 0% 税负！亚马逊"美国—卢森堡—卢森堡"避税架构曝光（有改动）. https://zhuanlan.zhihu.com/p/57874172/.

附录 B 大学生可以参加的创业大赛（部分）

1. 中国国际大学生创新大赛（https://cy.ncss.cn/）

2. "挑战杯"全国大学生课外学术科技作品竞赛（http://www.tiaozhanbei.net/）

3. "挑战杯"中国大学生创业计划大赛（http://www.chuangqingchun.net/）

4. 全国大学生数学建模竞赛（http://www.mcm.edu.cn/）

5. 全国大学生电子设计竞赛（http://www.nuedcchina.com/）

6. 全国大学生机械创新设计大赛（http://umic.ckcest.cn/）

7. 全国大学生广告艺术大赛（http://www.sun-ada.net/）

8. 全国大学生电子商务"创新、创意及创业"挑战赛（http://www.3chuang.net/）

9. 中国大学生工程实践与创新能力大赛（http://www.gcxl.edu.cn/new/index.html）

10. 全国企业竞争模拟大赛（http://www.ibizsim.cn/）

11. "外研社·国才杯"全国大学生外语能力大赛（http://uchallenge.unipus.cn/）

12. 全国大学生创新创业训练计划年会（http://gjcxcy.bjtu.edu.cn/Index.aspx）

13. 全国大学生市场调查与分析大赛（http://www.china-cssc.org/list-56-1.html）

14. "西门子杯"中国智能制造挑战赛（http://www.siemenscup-cimc.org.cn/）

15. 中国大学生服务外包创新创业大赛（http://www.fwwb.org.cn/）

16. "学创杯"全国大学生创业综合模拟大赛（http://www.bster.cn/cyds/index）

17. 中国高校计算机大赛（http://www.c4best.cn/）

18. 全国大学生信息安全竞赛（http://www.ciscn.cn/）

19. 中国大学生机械工程创新创意大赛（http://www.gczbds.org）

20. 全国大学生生命科学竞赛（CULSC）（https://www.culsc.cn/#/）

21. 全国高校 BIM 毕业设计创新大赛（http://gxbsxs.glodonedu.com/index）

22. 中国大学生计算机设计大赛（http://jsjds.blcu.edu.cn/）

23. 中国高校智能机器人创意大赛（http://www.robotcontest.cn/）

24. 中国好创意暨全国数字艺术设计大赛（https://www.cdec.org.cn/）

25. iCAN 大学生创新创业大赛（http://www.g-ican.com）

26. 全国大学生工业设计大赛（https://cy.cuidc.net/）

27. 全国本科院校税收风险管控案例大赛（微信公众号：全国本科院校税收风控案例大赛）

28. 全国大学生物流设计大赛（http://www.clpp.org.cn/）

29. 全国高等院校数智化企业经营沙盘大赛（主办单位：中国商业联合会，http://spbk.seentao.com）

30. "科云杯"全国大学生财会职业能力大赛（http://match.xmkeyun.com.cn/）

附录 C　创业之星的使用

"学创杯"全国大学生创业综合模拟大赛是一项全国性比赛，是经教育部认定的国家级 A 类赛事之一。比赛使用的软件是创业之星，在此软件中，你和你的管理团队将作为创业者创办一家企业，团队成员分别担任虚拟公司的总经理、财务总监、营销总监、生产总监、研发总监、人力资源总监等，并承担相关的管理工作，通过对市场环境与背景资料的分析讨论，完成企业运营过程中的各项决策，包括战略规划、品牌设计、营销策略、市场开发、产品计划、生产规划、融资策略、财务预算等，并完成从商业计划书到创业登记注册再到企业创办后的运营管理的完整创业过程。

在创业之星，创业不再是停留在书面上的理论知识或纸面上的空洞规划，而是真实的体验与实践。商场成功经营法则的核心，就是要让企业成本最低、收益最高，同时必须让你的顾客满意。成功经营的法则包括：

（1）明确企业的发展方向（企业战略）；

（2）发现目标顾客的需求（市场调研）；

（3）提供满足需求的产品（研发设计）；

（4）生产符合要求的产品（生产制造）；

（5）让顾客知道你的产品（市场营销）；

（6）销售产品给你的顾客（销售管理）；

（7）回笼销售产品的货款（资金管理）；

（8）配合默契的管理团队（沟通协作）。

在创业之星中，做企业的经营并不困难，但做好也不容易。需要你和你的团队成员通力配合，谨记上面八条基本原则。它们将帮助你掌握经营之道，快速走上创业成功之道。

第一章　学员创业模拟操作指南

一、学员账号登录

1. 学员端账号注册：登录窗口见图 C-1，在图 C-2 进行注册，账号为学号，姓名为真实姓名，密码自己设置（尽量简单点，太过复杂会忘记），见下面右图。

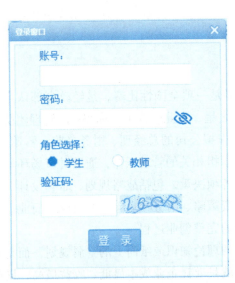

图 C-1

图 C-2

2. 学员端的账号登录：注册完成后返回首页，根据注册的账号和密码登录。每一次登录都需要选择教师以及相应的班级（图 C-3、图 C-4）。

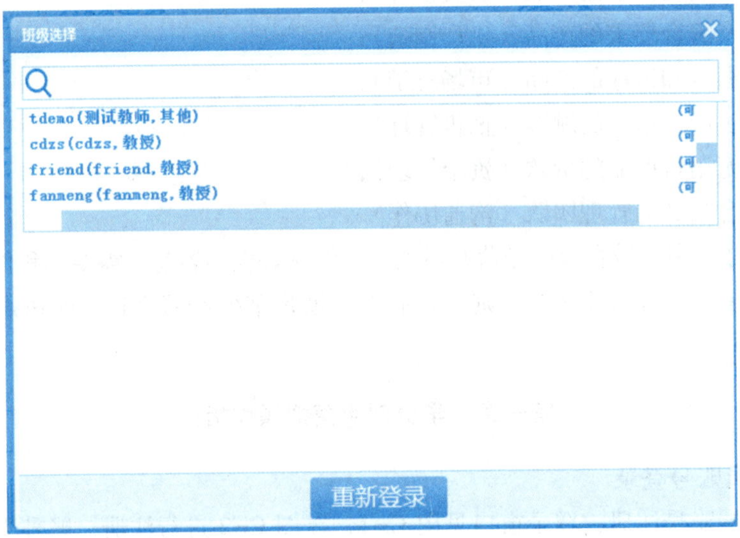

图 C-3

图 C-4

3. 打开学员一端的主界面图 C-5。点击头像，选择自己的角色。

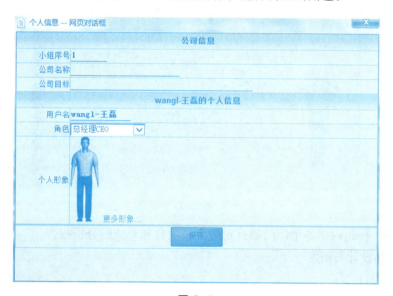

图 C-5

二、查看实验规则

1. 点击主界面右边的"实验规则"，查看所有数据规则。

2. 点击公司、银行、市场等进入不同场景，点击主场景，回到主界面（图 C-6）。

图 C-6

三、场景切换

1. 银行：资金紧张时，可以去银行进行贷款（图 C-7）。利息提前支付，到期归还本金。注意：每期有贷款限额，累计贷款金额不超过上季度末净资产。

图 C-7

2. 公司：公司内部各个部门都有对应决策项目和对应的分析报告。

四、产品设计与研发

1. 产品设计

产品设计界面如图 C-8 所示。

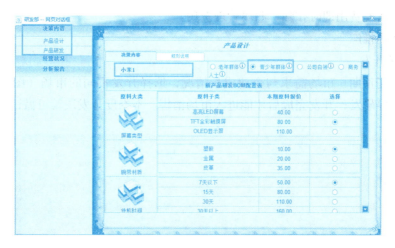

图 C-8

（1）为自己的品牌取一个响亮的名字，不能和同班级其他小组同品牌（名字不能超过 5 个字）。

（2）锁定对应目标消费群体。

（3）根据目标消费群体对产品功能的需求，选择不同的原材料；不同原材料对应的产品成本、研发时间不一样。

（4）点击"保存"。

注意：如果本季度设计错误，可以撤销。如果该产品在研发中、生产中已经投入广告等，则无法撤销。设计的品牌有数目限制，具体查看"规则设置"。

设计费用即时扣除，设计费用归属管理费用。

（二）产品研发

产品研发界面如图 C-9 所示。

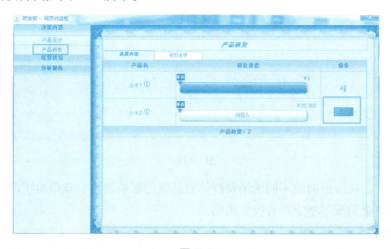

图 C-9

（1）有需要投入研发的产品，在这里点击"投入"。

（2）研发有研发费用、研发周期。研发完成之后，该产品才能进入市场进行生产和销售。

注意：研发费用即时扣除，归属管理费用。

五、市场推广

1. 市场开发

根据市场预期、市场需求与企业成长情况，选择开发不同的市场（图 C-10）。资金不足可暂停研发，开发完成后才能进入市场销售。本季度开发决策可撤销。

图 C-10

2. 广告宣传

对无须研发或研发完成的品牌，可以进行广告投放（图 C-11）。广告有一定的累积效应，具体见规则说明。

图 C-11

可以针对品牌所面向的不同的消费群体对品牌的影响权重、竞争对手的广告投放情况、自身的资金情况等制定广告投放策略。

六、销售

依次选择"销售部"→"决策内容"→"产品报价"（图 C-12），根据本季度市场总需求情况即这里的购买量以及实际参与的小组数目，预计销售量。平均市场需求 = 购买量/小组数目。

图 C-12

销售预计可以指导制定生产计划，根据生产计划制定厂房、设备、原料等的购置计划。

七、生产制造

根据本期销售预计制定本期生产计划。根据本期生产计划及后期市场增长趋势，提前制订生产规模扩大计划。购置/租用厂房，购置设备，招聘工人，采购原料。当然这些策略也受资金限制，在资金可以支持的前提下进行决策。生产制造部界面如图 C-13 所示。

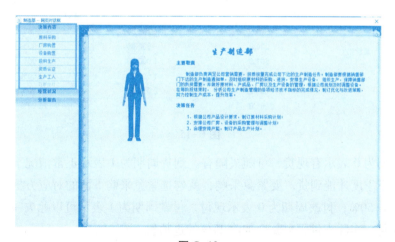

图 C-13

选择"帮助说明"中的"生产制造"，根据市场对资质认证的需求，逐步投入资质认证。这有一个选项"生产工人"，可对工人进行调整、培训、辞退等操作。

1. 原料采购

点击"制造部"→"决策内容"→"原料采购"（图 C-14）。

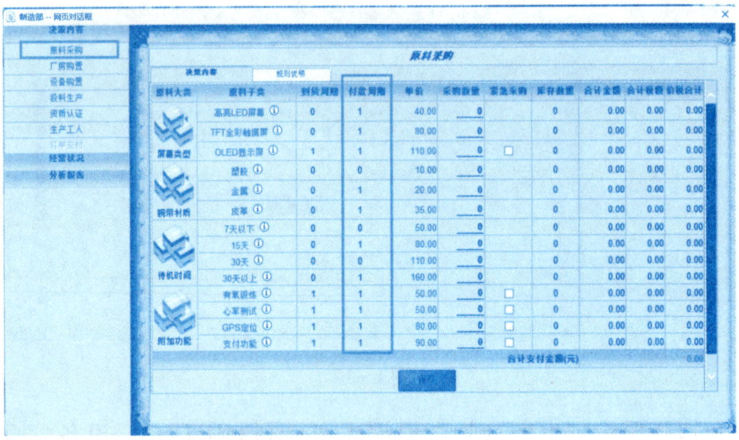

图 C-14

要完成原料采购任务，需要创业者确定采购哪些产品、需要多少数量。

点击 获得原料各季度的价格走势。点击"单价"可以获得批量采购折扣（图 C-15）。详细信息可查看主界面的实验规则→生产制造。

	折扣表		
	从(件)	**到(件)**	**折扣**
价格折扣	0.0	200.00	0.00%
	201.0	500.00	5.00%
	501.0	1,000.00	10.00%
	1001.0	1,500.00	15.00%
	1501.0	2,000.00	20.00%
	2001.0	——	25.00%

图 C-15

到货周期为 0 表示有现货，可随买随有。到货周期为 1 表示正常情况下要提前一个季度预订，下季度才能到货。要紧急采购，就勾选紧急采购下面的对应方框。紧急采购的价格会提升 50%；付款周期为 0 表示现付，付款周期为 1 表示可以赊欠一个季度，下季度初再支付。实际支付原料款会加收 17% 的进项税。

综上，从降低成本角度出发，建议综合本季度生产计划批量采购原料。

点击"实验规则"→"市场营销"，分析下季度市场需求，做下季度产品销售预计。对下季度预生产的产品，需要提前预订好原料，作好提前安排。

2. 厂房购置

点击制造部→决策内容→厂房购置（图 C-16）。

图 C-16

厂房有大、中、小三类，可容纳不同数量的设备。可以分别点开查看，也可以去"实验规则"→"生产制造"里面对比查看。

厂房的取得方式有两种：购买或租赁。如果购买，厂房将成为企业固定资产，费用需一次性即时支付，在购买后的下一季度开始计提折旧；租用厂房的费用在季度末扣除，计入制造费用。

厂房的所有设备在季度初都可预订出售或退租。季度末设备出售完成后，还可以将厂房出售或退租来换取资金。出售是以原值扣掉折旧后的净值去出售，即没有增值。

3. 设备购置

设备购置界面见图 C-17。

图 C-17

设备有三类，可点开依次查看，也可以去"实验规则"→"生产制造"里面对比查看。

设备只能购买，费用需即时扣除。设备计入固定资产，购买后在下季度计提折旧。

设备安装：手工线无须安装，而其他设备都有安装周期，购买安装后下季度才能使用。

设备生产：生产没有周期，本季度投产后，到订单交付阶段即可有产成品下线交付。设备生产有成品率，设备下线成品=投料数量（各原料配比1∶1）×成品率，取整数。

设备维护：设备每期计提维护费，季度末扣除，计入制造费用。

设备升级：设备可以投入费用进行升级，升级将提升相应成品率。

设备搬迁：设备处于闲置状态，可以搬迁到其他厂房。有的设备有搬迁费用和搬迁周期（本季度确定搬迁，下个季度才能完成）。

设备出售：闲置设备可即时以净值出售，设备有生产、升级、搬迁中可预定出售，季度末任务发布后，系统自动会将设备完成生产、升级、搬迁后进行出售。

4. 调配生产工人

招聘工人详见下一部分"人员招聘"。

这里可以把工人调配到不同的可用生产线（安装中不能调配）（图 C-18）。可点击"培训"或"辞退"申请，由人力资源部执行。鼠标放在 ⓘ 上即可查看详情。

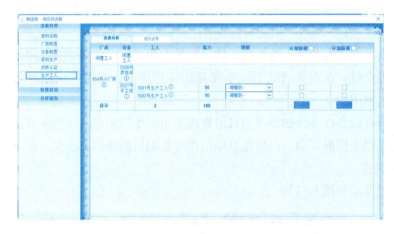

图 C-18

工人培训属于在岗培训，不影响工作，可提升生产能力，在下季度生效。

若辞退工人，入职一季度后辞退需支付赔偿金。

5. 投料生产

点击"生产制造部"→"投料生产"（图 C-19），进入各设备，进行投料生产。

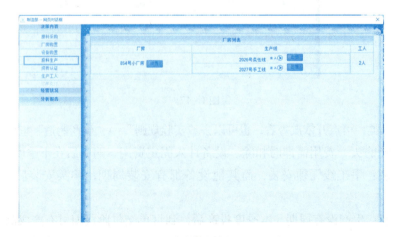

图 C-19

设备在闲置中,可以马上以净值出售。

设备在生产、搬迁、升级中的,可以预出售,待季度末设备完成生产、搬迁、升级,系统自动以净值出售。

厂房内没有其他设备,可以退租或出售空厂房。如果厂房内的设备都在预出售中,厂房也可以同时预退租/出售。

6. 资质认证

在市场成熟后期,各消费群体会对进入该市场的产品有资质认证的要求,具体详见"实验规则"→"生产制造"。

各项资质认证要求的周期不一样(图 C-20),需要多个季度的累计投入才能完成资质认证,下一季度生效。本季度投入的资质认证费用可以撤销。

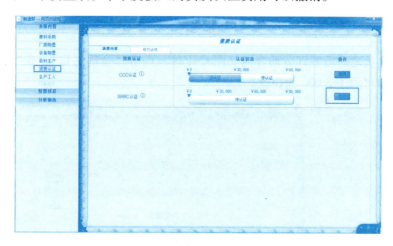

图 C-20

八、人力资源工作

人力资源部将进行招聘、签订合同、培训、辞退员工等操作。

1. 人员招聘

系统招聘的人员分为工人和销售(业务员),工资以单人为单位结算。上机操作的学员统称为管理人员组,需签合同,但无工资。招聘需支付招聘费用。招聘费用计入管理费用。人员招聘好,在签署劳动合同之前还可以撤销招聘。招聘工人界面如图 C-21所示。

工人需安排在正常使用的设备上,处于安装期的设备不能安排工人操作;销售人员需安排在已开发完成的市场里,没有开发完成的市场无法安排销售人员。

图 C-21

招聘好人员之后需签订劳动合同（图 C-22），点击"全部签订"。未签订合同，每名员工每季度将给予 2 000 元罚款。

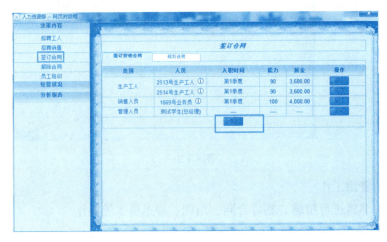

图 C-22

2. 员工培训

对生产工人的培训将由生产制造部门提交培训申请，对销售人员的培训将由销售部门提交培训申请后，由人力资源部门执行培训计划。培训会生成培训费用，计入管理费用。员工培训界面如图 C-23 所示。

培训后员工所提升的相关能力在下季度生效。

培训不影响被培训员工已在进行中的工作。

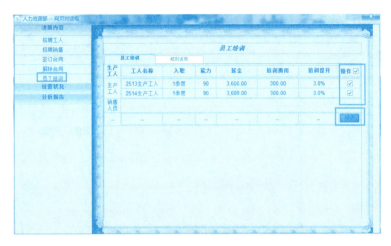

图 C-23

3. 人员辞退

辞退生产工人，由生产制造部门提交辞退申请，辞退销售人员，由销售部提交辞退申请后，由人力资源部门执行辞退工作。员工入职一个季度之后被辞退会生成赔偿金，将计入管理费用。解除合同界面如图 C-24 所示。

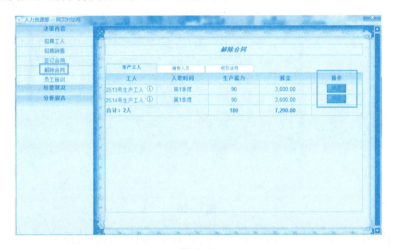

图 C-24

九、销售

销售部的主要工作是管理销售人员，制定产品报价。

1. 销售人员

人力资源部门招聘好销售人员、签署好劳动合同后，销售部就可以对销售人员根据市场的变化进行管理使用。注意：由人力资源部门对销售人员进行培训、辞退等。销售人员界面如图 C-25 所示。

图 C-25

2. 产品报价

产品报价决策有报价和设定上限数（图 C-26）。

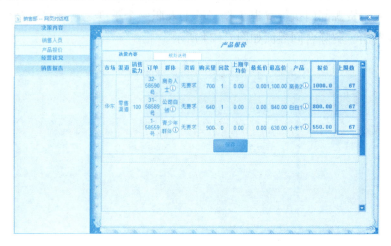

图 C-26

根据品牌市场策略，对不同市场、不同产品实施不同的报价策略。

放弃的市场，报价默认为 0。报价不超过最高价，不低于最低价（最低价是上季所有小组平均报价的 60%）。可参考产品成本、产品面向的消费群体对不同产品价格的关注权重以及上期竞争对手的报价情况来综合制定报价策略。

上限数与销售人员的销售能力相关联（1 个销售人员＝100 个销售量），同一市场的产品总量（例如下例中的上海市场要交货 120 个商品）都得对应适当的销售能力。交货能力＝本期在制品＋往期的库存品。例如，我们打算给上海市场交货 120 个商品（60 个老年在制品＋30 个青年在制品＋30 个青年库存品），同时要往北京市场交货 150 个商品，但是我们一共只有 3 个销售人员，那我们对销售人员的最优分配方案就是给上海市场分配 1 个销售人员，给北京市场分配 2 个销售人员。

十、产品配送

1. 教师端，待所有小组都完成生产和报价等活动后操作。

点击"任务进度控制"→"产品配送"，发布任务（图C-27）。

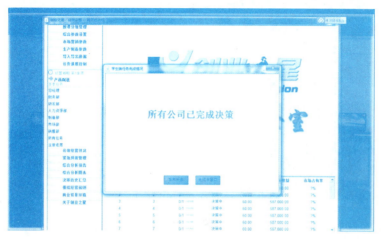

图C-27

2. 学员端，点击"制造部"→"订单交付"（图C-28），根据库存来交付订单。不能足额交付的部分订单将被处以罚金，并取消。

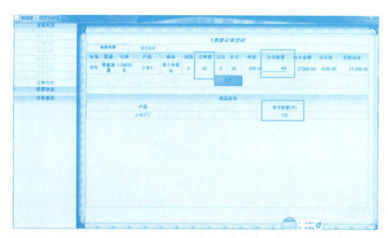

图C-28

所有小组都完成交付后，教师端发布任务，进入第二季度经营。

3. 学员端成绩查看。进入"总经理办公室"，点击"经营绩效"→"综合表现"，查最终得分。其他各个部门可查看相关分析报告。

第二章　教师端的模拟操作指南

一、教学引导

获得教师账号，登录系统，新建"班级"（去首页注册），切换"班级"。

学员注册登录，或者通过系统批量导入学员账号登录，选择对应教师，申请对应教师新建的"班级"，教师解锁学生账号。

点击"教学引导",选择"创业之星"→"开始实验"(图 C-29)。

图 C-29

二、实验控制

点击进入"实验控制",模板选择"智能手环"(新建班级可以调整模板)(图 C-30),点击"保存"。

模板选择

图 C-30

三、学员分组

点击"授课分组管理"→"批量增加小组"(图 C-31)。建议三人一组,以便参加比赛。

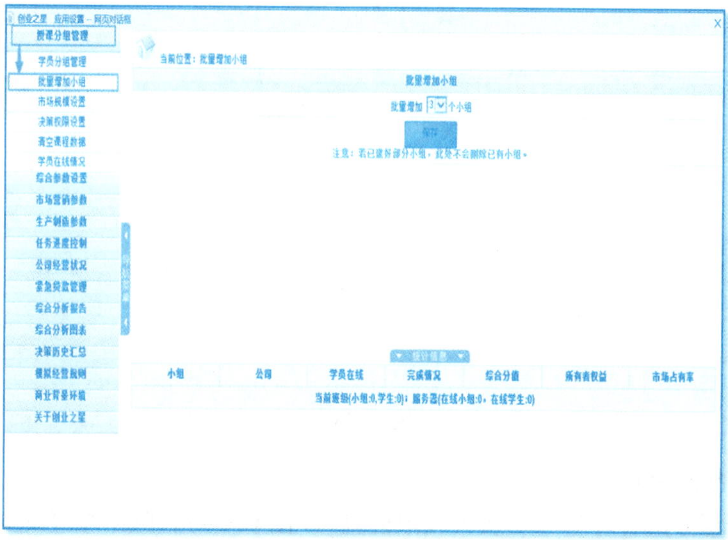

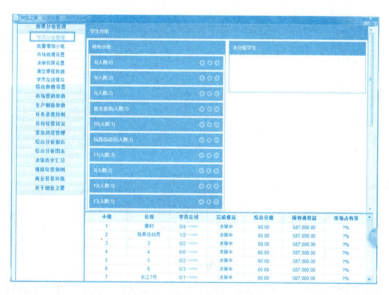

图 C-31

学员登录后，点击"授课分组管理"→"学员分组管理"（图 C-32），可查看各组学员信息。

图 C-32

四、市场规模设置

点击"授课分组管理"→"市场规模设置"→"市场订单批量初始化"（图 C-33）。根据参与的小组数目，对应批量初始化（市场规模数=小组数目）。

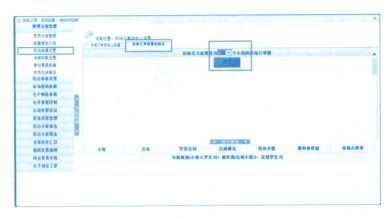

图 C-33

五、决策权限设置

点击"授课分组管理"→"决策权限设置"（图 C-34），默认总经理集权制，角色设置为总经理的学员可以操作所有项目，其他角色只能查看数据。在各组人数相当、电脑足够用的情况下，为了调动学生参与度，教师可以设置把不同决策项目分派给不同的角色，这样只有对应角色的学员才能操作相关项目，例如，下图的产品设计只能由技术总监操作。

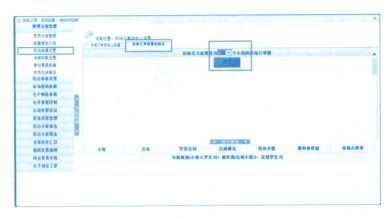

图 C-34

点击"授课分组管理"→"学员在线情况"（图 C-35），可以查看学生在线情况、角色选择情况、任务完成状态。点击在线状态下的电脑标志可以断开学生连接，对学生端卡顿的情况有效。

图 C-35

六、任务进度控制

点击"任务进度控制",进入下季度(图 C-36)。

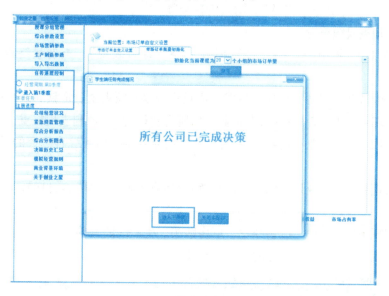

图 C-36

注意:该操作不可逆,请确保所有公司都完成决策后再发布任务。

七、紧急借款管理

授课中,为了让所有学生跟上进度,教师可以给已破产无法经营下去的小组追加紧急借款(图 C-37)。紧急借款利息高,而且该组的总分会有扣分。

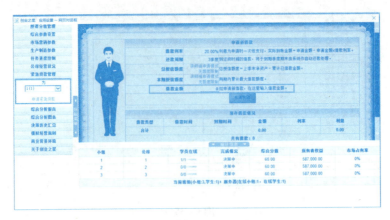

图 C-37

注意：选择好小组后（认真细致地核对好需要紧急借款的小组，避免错点其他小组），然后点击"申请紧急借款"，输入借款金额。

八、教师端成绩查看

点击"综合分析报告"→"经营绩效"→"综合表现"，查看最终得分（图 C-38）。

总成绩由盈利、财务、市场、投资、成长表现以及减去紧急贷款的最终得分构成。

盈利表现=（所有者权益/所有企业平均所有者权益）×盈利表现权重

财务表现=（本企业平均财务综合测评/所有企业平均财务综合测评的平均数）×财务表现权重

市场表现=（本企业累计已交付的订货量/所有企业平均累计交付的订单量）×市场表现权重

投资表现=产品研发、市场开发、厂房购买、生产线购买等

成长表现=卖货总额，与你的广告息息相关

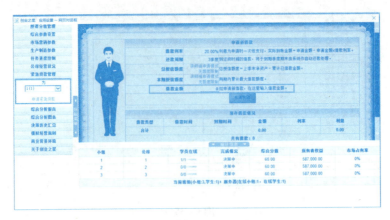

图 C-38

例如，某市场的盈利总分 60 分，财务总分 60 分，市场总分 40 分，投资总分 20 分，成长总分 20 分，总共 200 分。则盈利表现权重就是 60/2×100%＝30%。

第三章　"学创杯"全国大学生创业综合模拟大赛技巧

一、创业之星软件操作流程及大赛技巧

比赛训练中，需要不断优化创业的竞争策略，才可能取得好成绩。

第一季度操作如表 C-1 所示：

表 C-1

一季度	项目流程	部门	技巧
1	设置 CEO	头像处	设置 CEO 才能有操作权限
2	银行贷款	财务部	做好季度预算，缺多少借多少
3	厂房租赁购置	制造部	租小厂房放柔性线，买厂房放手工线（生产完后卖掉）
4	生产线设备购置	制造部	柔性线有 1 个安装周期，一季度买，二季度才能使用
5	设计产品（总共可设计 8 种）	研发部	一季度不设计老年产品（一季度无老年市场）
6	产品研发	研发部	对有研发周期的产品，需要先手动在研发部投入研发费用，二季度才算完成研发，可以进入市场售卖
7	招聘生产工人	人力资源部	
8	招聘销售人员	人力资源部	
9	签合同	人力资源部	管理人员也要签订合同，否则会被处罚金
10	原料采购	制造部	包括一些下季度需使用、需提前一季度购买的原料；注意折扣的使用
11	产品投入生产	生产车间	产品生产需要考虑生产线成品率，例如在手工线上想要实际成品 42 件（成品率 75%），则实际需要投产 56 件
12	广告投放	市场部	
13	市场开发	市场部	一般情况下每个市场都要开发，若想选择不全部开发，可以在东北和西北市场中任选一个放弃（放弃的话一定要资质认证）；市场开发有周期，只有完全开发后才可在该市场销售产品；每期每个市场开发费用为 20 000 元，注意开发周期
14	报价	销售部	一定要记得报价，不报价就没有订单
15	预出售厂房和生产线设备	生产车间	第一季度生产完之后一定要记得卖掉，以便资金回流
16	完成当前所有决策	总经理	
17	订单交付	制造部	
	第一季度操作注意事项		第一季度不设计老年产品 第一季度不进行资质认证 有研发周期的产品记得在研发部投入研发费用 生产完之后一定要记得将手工线和购买的厂房卖掉

第二季度操作如表 C-2 所示：

表 C-2

二季度	项目流程	部门	备注
1	银行贷款	财务部	将剩下的贷款额度都用完
2	厂房租赁购置	制造部	若一季度为一条柔性线开局，这时要购买第二条柔性线
3	调整闲置工人	制造部	将一季度放到手工线的工人调整至柔性线
4	设计产品	研发部	二季度不研发产品； 总共可以设计 8 个产品，二季度设计完 8 个产品
5	招聘生产工人	人力资源部	记得调整完闲置工人之后，根据产能需求招聘工人
6	招聘销售人员	人力资源部	每个市场 1 名销售人员即可； 若一季度有 3 个销售人员，可到销售部将其调整至新开发出来的华北和华南市场即可，不需要再招新的销售人员
7	签合同	人力资源部	
8	原料采购	制造部	包括一些下季度需使用的原料、需提前一个季度购买的原料（预购）； 注意折扣的使用
9	产品投入生产	生产车间	产品生产需要考虑生产线的成品率
10	广告投放	市场部	
11	市场开发	市场部	二季度要继续给其他市场投入开发费用
12	资质认证	制造部	仅需要对第一个 CCC 认证投入资质认证费用，认证周期为 2 个季度，费用为 30 000 元/季度
13	报价	销售部	一定要记得报价，不报价就没有订单
14	完成所有决策	总经理	等待进入产品配送阶段
15	订单交付	制造部	
第二季度操作注意事项			二季度要将 8 个产品都设计完成； 记得调整闲置工人后再根据产能去招新的工人

第三季度操作如表 C-3 所示：

表 C-3

三季度	项目流程	部门	备注
1	账款贴现	财务部	根据资金需求贴现票据
2	招聘生产工人	人力资源部	根据产能需求招聘工人
3	招聘销售人员	人力资源部	每个市场一个即可
4	签合同	人力资源部	

表C-3(续)

三季度	项目流程	部门	备注
5	原料采购	制造部	包括下个季度需要使用的原料，需提前一季度预购； 注意折扣的使用
6	产品投入生产	生产车间	产品生产需要考虑生产线成品率
7	广告投放	市场部	
8	市场开发	市场部	要继续给未完全开发市场投入开发费用
9	资质认证	制造部	要继续对第一个 CCC 认证投入认证费用，本季度完成认证
10	报价	销售部	一定要记得报价，不报价就没有订单
11	完成所有决策	总经理	等待进入产品配送阶段
12	订单交付	制造部	

第四季度操作如表 C-4 所示：

表 C-4

四季度	项目流程	部门	备注
1	招聘生产工人	人力资源部	根据产能需求招聘工人
2	招聘销售人员	人力资源部	每个市场一个即可
3	签合同	人力资源部	
4	原料采购	制造部	
5	产品投入生产	生产车间	产品生产需要考虑生产线成品率； 四季度可以增加手工线以满足产能需要，生产完后不需要卖掉
6	广告投放	市场部	
7	报价	销售部	一定要记得报价，不报价就没有订单
8	完成所有决策	总经理	等待进入产品配送阶段
9	订单交付	制造部	

二、比赛的其他技巧

（1）市场开发与资质（至少要选择其中一个）：①全市场开发+全资质认证。②少一个市场开发+少一个资质认证。③全做市场开发，不做资质认证。如果上述三项策略都没有选，则第四个季度可能难以为继。

（2）第一季度买手工线用于第一季度生产，生产完产品后马上卖掉，下个季度记得调整闲置工人到别的开工的生产线上去。

（3）柔性线放到小厂房上，第二季度要保证两条柔性线，可以第一季度买两条或第一、二季度各买一条。

（4）产品报最高价，争取利润最大化，增加盈利分。

（5）每个原料采购到一定数量后是有折扣的：201～500 折扣为 95%，501～1000 折扣为 90%，1001～1500 折扣为 85%，1501～2000 折扣为 80%，2001 以上折扣为 75%。

（6）在比赛时，需要用到以下表格进行精确计算，见下方二维码，可在实战中修改。

创业之星练习表格

创业之星更正询盘

第四章 "学创杯"全国大学生创业综合模拟大赛财务赛道特等奖获得者经验分享

图 C-39

随着 2024 年第 11 届"学创杯"全国总决赛在江苏徐州圆满落幕，全国有 172 所高校最终进入总决赛，参加总决赛的团队达到 242 个，代表西南政法大学参赛的高浩伟团队（以下简称"小高团队"）在激烈的竞争中不负众望，以优异的成绩拿下总决赛特等奖，站上巅峰（奖杯见图 C-39）。回望长达半年的比赛路程，从校赛、省赛、全国半决赛再到全国总决赛，一路披荆斩棘，勇夺桂冠。以下是他们的比赛经验分享。

财务决策赛道是 2024 年新增的赛道，无论是竞赛形式还是评分标准都与其他赛道不同，所有参赛选手都站在同一条起跑线上，这对于小高团队来说既是机遇又是挑战。机遇在于不需要面对已参加过多次比赛的大佬，竞争压力相对较小；挑战在于面前的是一条从未有人涉足的道路，没有前人的经验可以借鉴，一切只能靠自己摸索。

比赛中，小高团队经营一家公司，需要在有限的资金条件下，在四个经营季度内完成产品生产、市场营销、预算制定、纳税申报等工作。每个季度的得分由盈利能力、偿债能力、营运能力、成长能力、预算能力五部分组成（图 C-40）。

图 C-40

第一是银行贷款，分为短期贷款和长期贷款两种形式，两种贷款的总额度是共用的（也就是说借了一种贷款后另一种的额度会同时减少）。短期贷款的利率只有长期贷款的一半，从融资成本上来说，短期贷款占优；但短期贷款还款周期短，会造成现金流紧张，降低企业的偿债能力。所以从企业长远发展的角度来看，应该多使用长期贷款，将贷款转化为公司现金流，提高偿债能力，更有利于整体运营。

第二是厂房配置，有经营租赁、融资租赁、购买三种使用方式。三种方式各有优劣，经营租赁的优点是厂房使用成本相对较低，缺点是每期租金计入产品成本，会提高总成本。购买厂房的优点是当期厂房购买费用不计入成本，后续每期厂房折旧分摊进产品成本，缺点是使用成本高，需要一次性支付大量的购买费用。融资租赁则介于两者之间，但计算相对复杂，一般不推荐使用。小高团队采用的方案是第一季度购买厂房，在第一季度产品成本方面占据优势，在第二季度将厂房买转租，利用厂房出售收入来增加广告的投放以获取市场竞争优势（图 C-41）。

厂房性质	租用
容纳生产线(条)	4
租用价格(元/期)	20,000.00

厂房性质	购买
容纳生产线(条)	4
购买金额	240,000.00
厂房折旧率	5.00%

厂房性质	融资租赁
容纳生产线(条)	4
厂房原值(元)	240,000.00
厂房折旧率	5.00%
融资利息	5.00%
融资周期	4期

图 C-41

第三是产品生产。产品成本由直接成本和间接成本组成。直接成本为每件产品的原材料成本和加工费，间接成本为工人工资、折旧、维修费用在每件产品上的分摊。直接成本是固定不变的，小高团队能做的是每期都将生产线产能拉满，尽可能降低产品的间接成本。

销售A	
销售工资 (元)	15,000.00
招聘费用 (元)	3,000.00
辞退补偿 (元)	15,000.00

销售B	
销售工资 (元)	25,000.00
招聘费用 (元)	5,000.00
辞退补偿 (元)	25,000.00

图 C-42

第四是市场营销，包括人员销售和广告投放两部分，直接影响到公司所占的市场份额。销售人员有 A、B 两种（图 C-42），经过测试，单价更高的销售人员 B 在单位成本下能够带来的收益更大。广告对于不同产品的影响也不尽相同，越高端的产品，广告所占销售费用的权重越大。但过高的广告费用又会降低企业的利润水平，所以在广告投放上找到平衡点至关重要，这就需要大量的模拟练习去积累经验。

以上就是整个比赛过程的经验总结。需要特别注意的是成长能力指标，顾名思义它反映整个企业的经营成长，在比赛中有些队伍所采取的经营模式是在第二或第三季度发力，势头刚猛，但最后一个季度乏力，成长能力就表现欠佳。反观一些一开始稳扎稳打、前几季度表现并不突出的队伍，它们往往能够保持成绩的稳步提升，最终登顶。

想要在"学创杯"中取得好成绩，财务管理等理论知识是基础，最重要的是勤加练习，把握市场的整体竞争态势，从而有针对性地作出应对，久而久之自然能够得心应手。永远没有十全十美的比赛方案，如果有，那就是"汗水"。

附录 D　面试评分表

面试人员姓名			面试人电话		面试日期	
职位	第一选择			面试考官一		
	第一选择			面试考官二		
考官评价						

	考官一	考官二
外表	□劣　□可 □常　□优	□劣　□可 □常　□优
交流技巧	□沉默，不善于表达 □语言表达不流畅 □可以，但不正面 □正面，主动，表达清楚 □善于表达，语言有条理，令人信服	□沉默，不善于表达 □语言表达不流畅 □可以，但不正面 □正面，主动，表达清楚 □善于表达，语言有条理，令人信服
态度	□不友善　　　　□沉默少语 □友善，但不主动　□友善又主动	□不友善　　　　□沉默少语 □友善，但不主动　□友善又主动
原工作 稳定程度	□不稳定 □可以 □稳定，离职理由充分 □十分稳定，换工作时慎重考虑	□不稳定 □可以 □稳定，离职理由充分 □十分稳定，换工作时慎重考虑
对工作的 热忱度	□对工作不太投入，觉得工作可有可无 □十分看重工资待遇，热忱度一般 □可以 □十分积极、热忱	□对工作不太投入，觉得工作可有可无 □十分看重工资待遇，热忱度一般 □可以 □十分积极、热忱
工作经验	□无　□缺乏　□丰富	□无　□缺乏　□丰富
资格技能	□无　□部分　□有	□无　□部分　□有
可到岗 日期	□不清楚，待定　□可以确定 □随时到岗	□不清楚，待定　□可以确定 □随时到岗
待遇要求	□要求过高　　　　□符合公司要求 □较高，但有能力	□要求过高　　　　□符合公司要求 □较高，但有能力
总体评价	□劣　　　　　　□常 □好　　　　　　□优	□劣　　　　　　□常 □好　　　　　　□优
最后决定	□拒绝　　　　　□考虑后通知 □进入复试　　　□直接录用	□拒绝　　　　　□考虑后通知 □进入复试　　　□直接录用

附录 E 劳动合同模板

劳动关系管理的好坏影响着员工对企业的忠诚与去留。在国内的实际应用体现在与员工签订的劳动合同，为员工所缴纳的社保，公司内部有关就业规则的制定、修正以及可能会发生的劳动纠纷事务处理上。因此，人事管理部门在相关法规上的认识和学习以及相应中介公司的协助显得尤为重要。以下是劳动合同的模板。

合同编号：

劳动合同

甲方（用人单位）：

名称：   联系电话：

法定代表人（主要负责人）：

地址：

乙方（劳动者）：

姓名：   身份证号码：

性别：   户籍所在地：

住址：   邮政编码：

联系电话：

甲乙双方为建立劳动关系，明确权利义务，依据《中华人民共和国劳动合同法》及有关法律法规、规章，在平等自愿、协商一致的基础上，订立本合同。

第一条 劳动合同期限

经双方协商一致，本合同期限采取下列第_____种形式：

1. 无固定期限：自____年____月____日起。其中（有，无）试用期，试用期自____年____月____日至____年____月____日。

2. 固定期限：自____年____月____日至____年____月____日止。其中（有，无）试用期，试用期自____年____月____日至____年____月____日止。

3. 以完成一定工作任务为期限：自_____起至_____止。

第二条 工作内容和工作地点

1. 甲方安排乙方的工作地点为：_____。在本合同期内，如果甲方因客观情况发生变化要求乙方变更工作地点至外埠，甲乙双方需协商一致对工作地点予以变更。如果双方不能协商一致，甲方可以提前终止本合同但应提前三十日告知对方。

2. 乙方工作内容是_____在_____岗位从事_____工作。甲方要为乙方提供必要的工作条件。甲方可以根据生产和工作需要及乙方的身体状况、工作能力和表现，调整乙方的工作岗位，甲方有权按照乙方的实际工作岗位调整其工资待遇。

3. 甲方因生产经营需要调整乙方的工作内容，应协商一致，按变更本合同办理，双方签字或盖章确认的协议书或依法变更通知书作为本合同的附件。

第三条　工作时间和休息休假

1. 甲乙双方同意按以下第_____种方式确定乙方的工作时间：

（1）执行标准工时工作制，即每日工作时间不超过 8 小时，平均每周不超过 40 小时。

甲方由于工作需要，经与工会和乙方协商后可以延长工作时间，一般每日不得超过 1 小时；因特殊原因需要延长工作时间的，在保障乙方身体健康的条件下延长时间每日不得超过 3 小时，每月不得超过 36 小时。

（2）综合计算工时工作制，即经劳动保障行政部门审批，乙方所在岗位实行以：年（　）、半年（　）、季（　）、月（　）为周期的综合计算工时工作制。

（3）不定时工作制，即经劳动保障部门审批，甲方在保障职工身体健康并充分听取职工意见的基础上，应采用集中工作、集中休息、轮休调休、弹性工作时间等适当方式，确保职工的休息休假权利和生产、工作任务的完成。

2. 甲方因工作需要，经与乙方协商后可以延长工作时间。除《中华人民共和国劳动法》第四十二条规定的情形外，一般每日不得超过 1 小时，因特殊原因最长每日不得超过 3 小时，每月不得超过 36 小时。甲方依法保证乙方的休息权利。

乙方依法享受法定节假日以及探亲、婚丧、计划生育、带薪年休假等休假权利，乙方享受节假日，休假期间的工资按国家及省、市的有关规定执行。

第四条　劳动报酬

1. 乙方按甲方规定完成工作任务的，甲方必须以法定货币形式按时足额支付乙方的工资报酬，每月至少支付一次。其支付周期和时间为：_____。

2. 乙方正常工作时间的工资标准（计算加班工资基数），按下列第（　）种形式执行，并不得低于当地最低工资标准及本单位集体合同约定的标准。甲方可根据实际经营状况、规章制度，以及乙方的实际工作时间、工作年限、奖罚记录、岗位变化等因素，调整乙方的工资水平。如果工作地点的当年度最低工资标准高于本条约定的标准工时工资，乙方的标准工时工资上调至工作地当年度的最低工资数额。

（1）计时工资。乙方工资标准为_____元/月。

（2）计件工资。乙方的劳动定额为_____，计件单价为_____。

（3）其他形式：_____。

3. 乙方试用期工资为_____元/月（不得低于第一款约定工资的80%或单位同一岗位最低档工资，并不得低于本地最低工资标准）。

4. 甲方依法安排乙方加班，应按《中华人民共和国劳动法》第四十四条规定支付加班工资。

5. 甲方应当在经济效益提高的基础上逐步提高乙方的工资水平。

6. 非乙方原因造成乙方停工的，甲方必须按当地政府规定支付乙方停工津贴或生活费。

第五条　社会保险及有关福利待遇

1. 双方必须依照国家和地方有关社会保险的规定，参加社会保险，按时足额缴纳社会保险费。

双方解除、终止本合同后，甲方必须按国家或地方规定为乙方办理有关社会保险的转移手续。

2. 乙方在合同期内因工负伤或患职业病，患病或非因工负伤和因工、非因工死亡及医疗期的待遇按国家和地方有关规定执行。

3. 女职工在孕期、产期、哺乳期的待遇，按国家和地方有关规定执行。

4. 甲方为乙方提供的补充保险和福利待遇为＿＿＿＿＿＿＿＿＿＿＿。

第六条　劳动保护和劳动条件

1. 甲方必须为乙方提供符合国家规定的劳动安全、卫生条件和必要的劳动防护用品，甲方应采取必要的防护措施保护乙方的身体健康和安全，对从事有职业危害作业的员工，甲方应当定期对其进行健康检查。

2. 乙方对甲方管理人员违章指挥强令冒险作业，有权拒绝执行；对甲方危害生命安全和身体健康的行为，乙方有权要求其改正，提出建议或批评。

3. 甲方应为乙方建立安全的生产工艺流程，制定操作规程、工作规范和劳动安全卫生制度及其标准。

4. 甲方负责对乙方进行政治思想、职业道德、业务技术、劳动安全卫生及有关规章制度的教育和培训。

第七条　违约责任

1. 甲方的违约情形及违约责任

（1）甲方派乙方在本市内甲方关联企业执行同类工作任务或职责不视为违约和合同变更，如乙方同意，可按新的单位变更合同主体。

（2）甲方如未向乙方公示各项规章制度和劳动纪律，乙方有权要求查阅和公示。

（3）其他违约情形按法律、法规规定办理。

2. 乙方的违约情形及违约责任

（1）乙方保证在签订本合同时未与其他用人单位存在劳动关系，如乙方违反此保证导致甲方被其他主体索赔，乙方应承担全部赔偿责任，甲方有权向乙方追偿全部损失。

（2）如乙方不能履行或违反甲方要求乙方完成的工作内容、工作任务及职责或乙方严重失职、徇私舞弊等均属于乙方违反劳动合同的行为，应承担绩效考评不力、降薪或调换工作岗位、除名、赔偿等后果和责任。

（3）如乙方不遵守或违反甲方规章制度，应按照甲方规章制度承担相应责任。

（4）乙方违反本合同约定解除劳动合同或违反本合同约定的保密义务或者竞业限制事项，对甲方造成损失的，乙方应按甲方损失的程度依法承担赔偿责任。

（5）若甲乙双方就培训费用、保密或者竞业限制等事项另行约定了违约金条款或签订了协议，双方应履行该违约金条款或协议。

（6）乙方解除本合同的，凡由甲方提供的专项培训费用对乙方进行专业技术培训的，应该按照服务期的约定向甲方支付违约金。

第八条 双方约定的其他事项

第九条 劳动争议处理

双方因履行本合同发生争议，任何一方可以向本单位劳动争议调解委员会申请调解；调解不成的，可以自劳动争议发生之日起 60 日内向有管辖权的劳动争议仲裁委员会书面申请仲裁。对仲裁裁决不服的，可以自收到仲裁裁决书之日起 15 日内向人民法院提起诉讼。

第十条 劳动合同的订立、履行、变更、解除、终止及经济补偿按《中华人民共和国劳动合同法》相关规定执行。本合同未尽事宜，按国家有关法律法规规定执行。

第十一条 本合同甲乙双方各执一份，涂改或未经授权代签无效。本合同的附件是本合同的组成部分，与本合同具有同等的法律效力。

甲方（盖章） 乙方（签字）

法定代表人或委托代理人（签章）

签章时间： 年 月 日 签字时间： 年 月 日

一、劳动合同的效力

根据《中华人民共和国劳动法》第十八条规定，违反法律、行政法规的劳动合同和采取欺诈、威胁等手段订立的劳动合同都是无效劳动合同。劳动合同的无效，由劳动争议仲裁委员会或者人民法院确认。引起无效的原因大体有以下几种：

①合同主体不合格。如受雇一方提供了假的学历、学位、专业技术资格证书，聘用单位不具备招聘资格等。

②合同内容不合法。劳动合同有悖法律法规及善良风俗，或是损害了国家及社会的公共利益。如约定制造冰毒、假钞等。内容不合法的劳动合同不受法律保护。

③意思表示不真实。劳动合同是双方合意的产物，应该是当事人真实的意思表示。采取欺诈、威胁等手段订立的劳动合同，违背一方的真实意愿，因而是无效的。

④合同形式不合法。这是指劳动合同没有采取书面形式、当事人也未实际履行主要义务，或者依法或应当事人要求应当鉴证的劳动合同没有鉴证等。在一般情况下，只要

当事人采取补救措施，使合同形式上合法化后，就可以认定合同有效。

二、解除劳动合同的条件

①双方自愿。

②平等协商。

③不得损害一方利益。

员工试用期结束后由人力资源部门及人才需求部门联合考评，合格才能转正。对试用期待遇及考评在招人时就要书面说清，避免纠纷。

员工主动辞职、公司主动辞退制度：欲辞职的员工需提前一个月上报上级领导，并报人力资源部门备案，在一个月内全力协助公司完成对新员工的培训、相关工作的交接，财务部门联合相关部门对其完成审计。另外，公司有权辞退任何不合格员工，公司需要提前一个月告知其交接工作，结清相应欠款后，其工资由人力资源部和财务部门按日结清。

参考文献

[1] 八八众筹. 风口：把握产业互联网带来的创业转型新机遇 [M]. 北京：机械工业出版社，2015.

[2] 蔡聪. 创业公司的动态股权分配机制 [M]. 北京：机械工业出版社，2018.

[3] 柴春雷. 商业模式进化论 [M]. 北京：机械工业出版社，2018.

[4] 陈翠荣，李海龙. 数字化赋能创新创业教育生态系统建设：价值、逻辑与路径 [J]. 高等工程教育研究，2024（3）：187-193.

[5] 陈劲，郑刚. 创新管理：精要版 [M]. 北京：北京大学出版社，2021.

[6] 陈晓鸣. 电商创业：基础、案例与方法：O2O创新版 [M]. 北京：人民邮电出版社，2016.

[7] 程子淳，彭华伟，刘鑫. "互联网+" 创业模式转型与商业模式创新 [J]. 商业经济研究，2016（20）：122-124.

[8] 樊登. 低风险创业 [M]. 北京：人民邮电出版社，2019.

[9] 符强，卢彦. 互联网思维2.0：传统企业互联网转型 [M]. 北京：机械工业出版社，2015.

[10] 何继新，李露露. 高校创新创业教育体系框架与科学范式：一个学术和产业双元视角 [J]. 黑龙江高教研究，2019，37（1）：29-34.

[11] 黄炯，叶伟巍，王茹佳. 数字时代创业智慧培养模式研究 [J]. 高等工程教育研究，2019（1）：171-177.

[12] 江涛涛，王文华. 企业数字化转型背景下商科创新创业人才的培养 [J]. 教育

与职业，2021（3）：98-102.

[13] 李利威. 一本书看透股权架构 [M]. 北京：机械工业出版社，2019.

[14] 李善友. 颠覆式创新：移动互联网时代的生存法则 [M]. 北京：机械工业出版社，2015.

[15] 刘明杰，吴锦. 5 步曲搞定互联网思维 [M]. 北京：中华工商联合出版社，2014.

[16] 刘平，李坚，钟育秀. 创业学：理论与实践 [M]. 北京：清华大学出版社，2016.

[17] 刘颖. "互联网＋" 视野下高校创新创业教育研究 [J]. 职业技术教育，2016，37（35）：37-40.

[18] 马化腾，等. 互联网＋：国家战略行动路线图 [M]. 北京：中信出版社，2015.

[19] 马永霞，王琳. 基于创业认知理论的数字创业教育模式探索：以卡内基梅隆大学为例 [J]. 高等工程教育研究，2022（2）：166-172.

[20] 彭华涛，吴嘉雯，刘勤. 数字赋能视角的全周期创业教育模式与路径研究 [J]. 高等工程教育研究，2023（4）：176-182.

[21] 彭华伟. 高校创业教育存在的突出问题及相应措施 [J]. 教育与职业，2014（26）：95-96.

[22] 彭华伟. 创业教育课程设置与师资配备的优化研究 [J]. 人力资源管理，2014（9）：240-241.

[23] 吴晓波. 激荡十年，水大鱼大 [M]. 北京：中信出版集团股份有限公司，2017.

[24] 埃利斯，布朗. 增长黑客 [M]. 张溪梦，译. 北京：中信出版社，2018.

[25] 杨岩，滕少华，毛挺. 风向：互联网时代的创业和投资图谱 [M]. 北京：机械工业出版社，2016.

[26] 奇普蔡斯，斯坦哈特. 大卖点：如何创造颠覆未来的非凡产品和商业模式 [M]. 苏西，冯明珠，译. 成都：四川人民出版社，2015.

[27] 张国祥. 用流程解放管理者 [M]. 北京：中华工商联合出版社，2012.

[28] 张子凡. 管理就要贯彻到底 [M]. 北京：人民邮电出版社，2012.

[29] 张玉利. 创业管理 [M]. 北京：机械工业出版社，2013.

[30] 周航. 重新理解创业：一个创业者的途中思考 [M]. 北京：中信出版社，2018.

[31] 郑指梁，吕永丰. 合伙人制度：有效激励而不失控制权是怎样实现的 [M]. 北

京：清华大学出版社，2017.

　　[32] 郑翔洲，叶浩.资本与商业模式顶层设计：互联网时代如何发现企业高利润区 [M].北京：电子工业出版社，2015.

　　[33] 朱燕空，罗美娟，祁明德.创业如何教：基于体验的五步教学法 [M].北京：机械工业出版社，2018.

　　[34] 团中央学校部，全国学联秘书部，慕华教育投资有限公司，等."创青春"创课十讲 [M].北京：清华大学出版社，2017.

　　[35] 孙德林，黄林，黄小萍.创业基础教程 [M].北京：高等教育出版社，2012.

　　[36] 赵伟.给你一个团队，你能怎么管？[M].南京：江苏文艺出版社，2013.

　　[37] 腾讯科技频道.跨界：开启互联网与传统行业融合新趋势 [M].北京：机械工业出版社，2014.

　　[38] 全球模拟公式联合体中国中心，北京正保育才教育科技有限公司.创新实训手册 [M].北京：中国劳动社会保障出版社，2013.